图 3-1　区域性银行数字化转型方法论模型

第一步：摸家底——建立适合区域性银行的自评体系

① 设立评价框架与内容
- 战略规划与组织流程建设主题域
- 业务经营管理数字化主题域
- 数据能力建设主题域
- 科技能力建设主题域
- 风险防范能力主题域

② 构建组织体系
- 设立数字化现状诊断领导小组工作组
- 在领导小组下设立数字化现状诊断推进工作组

③ 明确牵头部门
- 筹办作为数字化现状诊断工作组的牵头部门
- 具有战略承接能力
- 具有全局性组织推动能力

④ 建立工作机制
- 建立整体工作计划
- 建立常态化会议审议机制
- 建立牵头部门分解、跟踪任务内容机制
- 建立牵头部门任务执行情况汇报机制

⑤ 分工协作完成自评底稿
- 按5个主题域要求建立自评要素域清单
- 按条线分配自评清单中的要素
- 收集与分析问题，调整自评清单内容
- 对填写的自评内容进行内外部评审
- 3轮调整与评审后，定稿自评结果

⑥ 分析诊断结果
- 筹办牵头组织各部门撰写诊断结果报告
- 总结本行数字化转型现状特征与成果
- 总结本行数字化转型不足项与不足原因

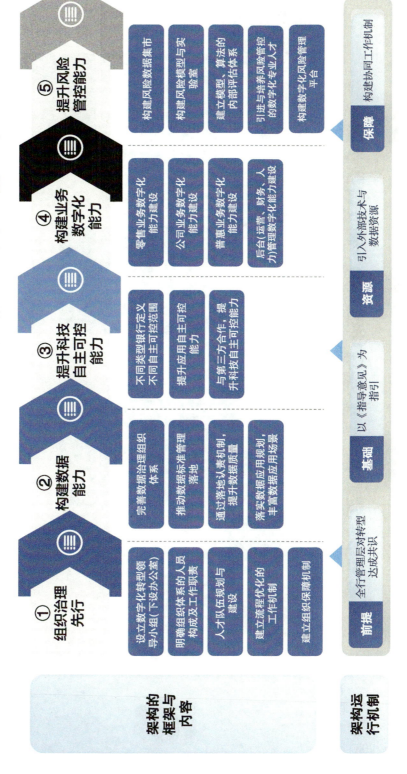

第三步：定路径——以实现转型架构、确立转型步骤

转型路径的落地实施步骤

① 顶层设计驱动组织变革
- 设立数字金融部作为牵头部门
- 数字金融部的组织设计

② 流程优化带动业务重塑
- 定义流程优化的目标
- 建立流程优化工作体系
- 用技术能力固化流程优化过程与结果
- 量化流程优化过程，建立考核体系

③ "业技融合"实现业务数字化
- 数据基础能力建设
- 科技基础能力建设
- 数据高阶能力建设
- 科技高阶能力建设

④ 建立后评价机制
- 定义后评价指标体系
- 建立后评价组织体系
- 后评价KPI指标选择
- 确立后评价工作流程
- 后评价执行情况汇报

落地步骤运行机制

- 前提：以数字化转型目标为指引
- 基础：重视现状诊断
- 资源：充分利用内外部资源
- 保障：构建可落地的组织保障能力

区域性银行数字化转型
方法论与实践

田清明 著

DIGITAL
TRANSFORMATION
OF REGIONAL BANK

Methodology and Practice

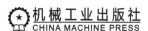

图书在版编目（CIP）数据

区域性银行数字化转型：方法论与实践/田清明著．—北京：机械工业出版社，2022.12（2024.6重印）
ISBN 978-7-111-72058-4

I.①区… II.①田… III.①银行业务－数字化－研究 IV.①F830.49

中国版本图书馆CIP数据核字（2022）第215409号

区域性银行数字化转型：方法论与实践

出版发行：机械工业出版社（北京市西城区百万庄大街22号 邮政编码：100037）
责任编辑：董惠芝　　　　　　　　　　　　责任校对：张爱妮　李　婷
印　　刷：固安县铭成印刷有限公司　　　　版　　次：2024年6月第1版第4次印刷
开　　本：170mm×230mm　1/16　　　　　印　　张：18.75　　彩　插：2
书　　号：ISBN 978-7-111-72058-4　　　　定　　价：99.00元

客服电话：（010）88361066　68326294

版权所有·侵权必究
封底无防伪标均为盗版

推荐语

作者通过对大量区域性银行在转型中所面临的痛点、难点进行剖析,整理出一套对区域性银行行之有效的数字化转型方法论,以及落地的具体操作步骤与关键内容,深入浅出地为读者描绘出区域性银行数字化转型的"作战地图"。值得中小型银行阅读与研究。

——何力 兰州银行副行长

作为深耕本地市场的区域性银行,如何在数字化转型大潮中发挥地缘优势,实现高质量发展,已是摆在面前的重要课题。本书作者尝试通过对曾经服务区域性银行过程中大量实践经验的总结与提炼,构建了一套针对区域性银行数字化转型的方法论,以求对众多区域性银行的数字化转型工作提供有益指导和帮助。

——郭晓光 新疆银行CIO、行长助理

本书对中小型银行有较大参考意义:其一,作者直接参与甚至主导了若干城商、农商、村镇这三类焦虑感最强的银行的数字化转型;其二,作者并未一味强调上述三类银行的特殊性,而是力图从底层总结方法论。本书中的方法论对于多数正在"摸着石头过河"的中小型银行而言弥足珍贵。

——韩志远 东海银行副行长

近年来，银行从对数字化的意识懵懂，实践中的似懂非懂，成长到复盘迭代后的思维澄清再上路。在摸着石头过河的探索中，田总的这本书就是一场及时雨，淋得我们内心酸爽。看得懂、用得了、出成效、有步骤的数字化转型使管理工具卓有成效，最终提升经营效益。

——陶怡博士　张家港农商行副行长

作为一名银行数字化转型的咨询专家和实践者，本书作者不仅深度思考了当下区域性银行数字化转型的痛点，还总结了区域性银行科技革新之路的心得。本书提出的数字化转型之策观点鲜明、路径清晰，是区域性银行在数字经济大潮中自我革新的金钥匙。

——叶凯锋　鄞州银行副行长

本书最大的看点应该是"站在业务角度看数字化转型"，一改金融科技"高冷"的形象，成为"人见人爱"的邻家女孩。这对区域性银行从业者来说，无疑是最大的福音。它值得拥有！

——晏国祥博士　惠州农商行副行长

本书在区域性银行数字化转型全面落后于国有银行与股份制银行背景下推出，可谓恰逢其时。同时，针对区域性银行焦虑在数字化转型中该怎么做、做什么，本书及时给予清晰、实用的逻辑框架、方法和路径。希望对正在进行数字化转型的同仁有所帮助。

——纳然　富滇银行副行长

数字化是这个时代最大的外部变量。对于在数字化转型中与国有银行、股份制银行拉开差距的区域性银行，如何看待转型，如何找准路径与发力点，如何定义转型成功……这些区域性银行所面对的共性问题在本书中都有答案。作者结合自己丰富的一线实践经验和10个案例研究，提供了5个转型关键锦囊，当你沿着书中提供的路线图，了解它、掌握它，将在数字化浪潮中发现区域性银行发展千载难逢的重大机遇。

——宋志明　三湘银行行长助理（分管科技、普惠）

本书是当前少有的以区域性银行为主体的数字化转型图书。作者有着扎实的理论功底和丰富的实践经验，以不同的视角聚焦区域性银行数字化转型，逐层解析区域性银行数字化转型的内在逻辑、实施路径和落地抓手，构建严谨完整的方法论体系。本书具有较强的理论指导意义和实践应用价值，为区域性银行数字化转型打开了新视野。

——李涛　金谷农商行行长助理

数字化转型是区域性中小银行破局发展瓶颈、实现第二增长曲线的关键。本书作者融合自身丰富的实践和长期思考，深刻剖析了数字化转型过程中的困惑与难点，同时聚焦区域性中小银行数字化转型的路线与目标，构建了一套系统的方法论，为区域性中小银行数字化转型提供了可行的实施路径。

——魏建文　东吴村镇银行董事长

数字化转型是众多区域性银行在逆境下求生存、图发展的必由之路！如何突破内外部资源瓶颈，走出一条适合自己的数字化转型之路，成为困惑各位银行同仁的一大难题。本书作者在区域性银行数字化转型领域进行了深入探索和实践，将实践上升到理论，再用理论指导实践，使内容兼具理论高度和实践指导价值。相信本书对于区域性银行从事银行数字化转型工作的同仁会有很大帮助！

——吴亚洲　顺德农商行首席数据官

（排名不分先后）

| 推荐序 |

区域性银行数字化转型正当时

2013年3月27日,我在深圳农商银行的授课中提出了商业银行互联网及大数据转型方向,完成了银行业金融大数据的"中国第一讲"。彼时,移动互联网刚刚兴起,大数据还只停留在多数人的概念中。短短不到十年的时间,互联网浪潮历经多轮起伏,数字化深刻、彻底、不可逆转地改变了我们每个人的生活。大数据,特别是海量非结构化数据所反映的相关关系冲破了经验主义"牢笼",让我们重新认识到人们行为之间的内在联系和客观世界运行的底层逻辑。从这个意义上讲,数字化转型绝不只是一个"时髦"的概念,而是可上升到关系全局、影响深远、制胜未来的改革高度。

在全社会、各行业面临数字化转型的今天,时代车轮正滚滚向前,身处其中的人和组织是自己主动拥抱变革,还是等着时代来改变?这是一道答案已经非常明了的选择题。

银行业与数据有着天然的联系,曾经在信息化时代中领先了"半个身位",但在互联网大潮中,与数字化原生行业相比,银行却步履蹒跚、逐渐落后,成为数字化领域的"追赶者"。我过去在广发银行总行、广发银行杭州分行长期从事银行经营管理工作,自2011年创办融至道至今,承接了80余家银行的100多个战略规划、数字化转型等咨询项目。从我的观察看,中国银行业的数字化转型经历了3个阶段。我把第一个阶段称为"金融互联网化",也就是银行产品线上化。在这个过程中,渠道建设、信息化水平的提升成为主要动作。第二个阶段是试错与探索阶段，大型银行着重科技基础设施建设，区域性银行则从产品打造、组织进化与变革、数字化工具应用等不同方面发力数字化转型。在上述两个阶段中，银行在取得成果的同时，也遇到了很多问题，其中最重要的就是，投入不少费用建设了若干系统，但转型始终未能推进。

2022年开始，我们看到，越来越多的银行意识到过去探索中的问题。也正在此时，银保监会《关于银行业保险业数字化转型的指导意见》（以下简称《指导意见》）发布，这起到了正本清源的作用。不少区域性银行在《指导意见》的基础上，开始全面总结过去走过的路，更深刻地理解数字化转型在组织演进、流程重塑、机制建设、人才培养、文化打造等层面的意义，并基于这样的理解，重新规划与实践符合自身基因的数字化转型之路。

融至道陪伴着银行业经历了数字化转型的每个阶段，我们在为银行提供咨询服务时强调："每家银行不一样，每个发展阶段不一样，每家银行所处的区域环境不一样，每家银行的资源禀赋不一样。"我们发现，这"四个不一样"在区域性银行的转型上体现得尤为明显，也使其注定会走一条与国有银行、股份制银行迥异的、有鲜明特点及自身烙印的数字化转型之路。在当前区域性银行整合浪潮中，如果不在数字化转型这一核心命题上找到差异化路径，打造不可替代的价值，区域性银行就会陷入"有你一家不多，没你一家不少"的尴尬境地，甚至面临生存危机。

如何成为数字化时代不可被替代的区域性银行？显然不是盲目跟随大型银行投入，也不是方法论的简单套用，更不是所谓"先进经验"的复制。2013年开始，我持续向国内银行引入和推荐美国最佳社区银行——安快银行（Umpqua Bank）的实践。我们看到，一家处于美国落后地区的小型银行在美国金融危机后的银行业整合浪潮中快速崛起，靠的是在将银行"变成"零售商店、将客户变成顾客基础上的"人＋数字化"！

安快银行走过的路对当前正处于焦虑与脆弱中的区域性银行无疑是有极

强借鉴意义的。面向未来，真正从"人 + 数字化"的原点出发，通过一系列技术与业务的融合深耕区域与产业，提升用户体验，通过一系列技术在管理领域的应用赋能一线，提质增效，最终走向"开放、平等、协作、共享"的平台型组织模式——这是区域性银行未来生存与持续发展的根本出路。

在这样一个关键节点，清明的这本《区域性银行数字化转型：方法论与实践》对于区域性银行来说无疑是非常及时的。清明在 20 余年的职业生涯中，以甲方、解决方案提供方、咨询方、独立专家顾问等不同角色，深度参与了包含银行核心业务系统在内的众多交易系统，以及数据应用分析系统等的具体实践，在银行信息科技领域架构规划、解决方案设计和实施等方面积累了丰富经验，也有着数字化转型从咨询到落地的实战经验，是兼具多领域知识结构的专家型人才。

他充分总结过往工作所得，结合区域性银行特点，在本书中全景展示了数字化转型方法，阐明了自己的观点，这也是对"人 + 数字化"模式的丰富、升华。

唯物辩证法告诉我们，新生事物是不可战胜的。放眼当下，对于区域性银行而言，数字化转型正是这样的新生事物！愿本书能够为正处于上下求索中的银行家带去新的思路，愿区域性银行能够主动拥抱数字化转型，主动拥抱新时代，更愿中国银行业在数字化转型之路上取得丰硕成果！

金海腾

上海融至道投资管理咨询有限公司创始人

前言

为什么要写这本书

2020年，是银行业加速数字化转型的元年。是年，大型国有银行、股份制银行纷纷将多年推进数字化转型工作所获得的成果投入市场，这对区域性银行的震动是全面且巨大的。区域性银行纷纷开始加速推动本行的数字化转型工作。但大部分区域性银行选择了走捷径，以复制他行成果的方式来推动，结果却是成效不彰。

究其原因，在数字化转型过程中，区域性银行的资源投入与国有银行、股份制银行的相差巨大，在资源禀赋有限的情况下，妄想直接使用"行业最佳实践"来实现本行的数字化转型。区域性银行在面临数字化转型这道"必选题"时失了章法。

作为深耕银行信息化、数字化领域多年的"老兵"，笔者也一直在寻找答案。

笔者为国有银行、股份制银行以及区域性银行（城商行、农商行、村镇银行）均提供过各类信息化、数字化服务，深知国有银行、股份制银行与区域性银行无论在业务，还是在管理、科技能力等方面均有较大不同，区域性银行需要自成体系的方法论来支撑自己开展数字化转型工作。因此，笔者也一直在思考、总结适合区域性银行数字化转型的方法论。

2020年2~3月，笔者总结了自己对区域性银行数字化转型所建立的转型框架与逻辑，以"区域性银行数字化转型解析"为主题，连续做了3场线上直播，共获得5万余人次在线观看，而且分享的内容得到了诸多区域性银行的认可与热议。同年4~10月，笔者被数家区域性银行高管邀请，在现场为银行高层与中层管理人员进行数字化转型授课，得到了邀请行的一致认可，并与邀请行进行了多次现场与线上探讨，丰富与优化了笔者梳理的区域性银行数字化转型框架。由此，笔者梳理的数字化转型框架逐渐清晰起来。

与此同时，笔者以咨询顾问的角色参与了多家区域性银行数字化转型咨询工作，将梳理的数字化转型框架运用于项目中，并得到了客户的认可。理论到实践的第一次全面转化，进一步完善了区域性银行数字化转型方法论。

到了2021年7月，笔者有幸受某省银协的邀请，以数字化转型专家的身份参与了全省的银行业、保险业数字化转型现状调研与分析工作。其间，笔者按照梳理的转型框架对全省范围内的多家区域性银行现状进行了论证分析，并以此进一步完善了本书所呈现的区域性银行数字化转型方法论。

本书所提出的区域性银行数字化转型方法论来源于实践，并在实践中不断完善与优化，最终在实践中进行应用与验证，可以帮助区域性银行制定符合自身特征的转型路径，加速推动区域性银行数字化转型。

读者对象

- 区域性银行（城商行、省农信、农商行、村镇银行）的全体员工。
- 国有银行、股份制银行的员工。
- 金融科技公司银行方向的解决方案中心、产品研发中心、交付中心的员工。
- 传统银行IT服务厂商的高管，解决方案中心、产品研发中心、交付中心的员工。

本书特色

银行数字化转型相关的在售书籍很少聚焦在区域性银行这个主体，更多的是介绍国有银行、股份制银行的数字化转型路径，或以金融科技、开放银行等为专题罗列国内主要银行取得的成果案例。本书将聚焦在区域性银行如何开展数字化转型工作上，以区域性银行的特点为基础，从区域性银行面临的问题、困惑入手，厘清区域性银行的资源禀赋，形成区域性银行数字化转型的战略、战术、方法、能力与文化，并以"数字化转型 = 数字化 + 转型"的思路帮助银行实现在新发展周期下的转型目标。另外，基于企业转型的具体要求，笔者从组织、人才、科技、数据、流程、业务等角度，为区域性银行制定具体的转型框架与方案提供建议，帮助区域性银行打造数字化转型逻辑闭环。

本书以笔者参与的30多家区域性银行数字化转型相关工作为基础，结合实践案例，深入浅出地分析区域性银行转型思路与路径，并揭示背后的转型逻辑，为区域性银行数字化转型提供合适的抓手。

如何阅读本书

本书系统地整理了区域性银行数字化转型方法论，并通过该方法论解析10家区域性银行推动数字化转型工作的过程与结果，论证了该方法论完全具有落地实践性。本书既提供了理论体系，又给出了实践案例剖析，可有效帮助区域性银行开展数字化转型工作。

本书分为10章。

第1章系统介绍国内银行业数字化转型历程，帮助读者了解数字化转型在国内的演进过程，并揭示区域性银行数字化转型的速度已远远落后于国有银行与股份制银行。

第2章围绕认识区域性银行数字化转型现状主题而展开，主要分为两部分：整体介绍城商行、农商行、村镇银行三类不同的区域性银行数字化转型现状；通过区域性银行现状的共性梳理，揭示区域性银行数字化转型必须面对的 3 个命题、遇到的 10 个问题及问题背后的 5 个根源，全面解析区域性银行数字化转型的根因。

第 3 章围绕区域性银行数字化转型成效不彰的 5 个根源，建立了对应的方法论，并对完整的方法论内容进行拆解，帮助读者迅速建立区域性银行数字化转型的整体知识框架，形成统一认知。

第 4～8 章围绕方法论中需要全面落地的工作内容进行介绍，主要包括摸家底、搭架构、定路径、建能力、塑文化 5 个部分，帮助读者全面深入地了解区域性银行如何开展数字化转型。

第 9 章对笔者以不同角色主导或参与的 3 类共 10 家区域性银行数字化转型的典型案例进行剖析，全面深入地揭示了 10 家区域性银行数字化转型成果背后的支撑体系，帮助读者理解数字化转型方法论对于推动转型工作的重要性与必要性。

第 10 章结合前述方法论及具体案例，给出不同类型区域性银行数字化转型路径建议，指引不同类型区域性银行活用方法论以开展转型工作。

本书从区域性银行数字化转型统一认知开始，到方法论提炼、方法论详细拆解，再到以方法论剖析实践案例等，递进地进行内容呈现。建议读者从第 1 章开始顺次阅读。

勘误和支持

虽然笔者以不同角色在银行信息化、数字化领域工作 20 余年，参与了国有银行、股份制银行、城商行、农商行、村镇银行等不同类型银行的系统建设、解决方案制定、业务咨询等工作，积累了对数字化转型的一定认知，但数字化转型是一项整体、全面的变革，笔者的视角不能代表数字化转型的全部。因此，本书内容所表达的观点、阐述的内容难免有不够全面或不准确之处，恳请读者批评指正。为此，我建立了微信公众号：**浅谈数字化**。你可以将书中的错误或遇到的数字化转型相关的问题通过公众号进行反馈，我将尽量及时回复。同时，你也可以在公众号查阅有关数字化转型思考的文章，希望能给你在数字化转型领域的思考带来帮助。

致谢

首先要感谢点燃我出书梦想的金海腾先生，我永远记得金先生在2020年年初的某个下午对我说：为什么不能出一本有关区域性银行数字化转型的书呢？

感谢这20余年我所服务过的企业、银行客户，是他们让我经历了从编程到制定解决方案、管理咨询等成长的完整过程，让我具备了从科技、业务、管理等维度全面看银行数字化转型的能力。

感谢银行同业的伙伴，是他们无私地向我分享对数字化转型的理解与认识，才让我有了对方法论的全面思考。

感谢《中国银行业》杂志李琪老师的信任与支持，是李老师数次约稿让我在写这本书以前有了写作经验，让更多同行业朋友认可了文章中的数字化转型思路，让我收获了写作的信心。

感谢《银行数字化转型：方法与实践》主编王炜老师的信任与支持，有了王老师的引荐，才有了本书的出版。

感谢我的太太陶梅、父母，他们一直以来的支持与鼓励，给了我信心与力量，让我得以顺利完成书稿的撰写。

谨以此书献给正在思索区域性银行数字化转型应该如何走的朋友们，希望此书能有所帮助。让我们一起共探区域性银行的未来吧！

目录

推荐语
推荐序
前言

第 1 章 银行数字化转型 20 年 001
    1.1 付诸行动——推进"全国数据大集中" 002
    1.2 以客户为中心——向数据要价值 003
    1.3 拥抱大数据——思维方式的转变 004
    1.4 金融科技赋能——技术赋能业务 005
    1.5 数字经济时代——大中型银行加速转型 006
    1.6 转型新课题——区域性银行如何开展数字化转型工作 006

第 2 章 认识区域性银行数字化转型 008
    2.1 区域性银行的特征 008
        2.1.1 城商行：重建设，轻治理 009
        2.1.2 农商行：强依赖，弱自主 010
        2.1.3 村镇银行：无战略，缺规划 011
    2.2 区域性银行数字化转型的3个命题 012
        2.2.1 为什么转型——区域竞争已无优势 013
        2.2.2 怎么转型——整体转型是唯一路径 014

2.2.3 转型转什么——思维方式的转变是核心 014

2.3 区域性银行数字化转型的10个痛点 016
    2.3.1 金融科技难以引领业务发展 016
    2.3.2 敏捷开发带来用户投诉 018
    2.3.3 行内数据资产不能变现 019
    2.3.4 外部数据实用性不足 020
    2.3.5 线上化未能有效吸引客户 021
    2.3.6 开放银行向谁开放不清晰 023
    2.3.7 场景联合运营回报率低 024
    2.3.8 风险模型效果不明显 025
    2.3.9 科技部门牵头转型有掣肘 026
    2.3.10 转型保障机制缺失 028

2.4 问题产生的5个根源 030
    2.4.1 缺少清晰的指引战略 030
    2.4.2 缺少完整的方法论 031
    2.4.3 缺少正确的转型路径与架构 033
    2.4.4 缺少统一的数字化能力规划 033
    2.4.5 缺少企业数据文化氛围 034

第3章 区域性银行数字化转型的方法论 036

3.1 定战略：定义转型的全局战略 037
    3.1.1 明确愿景：打造特色鲜明、风控优良的区域最佳银行 038
    3.1.2 明确使命：为客户提供所见即所得的金融服务 038
    3.1.3 明确目标：构建数字化的生态银行 039
    3.1.4 重视战略落地策略：保障数字化转型战略可落地 042

3.2 选战术：选择转型的模式 043
    3.2.1 复刻大行转型模式成效不佳 043
    3.2.2 灯塔工厂模式助力转型 043

3.3 定方法：制定转型的基本法 044

3.4 建能力：构建中台与前台数字化能力 046
  3.4.1 区域性银行科技能力与数据能力的现状 047
  3.4.2 以中台能力构建数字化转型底座 048
  3.4.3 以前台数字化能力打通服务客户的"最后一公里" 050
3.5 塑文化：塑造数据文化 051

第4章 如何"摸家底" 053

4.1 第一步：设立评价框架与内容 054
  4.1.1 战略规划与组织流程建设主题域 054
  4.1.2 业务经营管理数字化主题域 063
  4.1.3 数据能力建设主题域 069
  4.1.4 科技能力建设主题域 071
  4.1.5 风险防范能力主题域 073
4.2 第二步：构建组织体系 076
4.3 第三步：明确牵头部门 077
4.4 第四步：建立工作机制 078
4.5 第五步：分工协作完成自评底稿 079
4.6 第六步：分析诊断结果 081

第5章 如何搭架构 084

5.1 银行数字化转型的几种常见架构 084
  5.1.1 构建完整的企业级架构 085
  5.1.2 金融科技重塑技术架构 087
  5.1.3 基于"摸家底"评价框架搭架构 088
5.2 区域性银行转型架构搭建的步骤 091
  5.2.1 第一步：组织治理先行 091
  5.2.2 第二步：构建数据能力 097
  5.2.3 第三步：提升科技自主可控能力 099
  5.2.4 第四步：构建业务数字化能力 101

5.2.5 第五步：提升风险管控能力 …… 119
 5.3 架构运行机制 …… 120
  5.3.1 前提：全行管理层对转型达成共识 …… 121
  5.3.2 基础：以《指导意见》为指引 …… 121
  5.3.3 资源：引入外部技术与数据资源 …… 122
  5.3.4 保障：构建协同工作机制 …… 123

第6章 如何定路径 …… 125

 6.1 银行数字化转型的5种常见路径 …… 125
  6.1.1 路径一：自上而下全面推进数字化转型 …… 126
  6.1.2 路径二：科技能力赋能业务转型 …… 128
  6.1.3 路径三：全面建设敏捷组织以推动业务转型 …… 130
  6.1.4 路径四：极致客户体验带动业务转型 …… 133
  6.1.5 路径五：照镜子，补短板，推动整体转型 …… 135
 6.2 区域性银行转型实施步骤 …… 136
  6.2.1 第一步：顶层设计驱动组织变革 …… 137
  6.2.2 第二步：流程优化带动业务重塑 …… 140
  6.2.3 第三步："业技融合"实现业务数字化 …… 144
  6.2.4 第四步：建立后评价机制 …… 145
 6.3 落地步骤运行机制 …… 148
  6.3.1 前提：以数字化转型目标为指引 …… 148
  6.3.2 基础：重视现状诊断 …… 149
  6.3.3 资源：充分利用内外部资源 …… 149
  6.3.4 保障：构建可落地的组织保障能力 …… 150

第7章 如何建能力 …… 152

 7.1 业务中台 …… 152
  7.1.1 业务中台基础知识 …… 153
  7.1.2 业务中台能力框架 …… 154

7.1.3	业务中台能力的拆解	155
7.1.4	业务中台的实现路径	164
7.1.5	支撑业务中台的系统群落规划	167

7.2 数据中台 168

7.2.1	数据中台的定义	169
7.2.2	数据中台的基础	169
7.2.3	数据中台的框架	171
7.2.4	数据中台的运行	173
7.2.5	数据中台的实现路径	175

7.3 数据治理 177

7.3.1	全面解读数据治理指引	178
7.3.2	数据治理现状诊断	180
7.3.3	调整数据治理架构	181
7.3.4	完善数据管理体系	182
7.3.5	闭环管理数据质量	183
7.3.6	设计问责机制	184

7.4 移动工作平台 185

7.4.1	员工需要什么样的工作平台	185
7.4.2	企业微信应用的普遍现状	186
7.4.3	如何调整企业微信的定位	187
7.4.4	如何用企业微信构建移动工作平台	189

第 8 章 如何塑文化 191

8.1 高管层达成数字化转型共识 191

8.1.1	共识一：数字化转型不能没有明确目标	192
8.1.2	共识二：数字化转型不等于科技引领业务	193
8.1.3	共识三：数字化转型不等于全面线上化	194

8.2 中层管理人员建立新的思维方式 195

8.2.1	打破"他有我也要有"的思维习惯	195

	8.2.2 成为最了解客户的金融专家	196
8.3	普通员工提升数据应用能力	197
	8.3.1 培训员工数字化基础技能	198
	8.3.2 "定向业务+数据分析能力"培训	199
8.4	科技与数据团队主动作为	200

第9章 10个区域性银行数字化转型典型案例   202

9.1	案例一：某城商行的崛起——流程优化驱动数字化转型	203
	9.1.1 变革背景	203
	9.1.2 现状诊断	204
	9.1.3 搭建架构	204
	9.1.4 制定路径	206
	9.1.5 实践成果	207
	9.1.6 潜在问题	208
9.2	案例二：某城商行的强势发展——科技赋能业务，塑造产业金融	209
	9.2.1 变革背景	209
	9.2.2 现状诊断	210
	9.2.3 搭建架构	211
	9.2.4 制定路径	213
	9.2.5 实践成果	214
	9.2.6 潜在问题	215
9.3	案例三：某城商行的稳步变革——组织变革推动业务转型	216
	9.3.1 变革背景	216
	9.3.2 现状诊断	217
	9.3.3 搭建架构	218
	9.3.4 制定路径	219
	9.3.5 实践成果	222
	9.3.6 潜在问题	222

9.4 案例四：某城商行规模增长的秘密——自上而下建机制，
全面推进数字化转型 223
  9.4.1 变革背景 224
  9.4.2 搭建架构 224
  9.4.3 制定路径 225
  9.4.4 实践成果 226
  9.4.5 潜在问题 227

9.5 案例五：某农商行全面数字化演进——业务发展瓶颈倒逼
全行主动转型 228
  9.5.1 变革背景 228
  9.5.2 现状诊断 229
  9.5.3 搭建架构 230
  9.5.4 制定路径 232
  9.5.5 实践成果 234
  9.5.6 潜在问题 235

9.6 案例六：某农商行听取一线的声音——打造数字员工平台，
促转型 235
  9.6.1 变革背景 235
  9.6.2 现状诊断 236
  9.6.3 搭建架构 238
  9.6.4 制定路径 240
  9.6.5 实践成果 241
  9.6.6 潜在问题 242

9.7 案例七：某农商行业务转型新动能——构建人才梯队 243
  9.7.1 变革背景 243
  9.7.2 现状诊断 244
  9.7.3 寻找新动能 246
  9.7.4 实施方案 248
  9.7.5 实践成果 249

  9.7.6 潜在问题 249

 9.8 案例八：某村镇银行移动展业助区域优势——一招构筑护城河 250
  9.8.1 变革背景 250
  9.8.2 现状诊断 251
  9.8.3 实施方案 252
  9.8.4 实践成果 255
  9.8.5 潜在问题 256

 9.9 案例九：某村镇银行战略先行——借用外脑，明确数字化战略 256
  9.9.1 变革背景 257
  9.9.2 现状诊断 258
  9.9.3 搭建架构 259
  9.9.4 制定路径 262
  9.9.5 实践成果 265
  9.9.6 潜在问题 265

 9.10 案例十：某村镇银行全面能力提升——善用外部金融科技资源 266
  9.10.1 变革背景 266
  9.10.2 实施方案 267
  9.10.3 实践成果 268
  9.10.4 潜在问题 269

第10章 不同类型区域性银行转型建议 270
 10.1 城商行转型方法与实践路径建议 270
 10.2 农商行转型方法与实践路径建议 274
 10.3 村镇银行转型方法与实践路径建议 275

第 1 章

银行数字化转型 20 年

最近 20 年,中国银行业的 IT 建设一直在为数字化转型工作打基础,且从 2020 年开始,大型银行机构已通过数字化转型工作的积累而"厚积薄发"。区域性银行进入必须数字化转型的阶段,需直面现状,主动探索,最终在数字化转型大势下找到自己的位置。

本章将对国有大行数字化转型的演进过程进行剖析,并以此来分析区域性银行数字化转型时所面临的巨大挑战。具体而言,本章内容将从如下几方面展开。

- ❑ 付诸行动——推进"全国数据大集中"。
- ❑ 以客户为中心——向数据要价值。
- ❑ 拥抱大数据——思维方式的转变。
- ❑ 金融科技赋能——技术赋能业务。
- ❑ 数字经济时代——大中型银行加速转型。
- ❑ 转型新课题——区域性银行如何开展数字化转型工作。

1.1 付诸行动——推进"全国数据大集中"

笔者于 2001 年机缘巧合地进入银行业的信息化建设队伍，并在 2002 年至 2005 年完整经历了中国建设银行数据集中的两个阶段：省级核心业务系统与数据集中阶段（建设银行某省分行将湖北版综合业务处理系统做本地适配的移植与改造），以及后续的全国数据大集中阶段（配合某省分行完成建设银行 DCC 系统的对接工作）。与此同时，中国工商银行、中国农业银行、中国银行、交通银行以及各股份制银行等国有大行与股份制银行纷纷在 2005 年前后完成了全国数据大集中工作。

笔者通过对这段时间国有大行、股份制银行推进全国数据大集中工作的分析发现：21 世纪初，随着国有大行、股份制银行将散布在各省分行的业务数据集中到总行，并完成核心系统的统一，中国银行业的头部银行按统一的、标准的业务办理要求，积累了全国的业务数据与客户数据，开始进入业务全面数字化的起步阶段；同时，伴随着数据大集中工作的推进，中国银行业的头部银行开始应用 BI 产品与解决方案，用数字化报表等产品或工具去发掘数据在银行经营与管理中的价值，并思考构建 ODS、数据仓库、数据集市等为数据应用而做准备的数据采集、存储、加工处理等能力，逐步迈进数字化发展阶段。

因此，我们可以说，随着国有大行、股份制银行数据大集中工作的完成，中国银行业开启了从信息化到数字化的演进，进入了业务全面数字化阶段；同时，银行高管们在思考数据作为新生产要素带来价值的可能性，并开始尝试采用 OLAP 等技术对数据价值进行探索。"全国数据大集中"成为中国银行业数字化进程的起点。

而此时，全国各地区域性银行（城市信用合作社、农村信用合作社等）才开始或刚完成城市商业银行或省农信的改制工作，工作重心还放在公司结构调整、破解资产质量不佳等问题上，无暇思考业务信息化与数据的关系，所有的 IT 建设投入均是为了保障银行的正常运行。与国有大行、股份制银行相比，区域性银行数据能力建设尚未起步，对数据的认知几乎处在"一无所知"的状态。

1.2 以客户为中心——向数据要价值

伴随着全国数据的大集中,国有大行、股份制银行纷纷同步开启了数据仓库与 ODS 的建设工作,并于 2007 年前后均构建了较为完整的数据架构,基本实现了跨部门、跨业务、跨平台的行内数据整合,具备了支撑数据应用的基础建设;与此同时,国有大行基于数据架构通过 ETL 处理,尝试对具有明确数据应用需求的场景提供支撑,探索数据在银行业的广泛应用。国有大行进行数据应用的探索,标志着国有大行已经开始在实践数据价值如何变现,这是中国银行业推进数字化转型的起步期。

在起步期内,国外的 ECIF(企业级客户信息管理)、CRM(客户关系管理)等以客户为中心理念构造的解决方案,通过外企的咨询公司、厂商等不断输入国有大行,这成为中国银行业发展很重要的转折点。此时,国有大行开始主动思考:银行作为金融产品与服务的提供者,除了为主动来网点的客户提供开设账户、转账、办理存贷业务等同质化服务外,如何加强对客户的主动认知,增强客户黏性,提高客户忠诚度,避免客户流失或客户行内资产迁移到他行?国有大行无一例外地选择了"数据",即通过对客户业务进行建模,利用数字化平台与工具,如 SAS 统计分析平台、CRM 系统等对客户在银行留存的数据进行挖掘与展现,建立数字化客户视图,向主动营销管理提供支撑。

国有大行中的中国建设银行是"以客户为中心"构建数据应用体系的先行者。该行在 2007 年首先选择了与美国的 S1 公司合作,将该公司的 OCRM(操作型客户关系管理)系统引入国内,希望通过搭建先进的基于客户数据的统一展现与使用平台,为一线员工与管理者提供对客服务的数字化技术与数据能力;同时,购入 SAS 公司的数据分析平台,基于分析平台构建多维客户分析模型,在众多客户中寻找客群特征,并将分析结果输出给 OCRM 系统,丰富客户视图。中国建设银行通过数字化平台对客户相关行内数据进行采集、加工、分析、挖掘、呈现等,培养数据洞察能力,推进"以账户与产品为中心"向"以客户为中心"的思维转变,逐步向数据要价值。

1.3 拥抱大数据——思维方式的转变

随着银行的数据沉淀得越来越多,基于传统架构 ODS、DW、DM 实现大批量数据分析越来越慢,技术瓶颈严重影响了数据发挥更大作用,导致业务条线对数据能产生什么价值产生了疑问,反而认为传统方式开展业务更有效。

从 2012 年开始,以 Hadoop 平台为代表的大数据技术日渐成熟,国内银行纷纷开始推动基于大数据平台的数据应用探索:基于大数据平台,从历史数据归档、查询与访问,到对大量日志信息进行分析,以及采用爬虫技术对外部数据进行提取,以知识图谱技术尝试进行客户关联分析等,期望通过技术助力数据分析能力的提升,为业务发展带来新的可能。

2015 年,江苏银行与江苏地税局合作,基于客户授权的税务数据,面向诚信纳税个人客户推出银税联动互联网消费金融产品——纯信用"税 e 融",让中国银行业有了第一款真正意义上的基于数据的"数字化产品",并在很短的时间内实现了客户与产品规模高速双增长。其他区域性银行据此看到了数据的价值,纷纷选择与江苏银行合作,希望引入此数据驱动业务创新模式,形成新的业务增长点。在一段时间内,"税 e 融"成为各地区的金融爆款产品,让数据发挥更大价值的理念在银行落地。各家银行以此为思路,纷纷研发了基于公积金数据的"公积金贷"产品,基于社保数据的"社保贷"产品,基于收单数据的"收单贷"产品等,改变了以往银行提供普惠类贷款需要客户提供大量线下材料并多次到访网点签字确认的烦琐、周期长的现状,通过有效的数据分析以及线上技术手段,让申请当日即可线上放款成为可能。

自数据赋能产品创新落地后,各家银行开始思考:如何通过大数据平台、行内行外的数据,释放生产力,优化业务流程,实现传统业务的高质量快速发展,而不再仅是盯着抵押物等去思考业务如何突破发展瓶颈。

数据开始变得有价值,且可以推动业务发展。"普惠"数字化成为各家银行在德国 IPC 技术之后新的发展思路。

1.4 金融科技赋能——技术赋能业务

2017年，对于国有大行来说，金融科技赋能银行业务场景化、数字化是标志性的一年。其中，排名前列的国有四家大型银行（工商银行、农业银行、中国银行、建设银行）与互联网公司"BATJ"（百度、阿里巴巴、腾讯、京东）分别展开了"总对总"战略合作。在这一年，这四家国有大行以"合作共赢"的心态，迈出了开放合作的第一步，不再将互联网公司作为银行业的"洪水猛兽"，而是接受不同，积极向互联网公司学习，通过科技能力与数据能力的对接，共同探索如何通过科技改变原有的对客服务模式，提升全行工作效率，提升客户体验。自此，上述四家国有大行不断实践技术赋能业务，促进业务快速发展。

2017年，对于中国银行业来说，也是金融科技崭露头角的一年。股份制银行纷纷将金融科技放到了很高的战略位置，开始了金融科技布局与大量投入，充分释放科技这个第一生产力的潜力，推进全行数字化转型。股份制银行中比较典型的代表是招商银行。在战略层面，招商银行于2017年提出了"战略转型进入下半场，打造金融科技银行"，并以互联网、大数据、云计算、人工智能、区块链和5G六大技术能力为建设重点，全面提升金融科技创新能力，努力成为客户体验最佳银行。在落地实践层面，招商银行深化业务和科技融合，全面推进价值驱动的精益研发转型，不断提升交付质量和速度。在赋能成果层面，通过金融科技持续的战略性投入与落地实践工作的开展，招商银行不断赋能业务发展，例如：通过金融科技打造零售金融的数字化风控能力与数字化经营能力，不仅实现了线上、线下全渠道的伪冒侦测，也实现了跨渠道、多渠道主动营销，同时为全国的客户经理提供针对"双金"客群的数字化能力。

综上所述，国有大行、股份制银行已经认识到金融科技是通往未来的必经之路，金融科技也是数字化转型的必然选择。相比互联网公司，传统银行虽然在金融科技的战场上并不占优势，但国有大行与股份制银行作为银行业数字化转型的先行者，一直在主动探寻金融科技赋能业务发展的路径，努力成为数字化时代银行业中的佼佼者。

1.5 数字经济时代——大中型银行加速转型

2020年是我国的"数字化元年"。对于中国银行业说，6大国有银行、12家股份制银行在"数字化元年"纷纷开展了具体有效的数字化举措，对客提供零距离线上服务：基于金融科技以及大数据分析应用，纷纷推出无接触的线上化、智能化金融服务，实现了客户关注的金融服务"所见即所得"。例如，不少银行主动、精准地推送纾困解难金融服务，提供基于企业微信的一对一下沉式服务，并丰富了线上缴费场景等。

这些数字化服务的背后是6大国有银行、12家股份制银行从2017年开始的在科技能力与数据能力建设方面财力、人力的持续投入。这些投入最终成了数字化能力的强大技术支撑以及数字化应用不断探索的运行机制，保障在突发情况下银行可以采用数字化手段快速响应，实现无接触式 7×24 金融服务。

1.6 转型新课题——区域性银行如何开展数字化转型工作

国有大行、股份制银行已经进入数字化转型加速期，而绝大部分区域性银行的数字化转型之路才刚刚开启，普遍被动地面临数字化时代所带来的巨大挑战。同时，区域性银行在被动推进本行数字化转型工作的过程中，由于家底普遍不够丰厚，支撑数字化转型的能力与国有大行相比有明显差距。

区域性银行虽然面临如上转型困境，但数字化转型仍是必选题。

1. 区域性银行在数字化时代面临的挑战

回顾区域性银行的发展路径，2020年以前的10年时间里，普遍处于高速发展阶段，管理较为粗放，实现了规模大幅增长，网点数量激增。在2020

年进入"数字化元年"时,区域性银行面临巨大挑战:全行上下普遍对数字化转型没有清晰统一的认知且因没有转型头绪而深感焦虑,同时还需常态化地应对在规模、管理半径扩大之后,实现全行经营管理精细化、整体经营效率提升、运营成本降低等难题。

2. 区域性银行的数字化现状

1)区域性银行普遍具备了基础的技术能力与数据能力。在技术赋能业务方面,使用中与运行中的系统从几十套到一百余套不等,涵盖渠道、信贷、核心营销、风险管控、内部管理等方面,拥有较为完整的应用架构;在数据能力方面,随着银保监会 2018 年 22 号文的颁布,区域性银行逐渐重视数据治理工作,最近 3～4 年开展了大量数据治理、数据管理、数据应用等方面的工作,形成了较为体系化的数据架构。

2)与大中型银行相比,区域性银行的业务数字化水平较低。不少流程仍未实现线上化,不少统计工作仍需手工完成,导致效率提升与管理升维的瓶颈越发明显。总行部门主要精力放在日常事务性工作上,导致总行条线对分支行业务指导少,条线的功能相对弱化。除分支行外,总行部门间的竖井现象也较为严重,总行部门间的客户、业务较少打通,各部门主导建设的系统复用率低。

3)数字化转型是区域性银行打造面向未来核心竞争力的必然选择。在数字经济时代,大中型银行已然在数字化转型进程中走在了前面,并持续通过科技赋能业务,创新数字化转型模式,提升全行的数字化水平与能力。因此,在数字化手段的加持下,大中型银行的经营管理能力越来越领先于区域性银行,市场竞争力越来越大,对区域性银行形成绝对碾压之势。

区域性银行必须认识到,数字化转型是必选题。区域性银行的数字化转型不能完全复制大中型银行的思路与路径,必须充分发挥自身资源禀赋优势,如区域内网点多等,再与成熟的数字化技术、工具、平台等相结合,有效利用内外部数据,形成适合自身的数字化转型思路与路径,通过不断地落地实践来打造核心竞争力。

第 2 章
认识区域性银行数字化转型

区域性银行条件有限，没有足够的资源投入与充足的时间窗口按大中型银行的路径去全面转型，只能尝试通过模仿大中型银行某一项或几项转型成果驱动本行转型工作的开展，但由于没有完整的真正适合区域性银行的数字化转型体系做指导，转型工作散乱而不得法，问题频出且严重影响了转型工作的持续推进。

本章内容主要围绕区域性银行数字化转型目前不成功的根因分析而展开，介绍区域性银行的特点，为什么转型，怎么转型，转型转什么，转型过程中会出现哪些问题，产生问题的根源是什么。

2.1 区域性银行的特征

中国的区域性银行主要包括三大类，分别是城市商业银行（以下简称为"城商行"）、农村商业银行（含还未改制的农村合作银行，以下简称为"农商行"）、村镇银行。不同类型的区域性银行由于资源禀赋有较大差异，在已开展的数字化转型工作方面各有侧重，体现出来的特征各有不同。

- 城商行：重建设，轻治理。
- 农商行：强依赖，弱自主。
- 村镇银行：无战略，缺规划。

2.1.1 城商行：重建设，轻治理

1. 最近 5 年，启动了大量信息化建设工作

城商行在经营管理的基本面上与国有大行无异，呈现"麻雀虽小，五脏俱全"的特征，既有全面的业务种类与前中后台组织管理体系，又有独立的科技团队。因此，城商行普遍采取"跟随"国有大行的策略，通过对标国内先进银行，如建设银行、工商银行、招商银行、平安银行等的信息化成果来推动数字化转型工作。

城商行以补足信息化能力差距为目标，以系统建设为主导，对全行的各项能力进行查漏补缺，具体是以"部门要什么就建什么""别人有什么，我就要有什么"为信息化能力建设目标，大干快上，经过近 5 年时间纷纷启动了手机银行 App 重塑、大信贷管理体系重构、核心系统重塑、供应链金融平台打造等大量系统建设工作。

2. 支撑数字化转型工作的组织治理与保障体系不健全

城商行在推进数字化转型工作中，不重视组织治理与保障体系构建，整体呈现"虚战略，轻举措，少组织，缺人才，弱保障"的特征，导致数字化转型工作不能持续有效地自上而下开展。

1）虚战略。城商行普遍在各自的"十四五"规划中提到了数字化转型，但没有定义数字化转型目标、路径等，战略不清晰。由于城商行普遍没有清晰的数字化转型战略作为指引，全行无法达成统一认知，转型工作不能自上而下准确地将目标分解为可执行的任务。

2）轻举措。城商行普遍没有制定保障转型战略落地的具体举措。城商行

数字化转型战略普遍不够清晰，导致对应的保障战略落地的制度体系、激励策略、常态化工作要求等均有较大缺失。

3）少组织。城商行普遍缺少为驱动数字化转型而主动进行组织架构设计与调整的动作。数字化转型对于传统城商行而言是一场巨大的变革。城商行作为企业需在面临变革时主动进行组织调整，但城商行普遍未对组织架构以及组织职能进行任何变动，仍采用传统的组织管理体系推动数字化转型工作，导致大量数字化转型工作落实不到位。

4）缺人才。城商行普遍缺少数字化专业人才。各家银行受限于薪酬体系，较难引进数字化专业人才且人才流失较为严重。近三年，部分二、三线城市的城商行中懂业务、会技术的复合型人才持续流失，而且城商行内部数字化专业人才培养体系普遍尚未成型，不能解决数字化专业人才不足的问题。

5）弱保障。城商行推进数字化转型工作的组织保障机制普遍较弱。目前，各城商行基本只重视数字化意识培养，而在需要资源倾斜的创新与容错机制以及具体的数字化转型激励与约束措施等方面尚未开展具体的工作，较难持续有效地推进转型工作。另外，城商行普遍重视在科技方面的投入。但从科技投入的绝对金额来看，城商行在整个银行业中处于较低水平，每年科技投入落后于大中型银行2～3个数量级。

2.1.2 农商行：强依赖，弱自主

1. 在科技能力与数据能力方面较弱

农商行普遍由省农信统筹组织建设与管理，不能自主开展系统建设工作，数字化转型所依赖的技术基础较弱，不具备通过自主科技能力的提升，主动寻求数字化技术变现的能力，并且普遍依赖省农信提供的统一、标准的信息化应用与数据应用，个性化需求较难得到响应，只能被动开展数字化转型工作。

2. 业务能力不足

农商行普遍由于自身业务经营、管理水平不高，在数字化转型战略制定、

配套战略落地的组织治理与保障能力建设方面需要依赖省农信的力量。从省农信提供的数字化转型路径来看，农商行呈现"三缺"的特征，即"缺组织，缺人才，缺保障"，不能有效组织全行资源开展转型工作，缺乏数字化转型自主性。

（1）缺组织

大部分农商行缺少为了驱动数字化转型而主动进行组织架构设计与调整的动作。调查发现，95%以上的农商行仍未针对数字化转型启动组织调整工作。大部分农商行普遍缺少主动推进数字化转型工作的基础能力，更愿意在焦虑中保持现状，对数字化转型所需的组织架构进行设计与调整的动力不足。

（2）缺人才

数字化专业人才几乎全部聚集在省农信，除头部、上市农商行外，其余农商行数字化专业人才寥寥无几。非头部、非上市农商行员工普遍薪酬不高，加上科技与数据能力基本由省联社提供，不能为数字化专业人才提供足够大的"舞台"，较难引进既有科研能力又懂业务的数字化专业人才。同时，非头部、非上市农商行行内凤毛麟角的数字化专业人才每年流失情况较为严重。

（3）缺保障

数字化转型工作的保障机制普遍缺失，科技投入不足。非头部、非上市农商行的转型工作没有具体的组织部门与人员牵头，导致保障机制中重点关注的组织部门、员工的责权利缺少了主体，保障机制无法建立，对应的制度、流程等完全缺失。另外，非头部、非上市农商行每年的绝大部分科技投入用于支付省联社保障其日常业务经营与管理所依赖的统一系统的建设、运行与维护费用，可用于赋能自身业务发展的科技投入较少，无法及时满足业务发展对科技能力的要求。

2.1.3 村镇银行：无战略，缺规划

村镇银行缺少清晰的战略规划做指引，整体的业务发展水平与经营管理

能力不足，缺少整体的规划布局能力，导致数字化转型所必备的组织体系、技术与数据能力等均欠缺，需要借助外力被动、无序地开展数字化转型工作。具体来看，村镇银行数字化转型的典型特征如下。

1. 无战略

村镇银行普遍缺乏战略规划思维，仍在按传统银行的思路经营城区内高成本、高风险的业务。这就背离了下沉服务"三农"的初衷。另外，这是同质化竞争，完全暴露了经营短板，给数字化转型带来了更大挑战。

2. 缺规划

村镇银行的业务能力、科技能力、数据能力等必须依赖发起行，自主经营能力和管理能力都很弱。同时，发起行普遍未向村镇银行开放新业务、传统业务数字化改造等能力，因此村镇银行不能得到有效的数字化赋能，处于"发起行给什么就用什么"的状态。

长此以往，村镇银行普遍将自己定位为发起行的异地分支机构，村镇银行作为独立法人所需要的体系化规划处于缺失状态。另外，村镇银行在异地分支机构的自我定位下，也没有组织保障、人才培训、科技、数据等能力。

区域性银行数字化转型成效不彰背后的本质，是所有区域性银行均容易受到传统基因的影响而产生路径依赖，难以在传统组织中接入数字化基因。区域性银行必须面对现实，以组织变革而非技术改进为核心，长期持续地投入资源，围绕科技能力、组织架构、流程机制、人才培养等来提升自己的核心组织能力。

2.2 区域性银行数字化转型的 3 个命题

区域性银行面临着国有大行、股份制银行数字化转型成果所带来的巨大竞争压力并已无退路，必须在数字经济时代主动作为，寻找适合自身的数字化转型方法，才有可能建立具有本行特有属性的核心竞争力。

但区域性银行普遍没有意识到数字化转型是一项系统性工程，需要进行全局性思考才有可能找到正确的方法。本节将为读者揭示区域性银行数字化转型首先需要思考的 3 个命题的答案。

- 为什么转型——区域竞争已无优势。
- 怎么转型——整体转型是唯一路径。
- 转型转什么——思维方式的转变是核心。

2.2.1　为什么转型——区域竞争已无优势

随着国有大行、股份制银行通过数字化手段结合数据价值变现的方式，推动业务办理，客户经理的营销过程等均全面实现了业务线上化，满足了客户在任何时间、任何地点通过线上享受金融服务的需求，极大地提升了客户体验，相对区域性银行具有"碾压"式优势。例如，中国建设银行作为大型国有银行，近几年一直在持续推进数字化转型工作，已逐步实现数字化技术作为新生产力向业务赋能的能力建设，并以此加速业务发展，为客户和各类合作伙伴提供更便捷、更高效的金融服务，是具有"管理智能化、产品定制化、经营协同化、渠道无界化"四大特征的现代商业银行，可随时随地便捷地为客户在网点之外提供其所需的线上金融服务。

而在区域内竞争中，面对现代商业银行，区域性银行的两大优势——网点多且覆盖范围广、一线员工多，将被极大削弱。同时，区域性银行由于科技能力、数据能力普遍仅能满足日常的业务运行、监管报送及内部统计要求，且科技赋能业务、数据价值变现的水平有限，不能在区域内建立核心竞争力，仅能在传统的治理架构下按传统的模式推进业务发展，在区域内面临着国有大行、股份制银行利用完整的体系化数字化转型能力进行降维打击的窘境。

2.2.2 怎么转型——整体转型是唯一路径

区域性中小银行蹚过的数字化转型之路并不顺畅，主要原因是：数字化转型未有统一的、清晰的全行数字化转型思路。在具体落地时，不少区域性中小银行是由单一业务诉求在驱动，盲目跟风数字化转型，采用"学习"他行具有吸引力的产品和服务形成自身数字化能力的方式，导致业务转型中的执行主体不清晰，重结果、轻运营，反复用自身不擅长的方式耗用资源，致使转型工作执行失控。

区域性中小银行应体系化、全面地梳理与定义本行的数字化转型工作，有序地逐步推进数字化转型工作。从转型工作的整体性来看，区域性银行需要从如下几个方面来提升数字化转型能力，具体为定义战略、组织设计、培养人才、重视数据、科技赋能、构建场景。

- 定义战略：战略制定先行，定义全行数字化转型愿景，指导全行的数字化转型工作。
- 组织设计：配套战略落地的组织体系，以及具体指导与监督数字化工作的激励措施，是数字化转型工作的基石。
- 培养人才：数字化转型工作的最终落地，离不开行内数字化专业人才的培养与成长。区域性银行需要修炼内功，培养自有数字化专业人才。
- 重视数据：数字化转型的基础是数据，要把数据变成全行的重要资产，需要重视以数据治理体系建设为前提的数据管理与数据质量提升工作。
- 科技赋能：根据不同的业务需求，以科技为信息化手段，结合数据，助力业务转型。
- 构建场景：数字化转型工作不是"坐而论道"，是需要实干的，需要在践行"以客户为中心"的思路下，以业务模型搭建为先导，以科技融合业务的思路构建服务场景，驱动数字化转型工作落地。

2.2.3 转型转什么——思维方式的转变是核心

"以客户为中心"的思维方式变化是区域性银行数字化转型的核心。

区域性银行普遍仍以账户、产品为中心，站在自身视角向客户销售金融产品与服务，并建立对应的指标去要求一线员工开展客户营销与管理工作，对客户究竟需要什么样的金融服务或泛金融服务并不关心，导致客户体验不佳，存在客户流失风险，"以客户为中心"根本无从体现。

如何有效践行"以客户为中心"？笔者尝试用以下亲身经历进行说明。

笔者所居住小区周围200米内，分布着4家同等规模的小超市，经营范围同质化严重，竞争激烈。但其中一家超市的店员践行了"以客户为中心"，不仅吸引了客户，提高了存量客户返购率，而且人流量与客均单价也明显高于其他超市，形成了同业竞争的优质"护城河"。

这家小超市是如何做到的？店员非常有代表性的两个举动可以充分说明。

举动一：该超市每单付费后打印的纸质回单里会有连带下次购物减免金额的纸质优惠券，大量顾客嫌麻烦，主动放弃纸质优惠券，而该超市店员主动收集这部分优惠券，并在顾客结账时随即找出适合这一单交易减免金额要求的最大面额优惠券，帮顾客省钱。这个举动合规，且能真正让客户参与到超市营销活动中，不仅让顾客得到了实惠，也让顾客无形中加深了对这家超市的认可。

举动二：在顾客准备付款的时候，店员知道每一位老顾客的购物品类习惯，只要有针对顾客感兴趣的品类在搞活动，且客户没有采购，店员就会顺口说一句，最近某品类正在促销，现在买很划算，要不要带上一个。由于购物习惯，顾客会下意识地接受这句话，无形之中又买了其他商品，不仅客单价提高了，顾客满意度也提升了。

从上面店员的两个举动中可以看出，"以客户为中心"的思维会得到顾客的正向回馈。银行作为服务性企业，也有同业竞争的不少网点，尤其是本地的区域性银行。我们谈转型，需要看脚下，用"以客户为中心"的思维方式去找差距，才能真正用好数据，用好数字化手段，真正服务好客户。

因此，区域性银行数字化转型需要首先解决思维方式问题，让"以客户为中心"的理念深入人心，通过群体的思维方式改变，不断找到适合数字化转型的切入点。

2.3 区域性银行数字化转型的 10 个痛点

近 5 年，部分区域性银行努力地推动数字化转型工作，但没有进行全局性思考，导致所推动的工作成效不佳，并集中暴露出如下 10 个转型痛点。

- ❑ 金融科技难以引领业务发展。
- ❑ 敏捷开发带来用户投诉。
- ❑ 行内数据资产不能变现。
- ❑ 外部数据实用性不足。
- ❑ 线上化未能有效吸引客户。
- ❑ 开放银行向谁开放不清晰。
- ❑ 场景联合运营回报率低。
- ❑ 风险模型效果不明显。
- ❑ 科技部门牵头转型有掣肘。
- ❑ 转型保障机制缺失。

本节内容将围绕上述区域性银行 10 个转型痛点展开详细分析，为读者剖析痛点背后的秘密。

2.3.1 金融科技难以引领业务发展

随着国有大行、股份制银行过去数年在金融科技领域持续投入并在近两年不断产出成果，国有大行、股份制银行纷纷提出"金融科技银行"战略，以金融科技能力的持续提升来引领业务发展。部分区域性中小银行从它们的实践成果中看到了金融科技的价值，纷纷快速照搬。

在未充分明确与论证业务发展前景，没有对应的组织保障、人才准备等基础上，区域性银行盲目地在短期内投入巨资，引入金融科技能力，最终导致金融科技与业务发展脱节，一线员工感受不到科技带来的变化，对科技投入产生质疑。

为什么区域性银行的金融科技无法引领业务发展？笔者对国有大行、股份制银行与区域性银行在金融科技投入、人才、应用方面进行了对比与分析后发现：区域性银行与国有大行、股份制银行在金融科技能力方面的差距是巨大的。

- 金融科技投入方面：国有大行、股份制银行持续推进科技融合业务、场景创建等的信息化投入，且每年呈递增趋势，超过区域性银行每年的科技投入两个数量级以上。如招商银行2021年的科技投入已达100亿元以上，而区域性银行每年科技投入普遍在8000万元左右，且至少一半的投入是为了保障业务持续发展以及存量系统稳定运行，真正用于金融科技的投入与大行相比少之又少。

- 金融科技人才方面：国有大行、股份制银行均将引进数字化转型复合型人才与内部培养纳入转型重要工作，并以市场化的薪资及配套的较有吸引力的激励措施留住人才。例如，招商银行一直在以较有吸引力的薪资、激励机制与岗位设置广纳人才，目前自有金融科技人才已达10000人；同时，成立金融科技学院，启动全面的金融科技人才培养模式，建设金融人才梯队。而区域性银行普遍尚未有清晰的数字化专业人才战略，薪酬体系偏传统，导致金融科技人才的引进较为困难，最近三年还出现了金融科技人才持续流失问题，加上自有的金融科技人才培养体系不健全，难以形成稳定的金融科技人才梯队。

- 金融科技应用方面：在大数据、AI、云等技术方面，国有大行、股份制银行均已有成熟的应用场景支撑，而区域性银行由于自身业务能力、科技能力及投入的限制，较难展开金融科技场景化工作，且有不少核心能力是由第三方公司提供的，金融科技应用的内生动力不足。

因此，区域性银行不能复制国有大行、股份制银行"金融科技引领业务发展"的思路，而应充分认识到自身能力不足，在全面了解本行现状的基础上，以科技融合业务的思路去重新定义金融科技的重要性。

2.3.2 敏捷开发带来用户投诉

部分区域性银行以结果为导向，制定了敏捷开发策略，上线时间窗口从一个月一次变更到每周都可上线，需求的开发周期调整至两周甚至一周，出现了频繁上线、频繁打补丁的热闹场面。由于没有充分测试做保障，员工与客户均未能在多次迭代版本中感受到正向反馈，相反还认为快速迭代带来的是更多错误、问题以及搞不懂的功能或流程，徒增烦恼。开发人员面对出现的错误、问题等又不停地打补丁，导致未从敏捷开发中得到更好的体验。

敏捷开发作为成熟的研发体系，为什么会在大部分区域性银行中水土不服，产生如上诸多问题？笔者认为有如下几方面原因。

1. 将敏捷开发简单等同于缩短开发时间的方法

普遍来看，敏捷开发模式需要引入专业的培训公司进行为期半年左右的系统性培训与训练，培养行内专业的敏捷种子教练；随后，探索性选择少量行内成熟的产品，系统地按照敏捷开发模式要求建立不同的敏捷试运行组织，并由行内的敏捷种子教练对该组织全程培训、跟踪与辅导，逐步形成可持续高效运行的敏捷开发模式。因此，敏捷开发模式的建立是一项系统性工程，并不仅仅是在过去稳态开发模式基础上缩短开发时间。仅以缩短开发周期为目标，没有上述体系支撑的敏捷开发必将导致组织水土不服，乱象丛生。

2. 不是所有的产品、系统都适合采用敏捷开发模式

从行业最佳实践来看，敏捷开发模式推进较为顺畅的银行无一不是始终坚持敏态与稳态相结合的方式，仅对部分成熟且相关性较小的产品和系统采用敏捷开发模式，其他产品和系统则持续采用传统的稳态开发模式。究其原因，银行的大部分产品和系统的相关性较高，且对风险的容忍度较低，如果贸然全面采用敏捷开发模式，除了需要大量的业务资源、科技资源、人力资源等的高投入外，还将直接面临主要产品、渠道、服务等由于测试不充分所带来的客户体验大幅下降，以及客户投诉量大幅上升。

3. 没有建立完整的保障体系来支撑敏捷开发模式

敏捷开发模式需要建立新型组织形态——敏捷组织，而敏捷组织由科技人员、业务人员，甚至是一线员工共同组成。其中，组织中不同类型的人员需要在此新组织中承担不同的职能，同时需要在组织中具有对应可获取的权利。但如果新组织仍是以成员所属的原有部门的职责与考核任务来约束与激励员工，那么由于责权利不对等，成员很难发挥关键作用，只是为了具体的任务而开展开发工作，存在交付质量不佳等问题，最终导致敏捷开发成果不佳。

因此，区域性银行要先对上述3方面进行系统、全面地学习和思考，再审慎地开展敏捷开发工作。

2.3.3 行内数据资产不能变现

区域性银行普遍对数据仅停留在常规使用上，在客户营销、业务办理、内部精细化管理等方面仍是以传统方式为主，尚未将数据资产价值有效激活。同时，区域性银行的业务部门或一线员工普遍认为数据资产不能有效使用。

为什么区域性银行会出现数据资产应用能力较差，数据资产质量不高的问题？笔者认为有如下两方面原因。

（1）数据标准未能得到有效落地

一方面，区域性银行普遍建立了数据标准，但数据标准较少从源头开始贯彻，而是在数据平台做映射，导致数据标准并未反映到业务办理过程中；另一方面，大部分区域性银行并未明确业务部门对数据的属主管理职能，导致数据没有得到有效管理。

(2) 数据质量不稳定，数据问题反复出现

区域性银行普遍制定了数据质量管理办法，并建立了数据质量闭环处理机制。但在实践中，区域性银行普遍被动管理数据质量，即未从业务规范入手要求数据标准落地，导致数据质量不稳定。而被动地采用打补丁的方式对数据质量进行修正，仅能阶段性地提升数据质量。且由于未从源头进行数据标准管理，数据质量会反复波动且较难稳定提升。

综上所述，区域性银行制定的数据标准未有效贯彻，数据质量出现反复波动，导致数据不能有效地业务化并形成高质量的数据资产，无法支撑应用。

2.3.4 外部数据实用性不足

区域性银行普遍在最近几年尝试通过对接行外数据，结合本行的历史数据来探索零售、对公、金融市场等业务的经营和管理数字化能力的搭建。

我们来看一个比较典型的例子。2016年，江苏银行启动了与税务局的合作，通过授权的方式获取客户的缴税信息，并以此数据建立模型开发了针对小微企业的纯线上申请、自动审批的产品。该产品投放到市场后，受到了普遍认可，并收获了较为可观的经济效益与社会效益。随着外部数据的变现通道被该产品打开，不少区域性银行趁热打铁，陆续推出以外部公共数据建立业务模型的公积金贷、社保贷等纯线上个人消费类贷款"爆款"产品，希望外部数据能带来持续的价值变现。

但上述依赖外部数据建模的线上信用贷款产品在高质量运行一段时间后，部分区域性银行的不良率开始大幅上升，于是银行纷纷开始质疑数据是否能产生价值，是否能推动业务发展。

理论上来看，上述数据均为客户在非银机构真实发生的业务所产生的真实数据，为什么以这些外部数据建立的业务模型会突然失效？

笔者通过分析发现，业务运行良好的区域性银行，除了使用外部数据外，无一例外地要求必须加上经客户授权使用的企业征信或个人征信报告中的数据，以此了解客户在各银行的金融行为所产生的真实数据，并利用此类数据开展客户的金融特征分析，建立既有非银业务特征又有真实可信的银行业务特征的业务模型，显著提高了风险防范能力。

而如果仅以行外的非金融数据进行业务建模，缺乏客户的真实金融行为特征信息，此类业务模型必将大概率出现失效的情况，并同时放大业务风险。例如，针对部分区域性银行仅以非金融数据建立的业务模型，某些"黑产"通过自己控制的"僵尸企业"或"个人白户"在一定时间范围内真实、正常、连续地缴纳税款、公积金、社保等，在满足银行对应产品的准入要求后，以"薅银行羊毛"为目的地开始大规模线上申贷，套取大量贷款资金，让这部分区域性银行蒙受较大的损失。

因此，非金融数据可以帮助区域性银行侧面观察潜在客户的信用水平，但并不如银行这样的持牌金融机构所产生的客观真实的信用数据有效。

2.3.5 线上化未能有效吸引客户

近几年来，招商银行、平安银行等股份制银行在推进数字化战略，打造"轻型银行"时，纷纷选择用数字化手段打造新一代 App 以及其他线上化渠道，实现业务、客户、产品等全面线上化，将大量客户向 App 引流，取得了非常好的效果。

区域性银行观察到国有大行、股份制银行通过金融科技赋能渠道线上化产生了不错的效果，纷纷尝试开展与国有大行、股份制银行类似的渠道线上化能力建设，以期快速实现其所理解的数字化转型（数字化转型等于线上化，线上化等于服务渠道线上化）。

但通过 Gartner、四大咨询公司等权威机构大量的数据统计可以发现：区域性银行的线上化渠道有效使用人数与人群相对稳定，一直维持在较低水平；

同时，线上化渠道的日活率、月活率普遍不高。因此，虽然区域性银行采用金融科技实现了渠道线上化，但业务转型并未有质的改变，客户并未如银行所期望的那样，大量从线下向线上迁移。

笔者通过对区域性银行的线上业务进行分析，发现如下 3 方面问题导致区域性银行客户无法有效从线下向线上迁移。

❑ 区域性银行有效客户数量有限，大规模线上迁移的客户基数不足。区域性银行在近十年的发展中，通过推行市民卡、健康卡、工资卡等手段，获得了大量本地开卡客户。但区域内提供此类业务的银行机构较多，持卡客户将区域性银行所提供的个人卡作为主卡的比例较低，同时存在睡眠户、每月固定时间将余额转出他行等情况，导致存款日均余额大于 1000 元的客户数不到全行所有客户的 10%，也就是说区域性银行如果有 100 万存量客户，有效客户数不足 10 万。

❑ 区域性银行有效客户年龄整体偏大，大龄客群使用线上服务的动力不足。笔者对 30 余家区域性银行的有效客户进行分析，发现这些区域性银行有效客户中的 60% 年龄普遍在 42 岁以上，且女性客户占一半以上；同时，60 岁以上的客户占比逐年上升。这部分客户的金融行为特征较为明显：金融风险偏好普遍保守，以定期、大额存单等固收类金融产品为主，习惯通过面对面的方式在网点办理，对线下服务的体验提升需求远大于线上服务。

❑ 区域性银行的线上运营能力普遍欠缺，对客户主动体验线上服务的吸引力不足。区域性银行日常客户运营主要集中在网点，可通过线下网点智慧化重塑提升客户体验。而在客户线上化运营方面，区域性银行缺少专业的人才、组织，仅重点关注线上渠道的建设，并将标准流程的线下业务线上化，导致客户只在有查询等需求时才会主动使用线上渠道。

因此，区域性银行忽视客户数量、结构以及自身能力等方面存在的诸多不足，导致线上客户转换率呈停滞或缓慢增长的趋势，也使希望通过全面线上化实现数字化转型的方式陷入瓶颈。

2.3.6 开放银行向谁开放不清晰

目前,国内银行业所拓展的开放银行是将金融服务能力(账户管理、支付等成熟的银行数字化能力)及金融数据共享给合作机构,助力合作机构形成完整的生态,实现"成人达己,利他共赢"。

在近几年开放银行的业务发展中,国有大行与股份制银行率先发力。例如,光大银行与国家电网、华润燃气等第三方机构强强合作,将线上支付的数字化能力开放给合作机构,输出"云缴费"业务,帮助合作机构快速接入线上收缴费用业务,除提升了合作机构终端客户的便捷缴费体验外,还通过其便捷的清分清算能力帮助合作机构实现了极简的账户管理与对账管理等,大大节省了人力。

在开放银行的热潮下,不少区域性银行纷纷启动了开放银行的系统建设工作,并投入大量资源来通过开放银行拓展业务,但成效远不如国有大行与股份制银行。来看一个比较典型的例子。一家资产规模过千亿元的城商行在几年前将开放银行带动业务全面发展的新模式定义为该行的第二发展曲线,在半年内建了一套技术框架成熟、先进,功能完备且扩展性强的互联网金融平台。此平台具备账户管理、支付管理等多项标准化金融服务组件,可通过 SDK 或 OpenAPI 直接提供给合作方使用,能快速将这些金融服务组件的能力嵌入合作机构的业务场景。但较为尴尬的是,该平台上线运行两年后,没有一项业务接入。

为何区域性银行普遍会在开放银行领域铩羽而归?笔者认为主要有如下两方面原因。

1. 区域性银行推不动

大多数开展开放银行业务的区域性银行位于三、四线城市,甚至四线以下城市,城市规模较小,区域内的企业、个体工商户以及人口较少,寻找开放银行的合作方与业务场景少,呈现合作方"散、少、小、不稳定"等特征,导致该项业务的价值回报不高，一线员工积极性不高，较难持续发展。

2. 合作方的合作意愿不强

受城市规模等客观条件限制，开放银行并不能给合作方带来流量与业务量的显著提升，合作方开展开放银行业务的主观意愿较弱，较难主动配合区域性银行开展该业务。

综上所述，区域性银行由于本行的资源禀赋不足，在业务上较难在本地拓展出大量优质的开放银行合作方。而盲目建设开放银行系统，是资源的极大浪费。

2.3.7　场景联合运营回报率低

2017年，随着国有银行与互联网公司总对总战略级合作的新闻被曝出，区域性银行普遍较为紧张：国有银行具有低成本金融服务能力且全国有网点覆盖，而互联网科技公司有海量线上流量以及大量用户数据，两者强强合作就能"完美"地实现线上线下结合，并通过海量行内外数据的整合精准构建客户画像，以精准营销的方式将自己所服务的客户拉走。

部分区域性银行没有坐以待毙，纷纷启动与大型互联网公司、独角兽公司的线上金融产品合作，希望借此带动本行业务的新发展，建立区域内的竞争优势。但这部分区域性银行在合作过程中，并未如愿得到业务的健康发展，反而面临着巨大的业务风险。随着监管部门加大对互联网金融业务的规范管理要求，叠加经济大环境变化，区域性银行与互联网公司合作的线上贷款业务出现了大量违约情况，而由此产生的风险绝大部分由区域性银行独自承担。

看着很美好的强强联合运营模式，为何区域性银行惨遭滑铁卢？

通过对区域性银行与互联网公司、独角兽公司的合作细节进行分析，我们可以发现其中的端倪。具体而言，主要有如下几方面原因。

1）区域性银行由于没有互联网金融的运营经验与能力，与合作方的合作从一开始就不对等，在合作中基本没有议价空间，只能无条件接受合作要求。例如对客提供的贷款资金，区域性银行往往占 90% 以上，而互联网公司仅占 10%，一旦客户违约，区域性银行将面临巨大损失。

2）在合作过程中，业务场景、客户资源、技术能力与数据能力等均牢牢掌握在合作方手里，区域性银行并未因为合作而实现对业务场景风险的有效识别与管控、客户流量的有效转换、成熟金融科技能力的引入，以及客户与业务有效数据的接入，最终导致处处被合作方"卡脖子"，并对合作方运营全链条、享受到金融服务的客户、潜在风险的识别等一无所知，丧失了把控业务风险、客户风险等的主动权。

3）在合作过程中，区域性银行对提供给合作方的助贷资金的实际流向与使用没有切实有效的监控措施与手段。所有资金对于区域性银行而言如"黑匣子"般在体外被不受控地循环使用，严重违背了银行审慎经营的原则。一旦合作方出现问题，区域性银行将毫无办法，面临资金无法追回的巨大风险。

通过如上分析可以发现，部分区域性银行在最近几年与互联网公司联合运营过程中，由于不能有效控制风险，最终出现大投入小回报，甚至无回报的情况。

2.3.8 风险模型效果不明显

区域性银行在开展数据应用工作时普遍会引入行外公开数据以及客户授权的行外数据，结合行内的客户金融数据共同建模，基于模型进行多维分析与验证，并形成客观的结果，以便完成贷前业务检查、贷中风险预警以及贷后风险预警等。

但在实践过程中我们可以发现，区域性银行利用大数据建立风险模型并对风险进行预警的效果不如预期，甚至不如个人经验判断准确。通过分析，我们可以用一句话来总结原因：数据不对，数据不准。

1. 数据不对

不少区域性银行走入误区，认为数据越多越好。国有大行、股份制银行在做风险预警时使用了很多维度的数据，如工商、税务、法院、个人通信、社交等数据，用大数法则判断企业或个人是"好"还是"坏"。区域性银行习惯"复制"它们所认为的行业最佳实践，投入很多资源，采购很多数据，但模型运行结果与实际相差较大。造成这个结果的根本原因是大型银行机构所推崇的大数法则在区域性银行内不成立，因为区域性银行的整体客户数远远少于大型银行机构。因此，区域性银行不能照搬大型银行机构的客群筛选特征，采用过多的维度去筛选本就不多的客户，结果肯定与预期有较大差距。

2. 数据不准

区域性银行的风险模型需要基于行内的大量历史数据去寻找风险特征，通过风险特征识别新增业务的潜在风险，这是数据业务化很重要的一项实践工作。但区域性银行由于各种历史因素，数据质量普遍不高，进而使风险特征与实际情况相差较大，模型输出结果无法使用，风险不能得到有效识别。由此，各家银行认识到数据治理工作的重要性，将数据标准、数据质量等管理工作逐步纳入日常经营活动中，尝试主动提升数据质量，提高数据准确性，为数据业务化打下基础。

因此，数据对不对、数据准不准是影响区域性银行风险模型发挥作用的两个重要原因。而区域性银行恰恰在这两方面均有明显不足，导致大部分时间仍需要靠经验来做风险判断。

2.3.9　科技部门牵头转型有掣肘

2017年伊始，"科技引领业务发展"的声音越来越大，且金融科技在国有大行、股份制银行中的应用越来越多，不少区域性银行的高管认为：数字化转型就是科技能力的全面提升，可带动业务的新一轮发展。因此，这部分区域性银行将数字化转型的重点落在科技能力建设上，同步启动了大量系统建设工作；同时，科技部门成为全行数字化转型工作的牵头人以及具体工作的推进者和执行者。

科技部门作为全行转型的牵头人，风风火火启动新一轮IT规划，并推动"新一代分布式核心""新一代信贷管理""新一代手机银行"等系统的建设工作。在系统建设过程中，业务部门、一线员工，甚至业务分管行领导，都开始抱怨：系统每天都在建设，但并未感受到科技为工作带来的改变，并未将他们从大量事务性工作中解放出来，反而增加了工作量；建设的新系统、新模型并不是他们想要的。

为何在科技部门成为转型牵头人后，转型工作不仅没得到全行上下的支持，反而被抱怨？

笔者通过对多家区域性银行的科技部门进行调研，发现了隐藏在上述现象背后的原因。

1. 科技与业务"两张皮"现象突出

科技部门在主导转型工作并开展大规模业务系统建设的过程中，需要业务部门配合提供明确的业务需求，并在需求中明确功能边界、数据加工口径、业务流程优化与重塑的要求，甚至是岗位调整等内容。但各业务部门不是工作的属主部门，主动参与度明显不足，需求不完整，导致科技部门主导开发的系统变成了各部门"本位"思想下割裂的功能、流程等，不仅没有让业务部门满意，还让一线员工有诸多怨言，让数字化转型工作陷入泥潭。

2. 科技部门自有能力与资源禀赋有限

科技部门一方面要保障日常工作运转，另一方面还要主导数字化转型工作，工作内容已超出科技部门的能力范围，而且牵头转型工作所需的重要资源，如协同工作机制、激励机制等欠缺，导致科技部门在具体推进转型工作时处处受阻。

3. 科技部门欠缺复合型数字化专业人才

区域性银行科技部门在主导数字化转型工作中，不仅需要有技术型数字化专业人才开展系统的建设工作，还需要大量既懂技术又懂业务的复合型数字化专业人才推动科技与业务的融合，打破"两张皮"现状。但区域性银行自有科技人员数量不多，各部门中的复合型数字化专业人才更是凤毛麟角，导致在具体推动数字化转型工作中，科技部门与业务部门各说各话，较难相互理解。

因此，从上述原因分析中，我们可以得知：数字化转型落地绝不是一个部门的工作，需要业务部门与科技部门达成共识，打破"部门墙"，形成统一的、明确的转型思路与路径，由业务部门主动承担牵头统筹工作，科技部门配合实施，才有可能真正推动转型工作持续有效开展。

2.3.10 转型保障机制缺失

保障机制是银行数字化转型工作能否持续自上而下推动的关键。组织保障为数字化转型提供了引擎。没有组织保障的支撑，其他工作将难以持续推进。笔者从组织保障中的意识培养、制度保障、激励与约束、数字化专业人才引进与培养4个方面来分析区域性银行的保障机制是否完整。

（1）意识培养

区域性银行普遍重视业务报表开发、数据分析与统计工具使用培训等工作，帮助各业务单元用数据反映客观事实，但缺乏自上而下采用一套标准的数据体系对业务经营、管理流程进行全面贯通的能力，全行尚未形成数据思维。

（2）制度保障

数字化转型必然会有变革要求，而变革必然有不成功的可能。银行需要建立适应变革要求的容错制度，才能让创新工作真正运转起来。但区域性银行普遍较为保守，缺乏主动创新与试错的"勇气"，未能采用制度先行的策略去主动识别数字化创新或试错可能带来的风险，未能建立保障机制来鼓励各业务部门基于数字化手段进行业务创新与试错。

（3）激励与约束

数字化转型工作的顺利开展需要有足够的激励与约束机制保障，才能让每一个参与数字化转型的组织（或机构）和个人有充分的积极性与自觉性。但区域性银行普遍缺失针对数字化转型具体工作的激励与约束机制，各业务部门较难主动开展数字化转型工作，从而不能将工作重心仍放在传统的业绩达成、监管报送数据准备等具体的事务性工作中。

（4）数字化专业人才引进与培养

通过最近三年对各区域性银行公开信息的截取，以及持续与20余家区域性银行的交流沟通，笔者发现区域性银行的数字化专业人才普遍呈现"引不进、流失多、无梯队、轻培训"的特点。

- 不少区域性银行最近三年数字化专业人才引入人数为个位数（甚至为0）。
- 能力较强的数字化专业人才存在逐年流失的情况。
- 区域性银行的数字化专业人才缺乏梯队建设，分布极不合理。
  - 区域性银行普遍缺乏数字化转型领军人才，有科技背景的高管人才极少。
  - 区域性银行的中层管理者普遍没有科技背景，既懂业务又懂技术还懂管理的复合型数字化专业人才稀缺。
  - 区域性银行的业务部门普遍没有设置与数字化工作相关的专岗（如数据分析岗、统计岗、数据治理岗等），业务骨干没有明确的方向与空间成长为数字化专业人才。
- 区域性银行的人才培训体系较为传统，较少开展对员工数字化工具基础技能的培训活动，普遍没有针对高管、中层管理人员的数字化转型工作思路的培训，较难形成自上而下的数字化转型统一认知。

综上所述，区域性银行的保障机制普遍缺失严重，不能支撑数字化转型工作对资源禀赋的要求，不能带给需要参与到转型工作中的每一名员工以动力，推进工作缓慢而无序。

2.4 问题产生的 5 个根源

在有了全局性思考脉络并认识到转型成效不佳的 10 个痛点后，我们可以发现：区域性银行数字化转型成效不佳的根源是其没有体系化、自上而下的方法论做支撑。

本节内容将围绕转型方法论所需要具备而区域性银行又缺失的 5 个方面展开，为读者揭示区域性银行转型成效不佳的根源。

- ❑ 缺少清晰的指引战略。
- ❑ 缺少完整的方法论。
- ❑ 缺少正确的转型路径与架构。
- ❑ 缺少统一的数字化能力规划。
- ❑ 缺少企业数据文化氛围。

2.4.1 缺少清晰的指引战略

1. 区域性银行开展数字化转型工作，缺的不是战术，而是战略

银保监会 2022 年发布的 2 号文《关于银行业保险业数字化转型的指导意见》（以下简称为《指导意见》）中的 7 个部分共 30 条，为银行全面开展数字化转型工作指明了方向，给出了非常清晰的转型工作范围、路径与行动项。但区域性银行的资源禀赋有限，组织治理总体偏传统，客群特征明显，规模发展仍是业务经营的主要目标，无法如《指导意见》所要求的那样进行体系化布局与变革。

区域性银行数字化转型首先需要解决的问题是，在"摸清家底"的前提下，在战略层面思考能做什么，确立全行数字化转型的愿景、使命和目标，而不是马上动用全行资源按《指导意见》要求开展工作。

2. 区域性银行普遍未制定清晰的数字化转型战略规划

在《指导意见》明确提出数字化转型后，区域性银行才普遍开始真正意识到需要开展数字化转型战略规划工作，以及思考数字化转型战略规划中需要包含哪些重要内容。在此之前，大部分区域性银行董事会与高管层并未真正重视数字化转型工作，仅提及了数字化转型等关键词，但没有数字化转型对应的顶层设计，未制定明确的数字化转型目标与路径，未指定数字化转型工作具体推进的牵头部门等。少部分区域性银行近两年虽然主动积极完成了数字化转型规划，但规划内容基本上只是套着数字化转型规划的"壳"，90%以上的内容与IT规划相关，起不到自上而下指导全行推进数字化转型工作的作用。

2.4.2 缺少完整的方法论

最近几年，数字化转型的热度逐渐升温。我们通过梳理可以发现：除了国有大行、股份制银行以数字化能力赋能数字化转型外，其他诸多商业主体对区域性银行数字化转型也有不同的方法主张。

- 对于金融科技公司而言，它们主张的区域性银行数字化转型方法是产品、平台等作为数字化基础技术能力，支撑转型。例如阿里巴巴、腾讯等曾经主推的基于技术中台的底层框架，建立业务与数据中台能力，帮助区域性银行实现业务经营、管理的全面数字化。
- 对于数据类公司而言，它们主张的区域性银行数字化转型是采用其数据应用产品，如知识图谱、反欺诈应用等，采购其提供的合法合规的客户外部数据。例如企查查等数据类公司不但为区域性银行提供反欺诈等的数据应用解决方案，还提供合法合规的各类客户数据。

❑ 对于传统银行IT服务厂商而言，它们主张的区域性银行数字化转型是采用大数据、AI、区块链等成熟的金融科技，对原有的产品或信息化解决方案进行重构，建立某个领域的数字化运营管理能力。如现在不少厂商利用先进的金融科技公司主推的分布式核心系统、全线上信贷智能管理系统、互联网金融平台等，为区域性银行提供面对市场变化能快速反应的能力。

❑ 对于提供基础设施的厂商而言，它们主张的区域性银行数字化转型是利用各类新的数字化设备，如VR、高清摄像头等，按智慧网点的要求进行数字化场景设计，形成数字化网点。如华为、海康威视等硬件厂商近两年持续在向区域性银行宣导，数字化转型的方法是数字化设备的加持。

区域性银行缺少站在以自己为主体的角度来寻找数字化转型的方法，导致被上述几类商业主体以其商业目的为导向而制定的数字化转型方法所迷惑。区域性银行希望通过这些短期的"有效"投入，实现这些主体所描绘的数字化转型成果，但成效不彰。

为什么区域性银行没有构建自己的数字化转型的方法？笔者认为有如下两点原因。

其一，区域性银行对数字化转型认识片面。区域性银行普遍感知到现在是数字化时代，望文生义地将数字化转型等同为数字化。但数字化转型由"数字化"+"转型"两个部分组合而成，区域性银行将重点几乎都放在了"数字化"上，缺失对"转型"的思考。

其二，其他商业主体为了自身的商业收益，利用自己所擅长的金融科技手段快速形成数字化产品、解决方案等，并批量销售给区域性银行，自然而然地将重点同样放在了"数字化"上，也将"数字化"直接等同于"数字化转型"，这与区域性银行对数字化转型的理解"不谋而合"。

因此，区域性银行要想找到符合自身发展的数字化转型方法，必须既要考虑"数字化",又要思考"转型",即本行需要什么样的数字化能力,本行为什么转型,转型要转什么,转型的核心点在哪里……通过寻找这些问题的答案,再整合在一起做分析、提炼,形成符合自身发展的独特的数字化转型方法。

2.4.3 缺少正确的转型路径与架构

区域性银行在开展数字化转型工作时没有形成正确的转型路径与架构,普遍采用"人有我有"的"学习"模式去照搬他行的转型路径与架构,以期快速引入他行的成果和经验,但效果远不如预期。笔者认为,主要原因是区域性银行普遍不重视"摸清家底"的工作,在不了解本行现状的情况下,盲目引进"先进实践",结果就变成了"南橘北枳"。

不重视开展"摸清家底"工作,就会导致区域性银行上到董事会,下到普通员工,对数字化转型不能形成统一认知,均以自己的理解在做相关的工作,如盲人摸象,每个层级都在按其自身的理解与同行业对标学习后,投入自己认为的数字化转型的具体工作中。最终,区域性银行各层级每年都会提数字化转型,每年各层级对标学习的思路都不一样,每年对应转型的路径与架构也都不一样,导致每年投入的资源被大量消耗,始终无法实现 0 到 1 的质变。

区域性银行需要脚踏实地、面对现实,以空杯心态去分析全行数字化转型现状并找出问题,再带着问题去探索适合本行的数字化转型路径,并构建路径的支撑架构。只有这样,才有可能少走弯路,实现数字化转型从 0 到 1 的突破。

2.4.4 缺少统一的数字化能力规划

最近三年,区域性银行的科技部门普遍借着数字化之名,启动了 IT 规划或者大数据规划,并将其等同于本行数字化转型规划,向行领导汇报后就开始了新周期的新技术平台建设、技术架构更新、应用架构重构、新系统建设等工作。这些工作由科技部门主导开展，并不是由业务发展对营销、运营等提出的能力建设新要求驱动的，这将导致除了科技部门外，董事长、行长、分管副行长、业务条线（分支行）负责人、部门员工、一线网点员工等均认为数字化转型就是科技部门的工作，并认为数字化转型就是建设一系列新的系统、平台、工具，但与自己好像没有关系。

以如上思路进行信息化能力打造，无疑是灾难：完全以技术视角来看待数字化转型，除了线性地增加更多系统之外，烟囱式系统更多了，数据孤岛更多了，部门之间的协同更难了。数字化转型绝不等于科技视角下的系统再造，而是应该从业务视角来看未来业务数字化方向、策略与具体的要求，提炼出需要具备的数字化能力后，再进行统一规划。例如，我们可以从具体业务中提炼出参与业务的关键要素域：客户、产品、营销等，并以不同要素域需要具备哪些数字化能力进行向下分解，形成不同的数字化能力组件库，以此开展从要素域到数字化能力组件设计的统一规划，并形成能力组件与系统的映射关系，然后根据映射关系，以查漏补缺的方式启动系统的建设、调整或重构。

因此，数字化转型不是要否定行内原有的信息化、数字化资产，对原有系统完全推翻重构，并展开大量系统的建设工作；数字化转型应该是以业务视角对业务数字化能力进行规划，并在充分了解行内科技现状基础上进行整合和调整，择机建设新的系统。

2.4.5　缺少企业数据文化氛围

数字化转型需要建立全行"用数据说话"的思维和能力，这就需要打造统一的数据文化，让全行每一名员工有主动应用数据的能力。具体而言，数据文化需要由如下 3 个关键点持续推进而形成。

- ❏ "以客户为中心"的理念深入人心，以数据为基础建立客户画像，对客户进行分析，找出客群特征，并基于客群偏好的营销渠道进行产品推荐，为客户创造价值。
- 深化数字化转型意识，以数据的有效打通、流动，推广跨条线的协同工作方式与机制，积极构建客户至上、敢于尝试、合作开放、持续创新的文化氛围。
- 员工需要积极拥抱变化、自我驱动，从被动接受上级命令转为主动学习数据相关基础技能，以数据思维进行思考，将日常工作用数据进行量化，并通过数据分析、探索挖掘等方式提升日常工作效率。

通过对 20 余家区域性银行进行调研，我们可以发现：区域性银行的数据文化氛围普遍尚未形成。区域性银行的数据文化缺失主要表现在如下 3 方面。

- 仍是以产品、账户为中心，以传统的指标体系开展绩效考核工作，以银行视角开展产品设计与营销工作，最终实现银行的利润最大化。没有以"利他"思维方式去为客户创造更大价值，导致全行主动使用数据的意愿不强。
- 部门墙仍较为严重，部门之间协同工作机制所依赖的数据、流程等均较难打通。数据、流程不能有效流动，业务部门感受不到数据的价值，对数据是否能成为新的生产要素持怀疑态度。
- 受传统绩效考核的影响，所有员工工作重心均围绕绩效考核，无暇且没有足够的动力进行自我驱动，失去了对数据基础技能提升的诉求。

第 3 章
区域性银行数字化转型的方法论

区域性银行需要有一套符合自身发展要求的数字化转型方法论,明确全局战略、转型的战术方法、转型的路径、转型的落地能力底座等,这样才有可能有效、持续、长期、全面地推进数字化转型工作。

笔者多年来以 3 种不同角色(咨询方、数字化解决方案方、银行甲方)参与区域性银行数字化转型的咨询、落地、管理等工作,整理出了一套适合区域性银行开展数字化转型工作的方法论模型,包括定战略、选战术、定方法、建能力与塑文化,如图 3-1 所示。

- ❑ 定战略:制定适合区域性银行的数字化转型战略,指引区域性银行明确转型的愿景、使命与目标。
- ❑ 选战术:明确适合区域性银行数字化转型的战术方法,即采用灯塔工厂模式,以局部带动整体推进数字化转型。
- ❑ 定方法:围绕《指导意见》定义的数字化转型框架,定义区域性银行数字化转型落地工作的操作方式。
- ❑ 建能力:规划与设计符合区域性银行数字化转型的基础数字化能力,搭建数字化能力底座。

❏ 塑文化：塑造数据文化，固化数字化转型成果，推动全行员工数字化思维的形成。

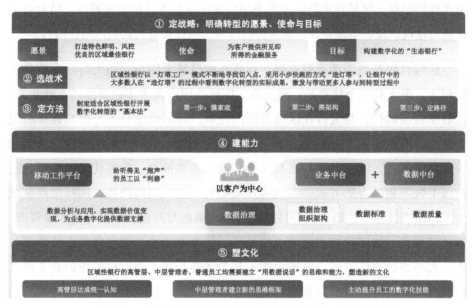

图 3-1 区域性银行数字化转型方法论模型（见彩插）

3.1 定战略：定义转型的全局战略

区域性银行过去数年在推进数字化转型过程中，几乎没有战略，只有口号，造成自上而下并没有达成对数字化转型的统一认知，都在定义新目标，难以持续开展，转型成效甚微。

银保监会 2022 年下发的《指导意见》中明确要求"战略先行"，各家银行需要制定清晰的数字化转型战略，充分认识数字化转型战略的重要性与必要性。

本节将基于笔者多年对区域性银行现状的了解，结合区域性银行未来发展趋势，整理出区域性银行制定数字化转型战略时需关注的关键内容，以便制定清晰的转型战略。

3.1.1 明确愿景：打造特色鲜明、风控优良的区域最佳银行

愿景是银行开展数字化转型的中远期目标。中远期目标不能是口号，应是可实现的结果。区域性银行需要思考如何充分发挥本行的资源禀赋，结合数字化能力建设，深耕本地业务，成为特色鲜明、风控优良的区域内最佳银行。

区域性银行的资源禀赋有限，在所在的区域范围内，与大行的本地分支行相比，最大的三个优势是：网点多、区域范围内员工多以及深耕本地业务。在数字经济时代，与大行在区域范围内竞争，区域性银行不能摒弃自身的三大优势，不能追求"全面线上化、减少网点、缩减员工"，而应看清自身仍是一家传统银行，应充分发挥自身优势，遵循务实推进、效率优先的原则，坚持线上线下相结合的方式，围绕客户与市场，重视风险防控，选择重点领域切入，由点及面、由局部及整体推进，兼顾增量与存量，激活存量数据资产，推进场景化、数字化能力建设，培养数字化专业人才，改变传统银行中人与人、人与事的连接方式，实现效率提升与体验升级，进而构建新的业务模式与管理模式，最终成为区域内最了解本地客户的、最有温度的银行、最好的银行。

区域性银行赶上了全面数字化时代，可借助数字化的东风，通过成熟的数字化能力弥补传统银行生产力不足的缺陷，通过多年深耕本地所拥有的丰富的地方资源，以及大量线下网点与一线员工，向客户提供面对面服务。

3.1.2 明确使命：为客户提供所见即所得的金融服务

在数字经济时代，区域性银行想要完成使命，就必须通过数字化转型打造新的核心竞争力，提升客户体验，为客户带来更大的价值。

几百年以来，银行所提供的金融服务仍是围绕存、贷、汇展开的。只是最近几十年，跨区域、跨国境的商业活动越来越多、越来越复杂，链条越来越长，对应的社会分工越来越细，因此对金融服务提出了更细的要求。但银行提供金融服务的本质与基本面没有发生任何变化。因此，银行都面临着经

营范围同质化的挑战。而规模相对较小、金融产品相对较少的区域性银行在同质化竞争中处于较弱的位置。

区域性银行如何在同质化竞争中,通过数字化转型打造新的核心竞争力?笔者认为:通过数字化手段为客户提供所见即所得的金融服务,是区域性银行需要重点关注的核心竞争力。

过去,区域性银行以产品、账户为中心,采用"人有我有"的策略,提供了丰富的金融产品与服务供客户选择,但客户并不知道银行有哪些金融产品与服务,仅了解与持有网点、客户经理等主动营销的少量金融产品与服务。背后的原因是网点对客户经理有绩效考核要求,他们跟着绩效考核这个指挥棒而开展工作,导致银行并不真正了解客户的真实金融需求,客户也不知道银行有哪些可满足自身潜在金融需求的产品与服务。因此,客户与区域性银行之间无形中形成一堵厚实的"墙"。

未来,区域性银行要主动打通这堵"墙",为客户提供所见即所得的金融产品与服务,即以构建区域内最佳银行为指引,践行"以客户为中心"的原则,通过数据分析对客户分层、分类并建立客户特征库,采用移动展业、网点数字化、私域流量运营、部分业务线上化等数字化手段与解决方案,打造数字化渠道、业务运营能力等,一方面让银行感知到客户要什么,另一方面以线上线下相结合的方式让客户在偏好的渠道得到想要的金融产品与服务。这不仅提升了客户体验,为客户创造了更多、更大的价值,还提高了区域性银行的核心竞争力,再加上区域性银行在区域内的三大优势,可在本地形成持续有效的"护城河",最终打造自己的品牌符号。

为客户提供所见即所得的金融产品与服务,将是区域性银行未来最大的财富。

3.1.3 明确目标:构建数字化的生态银行

为了实现愿景、完成使命,区域性银行需要思考:客户是谁,要做什么,具体怎么做。回答了上述 3 个问题，也就能明确数字化转型的目标。

1. 客户是谁

区域性银行的客户以本地客户为主，主要包括个人客户、小微客户、公司客户、政府机关客户。不同性质的区域性银行（城商行、农商行、村镇银行）服务的客群存在着较大差异，同性质的区域性银行在不同区域服务的客群也存在着较大差异。例如，城商行的客群普遍是以个人、公司与政府机关为主，农商行的客群普遍是以个人、小微与政府机关客户为主，而村镇银行的客群普遍是以个人、小微客户为主；但部分城商行由于处于长三角等经济较为发达的区域，周边产业链上的小微企业较多，其主要客群则是以个人与小微客户为主。

不管哪一类型的区域性银行，它们需要以空杯心态，通过数据盘点本行的存量客户特征，确定未来是继续深耕现在的客群，还是拓展新客群。例如，某城商行通过数据发现，个人有效客户目前以 43 岁以上的女性为主，交易渠道偏好网点，偏好 3 年及以上的定期存款，因此计划未来深耕这个特征的客群。

2. 要做什么

在发展过程中，区域性银行普遍面临以下问题：组织人员增多，管理层级增加，管理半径扩大，难以精细化管理，业务创新推广与系统性效率提升受阻，难以支撑存量市场竞争和业务发展。由于传统的单纯依靠制度和人力的管理手段难以让组织在复杂体系中高效运转，区域性银行未来围绕目标客户而开展的经营、管理活动必须依靠数字化转型，让数据与金融科技相结合，打破组织间的壁垒，实现业务经营与管理数字化。

3. 具体怎么做

区域性银行数字化转型将以数据为基础，围绕全面实现业务数字化而展开。具体而言，需要开展如下几方面工作。

1）常态化推动数据治理工作。质量不高的数据不能成为有效的数据资产，也不能产生业务价值，无法驱动银行业务数字化能力形成。因此，区域性银行应持续高度关注与推进数据治理工作，提升数据质量，保障数据质量。

2）推动产品运营体系建设。区域性银行可建立线上运营体系，让客户能够实时在线获得和使用产品，特别是个金与普惠条线的产品，在线下必不可少的检查工作基础上，全面实现线下产品线上化流程再造、低风险产品线上化推进。

3）推动客户运营体系建设。区域性银行可提升客户在线上渠道的使用频率，并改善客户线上体验；同时，围绕网点转型提升客户线上线下相结合服务的能力，满足客户多样性、多渠道金融服务需求。

4）提高中台的数字化管理能力。区域性银行可通过建立支撑营销管理、风险管理等全流程线上数字化闭环管理体系，实现管理行为线上化、管理决策数字化。

5）为员工提供数字化工具。区域性银行一方面可扩大 RPA 应用场景，另一方面可对内部沟通效率提出更高要求，通过对员工提供移动化的在线服务能力，实现信息推送、业务审批、文件处理、业绩查询、内部沟通等工作线上化。

4. 区域性银行的数字化转型目标

在了解清楚本行客群，梳理完数字化转型工作需要开展的工作，以及明确了如何实现数字化转型之后，区域性银行数字化转型工作需达成的目标就清晰了：以客户为中心，以数据治理保障数据质量，以信息化建设与优化、科技赋能来驱动以数据为基础的数字化经营、管理能力的建设，打通对客提供的产品与服务所产生的数据，使数据在客户、产品、渠道、营销、经营、风险管理等维度可顺畅流转，并依此构建客户服务、经营管理等的数字化场景，实现客户体验提升，推动业务拓展与增效，提升全行的精细化管理能力，最终成为数字化的生态银行。

3.1.4 重视战略落地策略：保障数字化转型战略可落地

清晰的战略能否执行下去，与中高级管理层能否建立和落实具体的举措相关。区域性银行必须自上而下去推动数字化转型工作，才能集中统一安排与分配资源，形成合力，推进数字化转型工作落地。

数字化转型战略落地推动举措具体有如下几方面。

- 建立统一认知的宣导体系。区域性银行可持续、定期对中高级管理层进行数字化转型现状、愿景、使命、目标的宣导培训，让大家对数字化转型达成统一认知，并基于这一统一认知开展全行其他层级及员工的宣导工作，以此形成全行自上而下的、全面的数字化转型统一认知。
- 建立"一把手"推进机制。区域性银行的数字化转型工作必须以自上而下的方式驱动。没有行内"一把手"的充分重视，此项工作是无法执行下去的。建议由董事长或行长牵头，推动数字化转型工作，保障数字化转型成为中高级管理层长期的重要议事内容。
- 将数字化转型工作纳入每年的工作计划。区域性银行需要将战略目标分解为具体的任务，并按任务的优先级、重要程度等纳入未来3到5年的工作计划，每年对当年的数字化转型相关任务进行常态化推进、跟踪与评价。
- 以"持久战"的战略定力对待数字化转型。数字化转型工作不是一蹴而就的，一定是长期持续且在变化中不断形成的，需要董事会、高管层坚持持续数字化转型战略不动摇。
- 需要建立常态化的数字化转型工作议事机制。区域性银行需要在高管层与董事会定期或不定期常态化跟踪、审定数字化转型工作任务的执行情况，并定期对数字化转型工作进行回顾与复盘，以便中高级管理层通过不断实践对每项转型工作的认知达成一致，逐步形成数字化思维。

3.2 选战术：选择转型的模式

区域性银行在探索数字化转型之路时，学习先进银行的实践，尝试了多种转型模式，如中台化、敏捷组织、场景金融等，但由于资源禀赋有限，不能支撑战术对资源持续投入的要求，转型成效不佳。因此，区域性银行需要找到适合自身的转型模式，带动数字化转型工作持续推进。

3.2.1 复刻大行转型模式成效不佳

区域性银行在探索与选择符合自身发展的数字化转型战术之前，首先需要清楚数字化转型是什么。笔者认为对于区域性银行而言，数字化转型是"数字化"+"转型"，即以客户为中心，以数据为基础，采用数字化技术或工具，对业务进行重大、完全的重新定义，完成对业务能力的全面改造。因此，"数字化"仅是手段，数字化转型的工作重点应放到"转型"上，即围绕全行的组织活动、流程、业务模式和员工能力等，采用较先进、适用、合理投入的数字化技术或工具，逐步推进业务转型，提升客户体验，提高全行的管理水平与效率。

过去数年，区域性银行把数字化转型的工作重点放在"数字化"上，纷纷采用中台建设、敏捷组织转型、数字化场景构建等战术，引入先进的数字化技术或工具，建立适应数字化技术或工具迭代的新型组织体系，但绝大部分资源禀赋有限的区域性银行收效甚微。究其原因，银行忽略了企业变革这一主线，没有真正开展转型，仅是为了数字化而数字化，由此开展的各种工作不会产生根本性改变，反而是在不断消耗资源。未来，区域性银行该怎么办？

3.2.2 灯塔工厂模式助力转型

有没有一种战术，既能让区域性银行将工作重点落到转型上，又能发挥数字化的优势，还能在中短期内看到成果，并能不断复制战术成果，最终实现数字化转型？笔者认为：灯塔工厂模式就是区域性银行在数字化转型过程中所需要的战术。

"灯塔工厂"是目前传统制造业数字化转型的主要实现模式，即某工厂通过重构组织体系，再造流程，采用大数据、物联网等新兴科技手段，对某产品线进行全面数字化改造，在智能生产过程中落地组织体系重构与流程再造的革新要求，并使其产生可复制、可复用的价值，最终让传统组织中的成员看到数字化转型成果，进而推动数字化转型。

在数字化转型实践中，由于转型经验欠缺、业务偏传统、数据质量相对不高、人才储备不足、技术能力不高等，区域性银行每个业务单元全面推进数字化转型难度大，试错成本极高。而灯塔工厂模式可以采用小步快跑的方式"造灯塔"，并能够让银行中的大多数人在造灯塔的过程中看到数字化转型的实际成果，从而激发与带动更多人参与到转型中，推动全行数字化转型。因此，从局部入手寻找转型的切入点，以灯塔工厂模式推动转型工作，成为区域性银行的首选。

需要特别关注的是，区域性银行采用灯塔工厂模式，以点带面开展数字化转型工作的关键在于选择合适的切入点。从大部分银行的实践看，数字化通常首先从成本相对较高、人力资源相对密集、标准化程度相对较高的某一细分业务领域开始，即以业务痛点引导转型的开展。

区域性银行最大的特征就是"百花齐放"，在同一个区域内，农商行与城商行资源禀赋各有不同，业务经营思路各有不同。每家区域性银行可根据本行资源禀赋特征，结合本行的业务经营思路，有所侧重地选择突破点，在满足部分客户需求的基础上实现局部转型，增强转型信心，进而带动整体转型的有序推进。

3.3　定方法：制定转型的基本法

一直以来，区域性银行普遍缺少数字化转型落地层面的工作基本法，在忽视本行现状的情况下，无章法地按自己所认为的"大行最佳实践"进行复制，导致数字化转型过程中的每项工作均缺少立根之本，最终转型结果"南桔北枳"，远不如预期。

我们应如何定义适合区域性银行数字化转型的基本法？

区域性银行在普遍缺乏体系化的适用经验的前提下，应本着发现问题、分析问题、解决问题的三段式思维方式，务实地建立数字化转型的基本法，推动转型工作的有序开展。笔者建议区域性银行可根据如上思路，建立摸家底、搭架构、定路径"三步走"的转型基本法。

具体而言，基本法的主要内容如下。

1. 第一步：摸家底

以空杯心态，坚持"没有调查就没有发言权，不做正确的调查同样没有发言权""理论联系实际"两项原则，开展全面数字化转型现状梳理工作，了解清楚本行的"家底"并进行全面诊断，找出不足与差距，为后续搭建适合转型的框架打下坚实的基础。

很遗憾，区域性银行普遍在没有对数字化转型有充分认知的情况下贸然开展转型工作，出现了很大问题，即在没有充分了解本行数字化转型现状的情况下，以大行的转型理论框架为指导，制定与大行一致的工作路径，投入了巨量人力、财力等，但转型工作进入"死胡同"，全行资源被"锁死"。

因此，区域性银行应脚踏实地，重视"摸家底"工作，以银保监会下发的《指导意见》要求为对照，全面调研全行现状。只有了解清楚客观情况，才能对症下药。

2. 第二步：搭架构

从国内银行的最佳实践来看，国有大行、股份制银行一直在遵循与坚持的企业级架构理论，在数字化转型的过程中仍发挥着重要作用，并通过数字化技术与巨大投入将企业级架构进行了更细粒度的延伸，依此支撑业务数字化。但区域性银行的业务能力、技术能力普遍不足，资源禀赋有限，难以依靠企业级架构体系开展工作。

区域性银行应从全行整体转型出发，以银保监会下发的《指导意见》为指引，建立全面的转型框架，并将"摸家底"结果反映出来的问题与不足映射至转型框架的具体要求中，最终形成可落地的数字化转型整体架构，清晰地描绘出在数字化转型中所需要开展的工作以及对应的重点内容。

3. 第三步：定路径

基于现状的诊断、问题的分析，搭建了完整的转型架构，明确了工作内容，数字化转型的落地工作就剩最后一步：怎么做。即明确转型路径，指导区域性银行按部就班地推进具体的转型工作，完成转型任务，达成转型目标。

笔者建议区域性银行以转型架构为基础，结合本行资源，围绕转型所依赖的组织体系、科技、数据等，规划对应的、分步骤执行的转型路径。

通过如上三步所建立起来的数字化转型基本法，是所有区域性银行均可执行的、推动数字化转型落地的有效方法。区域性银行的高管层，甚至董事会，都需充分重视该基本法，花时间去了解自身现状，并承认自身诸多不足，才有可能对银保监给出的《指导意见》有深入的理解与认识，才能制定出符合本行发展的数字化转型路径。

注：后续第4章至第6章将逐章对区域性银行数字化转型基本法展开详细描述，本节不再赘述。

3.4 建能力：构建中台与前台数字化能力

科技能力与数据能力是区域性银行开展数字化转型的两个重要底座，缺失这两项基础能力，便无从谈起数字化转型落地。一直以来，区域性银行均较为重视这两项能力，但由于资源禀赋有限，更多是采用"急用为先"的原则，像建烟囱一样，为满足单一或几个专题性业务需求而建设交易类系统或数据应用类系统等。这造成了业务能力不能横向扩展，数据不能共享，无论从客户视角还是内部经营管理视角均不能满足未来业务发展的要求。

数字化转型是企业的变革，需要通过技术能力实现数据要素端到端的流动，打通组织边界，重塑业务流程，形成场景化数据应用，推动全行形成协同工作的数字化能力。具体来看，即采用前台、中台、后台分离的策略，推进中台、前台的数字化重塑，形成"敏前台、强中台"的数字化能力。

3.4.1 区域性银行科技能力与数据能力的现状

对于科技能力与数据能力的现状，一般是以技术视角从架构的成熟度到应用系统的完整度进行分析。但这种分析方法除了科技部门外，行领导以及其他部门较难听懂。笔者尝试以区域性银行业务负责人的视角来看科技能力与数据能力的现状，以使区域性银行中的每个人都能对现状有所了解。

1. 区域性银行科技能力方面的现状

业务条线负责人要全面了解与其相关的所有信息化系统的功能和自身职责，由于推动合作很困难，仅关注与本部门条线相关的系统功能，很容易出现在面临新需求时"各家自扫门前雪"的情况。另外，当对本部门相关系统进行改造时，其他部门主管的系统需要同步进行改造，但所依赖的外部系统由于主管部门不配合而使整项工作延期。综合来看，科技能力现状整体如下：全行系统100余套，但除了属主部门大致清楚该系统是什么、主要用来做什么外，其他业务部门、分支行员工普遍对该系统的情况一无所知，不知道与其日常工作有什么关系，不关心系统能做什么，也没有人关心非属主部门是否对该系统有了解使用的需求，最终导致系统变成"孤岛"，造成科技底座不牢固。

2. 区域性银行数据能力方面的现状

大部分区域性银行普遍是自建或由省联社、发起行等代建的，具有"ODS+DW"数据平台，且基本使用了大数据平台，理论上可以为业务部门提供多样且丰富的数据分析、数据应用等支撑。但业务条线负责人的直观感受一般有 3 点：部分指标数据不准，但不知道为什么不准；仅知道有一套报表系统可进行固定报表的查询，以及部分系统有数据查询、生成固定格式报表的功能等，但真正经常使用的报表与查询极其有限，业务条线相关的数据应用极少；跨部门使用数据有壁垒，例如普惠金融业务条线想查看企业主相关的个人账户情况，但因存在"部门墙"，数据不能充分流动与使用。这 3 个直观感受反映了区域性银行数据能力存在 3 个问题：数据治理水平不足，数据应用少，未建立数据服务体系。这导致数据极难产生价值，不能变成重要的生产要素，不能使数据能力形成数字化转型的基础底座。

随着区域性银行近几年不断发展，业务部门之间的协同机制未建立起来，反而固化了科技能力的"孤岛"属性，暴露了数据能力的不足。这已经不是技术问题，而是需要转换思维方式，重新定位科技能力与数据能力。这样才能真正让业务部门与技术部门达成统一认知，形成新的思维来构建全行的科技能力与数据能力。

3.4.2 以中台能力构建数字化转型底座

区域性银行在数字化转型时必须践行"以客户为中心"的原则，以此为准绳构建科技与数据能力，因此，首先要明白客户是谁。

基于了解客户是谁的前提，从营销角度看，区域性银行需要回答本行为哪些客户通过什么手段以什么渠道提供什么样的服务；从服务客户角度看，区域性银行需要回答客户在什么场景开发什么样的产品与服务；从经营与管理角度看，区域性银行需要围绕为客户服务的理念，关注哪些风险对哪些经营活动会带来哪些影响。

总结下来，区域性银行需要围绕客户体验、银行经营与管理角度分别构建数字化能力，即一方面对银行服务客户的流程、数据等做横向打通，另一方面实现客户画像构建能力、营销能力、经营能力、运营能力等的数字化。

如何实现如上两方面数字化能力底座的打造呢？这就需要进行数据中台与业务中台能力的构建，同时高度重视数据治理能力。

1. 数据中台能力

客户数据的打通是实现一切服务客户能力的基础。客户画像、营销、经营、运营等均离不开客户的各类数据。客户数据打通是银行对客户服务以及横向能力整合的基础。区域性银行需要具有以数据为基础建立数据即服务的数据中台能力，为不同场景下内部经营与管理等提供所见即所得的数据支撑能力。

虽然不少区域性银行在数据采集、存储、加工、分析、应用等方面通过ODS、DW等数据平台，构建起数据中台的技术能力，但这不是数据中台能力的全部。数据中台不只是一个脱离了业务的技术平台，还需要具备基于数据质量保障的面向业务的数据服务能力。

技术与业务部门均需培养"数据即服务"的思维，共同提供数据服务，并持续推进数据服务治理工作，建立数据服务目录与数据服务库，完善数据中台能力的建设。

2. 业务中台能力

基于数据中台能力构建业务中台能力是业务中台建设的关键。这样才能让数据充分产生价值，让数据在业务中充分流动与使用，构建服务客户的数字化能力。除此以外，业务中台需要实现对客户、营销、经营、运营等方面的数字化管理，按不同场景要求对业务能力进行组合，快速响应市场变化。可见，区域性银行一定是先有中台的思想，按客户、营销、经营、运营等视角分别对能力要求进行拆解并形成中台的能力库，再开始进行技术选型（是构建一个全新的业务中台，还是利旧，选择已有的平台进行能力扩展与对接，构建业务中台能力）。因此，业务中台能力与数据中台能力一样，为可重用的服务能力组合和技术平台提供支撑，为行内各业务条线开展营销、经营、运营等工作提供开箱即用的数字化服务。

此外，跨部门建立协同工作机制是业务中台能力能否有效发挥的关键。业务中台能力的打造就是为了打破"部门墙"，提升业务办理效率与业务协同能力，提升客户体验。没有协同工作机制的支撑，业务中台就像一套没人懂操作流程与工艺的先进生产线。

3. 数据治理能力

数据标准与数据质量决定了数据能否成为数据资产，是否可以形成重要的新生产要素，以便支撑数据中台与业务中台高效运转。因此，数据治理工作的成效将影响科技能力与数据能力能否成为稳固的数字化转型底座。

区域性银行应自上而下充分重视数据治理工作，并按照银保监会2018年22号文的要求，持续长期地推进数据治理工作，通过数据治理带动数据质量的稳步提升、业务的规范化办理，以此形成高质量的数据资产，支撑业务中台与数据中台实现数据价值变现。

3.4.3 以前台数字化能力打通服务客户的"最后一公里"

区域性银行在互联网金融与国有大行、股份制银行的影响下，均非常重视对客户服务线上化的能力建设，如手机银行、网上银行、微信银行、微信小程序等，也非常重视线下网点的智慧化建设，引入了众多种类丰富的智能设备。但无论以哪种方式去连接与服务客户，客户体验提升的效果普遍不佳。究其原因，仍是未以客户为中心，每个渠道仅是孤立地对客户进行针对性的服务，以银行视角希望通过"我以为"的"便捷"数字化方式提升客户体验，并没有从客户视角思考客户要什么。

客户要什么？线上社交。现在的社会越来越呈现泛社交化趋势，人与人之间的交流与沟通越来越依赖并习惯于数字化社交。国有大行以及股份制银行感知到了这个趋势，近两年纷纷借助企业微信开展私域流量运营工作，探索用社交工具推动线上运营能力的提升，通过线上运营拉近与客户的距离，突破工作时间限制，将金融服务融入日常的线上客户运营工作，以便客户了解与办理金融业务。

因此，区域性银行需要思考，国有大行及股份制银行为什么会选择企业微信，如何有效利用企业微信"连接一切"的能力，以社交连接为基础，实现对客户所有的连接——网点服务的连接、金融产品与服务的连接、数据的连接、展业的连接等。只有这样，银行才有可能真正打通服务客户的"最后一公里"。

3.5 塑文化：塑造数据文化

塑造数据文化是数字化转型工作能持续长期开展的关键。通过数据文化建设，将数据文化融入全行文化体系，区域性银行全体员工信数据、看数据、懂数据、用数据，加速数字化转型。

区域性银行开展数据文化建设工作的关键是，改变全行所有人的思维方式，要让每名员工相信数据可以带来价值，数据可以给每名员工的工作带来帮助，可以为每名员工带来能力的提升。

如何让每名员工改变思维方式，相信数据的力量？区域性银行需要对不同层级的员工，按其对数据需求的层次实施不同的举措，有针对性地帮助每名员工找到改变思维方式的方法与实践路径。具体而言，区域性银行需要对高级管理人员、中级管理人员、普通员工等进行针对性的培训，建立不同层级员工的数字化意识与基础技能，以此推动全行数据文化的塑造。

根据区域性银行不同类型员工的特征，笔者建议可按如下 4 种角色来组织有针对性的培训。

- 高级管理人员：为达成数字化转型共识，在全行开展数字化转型战略、方法、路径与关键概念的培训工作。
- 中级管理人员：为了让中级管理人员准确理解并执行转型任务，开展数据驱动业务条线或机构发展的新思维框架的整体培训工作。
- 普通员工：为了让一线员工"会用数据，用好数据"，开展针对一线员工数字化基础技能提升的专项培训工作。
- 科技与数据团队：为了让科技与数据团队成员成为既懂技术又懂业务的复合型人才，除持续强化专业技术培训外，还需开展银行业务知识的培训工作。

每名员工通过对上述培训内容不断主动实践，最终不仅能成为优秀的"武师"，还有可能成为优秀的"宗师"，助力数字化转型工作高速推进。

第 4 章

如何"摸家底"

"摸家底"是对区域性银行的数字化转型现状进行客观评估,国内外银行纷纷选择通过评价某项具体工作的数字化成熟度来建立评价模型,即尝试采用建立科学的评价指标体系对某一具体数字化工作项从初级至优秀做不同层级的客观评价,以便较为准确地识别现状,并找到该工作项的差距。但国际和国内此类型的评价指标体系均较难在国内各金融机构落地与适用,主要有如下两方面原因。

- ❏ 指标计算模型极为复杂,需要采用大量数据样本以及配套的算法做反复验证,才有可能符合对某一银行在某项数字化工作中表现优劣的客观评价。一旦换了另一家银行,数据质量、业务特征等样本数据不同,指标计算模型基本不能适用与复用,偏差度较大。
- ❏ 每一数字化评价指标结果是否有效一般需要得到业务部门的认可。但当评价结果所体现出来的特征与业务部门的自我认知有较大偏差时,业务部门不会接受评价结果。而这样的情况较为普遍。每家银行具有自身的发展策略、发展阶段、资源禀赋等,具体某项指标结果并不能客观反映对应的业务能力。

因此，统一的数字化成熟度指标体系不适合对当前资源禀赋各不相同、数量巨大的区域性银行进行数字化转型现状的客观评价。

对于区域性银行而言，我们关注的是开展的数字化转型工作的全貌是什么，需要具备哪些能力，每项能力的具体要求是什么，以及谁来主导评价工作，如何推进评价工作开展等。由此建立的数字化转型现状评价体系就具备了通用性、易操作性，且易于理解与开展具体的评价工作。

本章以建立如上评价体系为目标来展开"摸家底"的内容介绍。

4.1 第一步：设立评价框架与内容

银保监会的《指导意见》已对全面开展数字化转型工作框架进行了定义，即数字化转型框架包括战略规划与组织流程建设、业务经营管理数字化、数据能力建设、科技能力建设以及风险防范能力5个主题域，同时对此5个主题域的具体能力要求进行了清晰的描述。

因此，我们将以银保监会下发的《指导意见》为纲，针对区域性银行的普遍特征，分5个主题域建立数字化转型现状评价框架，并在框架下对每一个主题域向下逐层分解形成具有普适性的、明确的、可落地的、客观的、简单的、有效的评价要素内容，最终形成完整的、全面的数字化转型现状评价标准。

4.1.1 战略规划与组织流程建设主题域

对于战略规划与组织流程建设主题域，区域性银行需要关注战略、组织、人才、保障机制与流程共5个关键要素域的现状，才有可能从战略组织层面了解清楚本行数字化转型从战略到落地是否构建了完整的体系支撑能力。本主题域的好坏是区域性银行能否有效与持续开展数字化转型工作的关键。没有清晰的战略指引，没有配套的组织体系保障，没有流程重塑去穿透壁垒，纵然有再强的数字化科技能力与数据能力均无用武之地。

具体来看，本主题域的 5 个要素域可细分出如下具体的要素项来评价本行在战略组织方面的"摸家底"内容。

1. 战略要素域

业务战略是银行一切工作的开始。数字化转型被明确作为全行业务战略中的重要组成部分，才可能促进全行的业务发展，才会有明确的转型方向与目标。而数字化转型工作具象化需要专项的战略规划，将业务战略中对数字化转型的要求分解为具体的任务，形成全行各层级、所有员工都能达成统一认知的数字化转型蓝图与路径，指导全行的转型工作开展。在数字化转型工作通过战略规划具象化后，区域性银行还需制定保障战略规划落地的举措，推动全行数字化转型工作执行。

因此，战略要素域需要关注本行的业务战略、数字化转型战略规划、数字化转型战略举措 3 方面是否具备，以及对 3 方面要求的拆解分析能否对数字化转型工作起到指引作用，能否保障战略可落地执行。

（1）业务战略

数字化转型是"十四五"规划期间区域性银行很重要的工作。银保监会 2022 年下发的《指导意见》中的第四条明确提出：科学制定实施数字化转型战略。银行保险机构董事会要加强顶层设计和统筹规划，围绕服务实体经济目标和国家重大战略部署，科学制定和实施数字化转型战略，将其纳入机构整体战略规划，明确分阶段实施目标，长期投入，持续推进。

因此，区域性银行在制定未来 5 年的业务战略时，是否在业务战略规划中显性地将数字化转型列为重点工作，是业务战略规划要素项中极为重要的一个关注点。如何在业务战略规划中纳入清晰的数字化转型战略要求？笔者认为，在全行的业务战略中，需要显性地定义什么是本行的数字化转型，明确数字化转型的目标，在数据、科技能力方面要做多大的投入，以及在业务数字化方面要开展哪些工作实现提质增效等内容。只有在业务战略中有如上内容的体现，才能从业务战略层面清晰地将数字化转型的重要性体现出来。

同时，数字化转型是我国各行各业都需要开展的工作。在业务战略中是否融入了国家或地方政府在"十四五"规划和工作部署中对数字化转型工作与金融服务的要求，将体现区域性银行在业务战略层面对数字化转型认识的高度，也是业务战略规划要素项中非常重要的关注点。例如，区域性银行是否按党的十九届五中全会强调的数字社会、数字政府建设的要求，在业务战略中对接入数字社会、数据政府，或参与相关建设工作等积极进行工作部署，是否在业务战略中响应地方政府关于工业经济高质量发展要求，配合地方开展工业企业产业数字化转型工作等。

（2）数字化转型战略规划

业务战略规划主要是从全行未来业务发展的角度，着力于业务发展方向、发展思路、发展目标以及配套的经营业绩要求等进行统一规划，指导未来5年业务沿着规划要求持续发展。业务战略规划中所描绘的数字化转型战略也是从解决统一认知问题，以及如何配合业务目标完成方面进行宏观的定义与内容描述，并不能完整、体系化地描绘出数字化转型怎么做、做什么。因此，区域性银行需要开展单独的数字化转型战略规划工作。

区域性银行的数字化转型战略规划应该包含什么内容呢？笔者认为：一份完整、体系化的数字化转型战略规划内容主要包括5个部分，即环境与背景、同行业转型经验分析、转型蓝图与整体路径、转型详细规划以及IT实施路径规划。

1）环境与背景。本部分内容可划分为环境与背景两个主题域。其中，环境主题域可拆分两个部分：外部大环境下数字化转型的趋势分析，以及监管环境下对推动数字化转型工作所颁布的相关文件分析。背景主题域聚焦在本行数字化转型对业务发展、管理精细化、打造核心竞争力等的必要性分析。

2）同行业转型经验分析。本部分内容包含三方面：首先，基于"他山之石，可以攻玉"的思路对银行业中较为成熟的3～5类数字化转型路径进行分析，找出这些路径的特征，梳理路径中所依赖的重要资源是如何兑现并形成数字化转型加速器的；其次，对本行已开展的数字化转型工作进行梳理，并对转型工作现状进行客观分析；最后，从同业经验分析与本行数字化转型现状分析中找出差距与差异，形成本行未来在数字化转型工作中的关键点。

3）转型蓝图与整体路径。本部分整体上可划分为蓝图与整体路径设计两个方面。蓝图主要聚焦在转型的愿景与目标方面；整体路径设计则基于愿景与目标，结合现状，梳理出未来数字化转型需要重点关注与聚焦的工作，并从组织、机制、流程、应用、数据等多方面对整体路径进行定义，以使全行所有员工在数字化转型方面达成统一认知。

4）转型详细规划。有了清晰的蓝图与整体路径，结合银保监会下发的《指导意见》的具体要求，区域性银行即可展开清晰与具体的数字化转型详细规划，即为《指导意见》中关注的数字化转型的5个领域建立详细规划框架，并按照《指导意见》对5个领域的具体要求，结合前文梳理出的整体路径，进行对应能力建设的详细规划。

5）IT实施路径规划。数字化转型落地需要基于数字化转型蓝图与设计的整体路径，并结合数字化转型整体规划思路，将转型落实到一项项系统建设工作中。本部分将对银行未来需要建设、优化或重塑的系统进行统一规划，同时遵照"急用为先"的原则，设定近期、中期、远期的系统建设目标与重点建设任务，明确规划期内的重点工作。需要关注的是，系统建设并不是指完全新建，可对原有的架构、系统进行梳理，以客户为中心对实施路径中所需要的数字化能力进行构建。"利旧"是数字化能力建设需要坚持的重要原则。数字化转型的IT实施路径规划绝不是再来一次"运动式"的系统建设。

（3）数字化转型战略举措

上述两份战略规划的制定为区域性银行数字化转型工作绘制了两幅蓝图，要想保障依据蓝图推进数字化转型具体工作，就需要区域性银行重视配套的战略举措。一般而言，为保障战略可落地，区域性银行需要关注与落实如下几方面具体的举措。

1)建立"一把手"推进机制。数字化转型是一项系统工程,一定是自上而下整体布局开展的,需要由董事长或行长直接牵头,由某级高管层领导负责具体推动数字化转型工作,建议由 CIO 或计财、运营分管副行长担任。其中,CIO 作为全行业务数字化、数字业务化的总设计师,有整体推进数字化转型工作的职责;而计财、运营两个部门天然对数据较为敏感,由这两个部门的分管副行长推进数字化转型工作更容易找到转型切入点并能迅速落地。

2)建立常态化的数字化转型工作议事机制。区域性银行需要建立以董事长或行长为首,以月(或季)为周期,全体行领导以及相关部门负责人参与的转型工作推进汇报与工作审议机制,保障每项重点工作可被跟踪、督导。

3)将数字化转型的具体任务纳入绩效考核体系。数字化转型每一项具体的任务均需要建立对应的考核要求,并进行考核。考核结果将影响被考核部门的年终绩效。

2. 组织要素域

银保监会下发的《指导意见》中的第四条明确提出对数字化转型组织体系建设的要求:高级管理层统筹负责数字化转型工作,建立数字化战略委员会或领导小组,明确专职或牵头部门,开展整体架构和机制设计,建立健全的数字化转型管理评估和考核体系,培育良好的数字文化,确保各业务条线协同推进转型工作。

由此可见,银保监会高度重视数字化转型的组织体系建设工作。对于区域性银行而言,组织体系需要自上而下进行全面设置,才有可能真正驱动数字化转型具体任务的安排、督导、执行。因此,区域性银行对组织要素域要从顶层董事会开始,到中高级管理层现状进行评价,才有可能清晰地了解本行的组织体系是否能支撑数字化转型,以及自身的不足。

(1)董事会组织体系要素项

董事会是区域性银行数字化转型工作的最高决策机构,需要关注如下两方面的工作。

- 是否将数字化转型工作纳入党委会、董理事会战略发展委员会的常态化议事议题。
- 是否将数字化转型战略要求纳入公司章程。

（2）高级管理层组织体系要素项

高级管理层作为实际全面推进数字化转型工作的组织，需要建立专业委员会，并完善原有专业委员会的职能，同时构建数字化转型工作的议事机制，保障有明晰的数字化转型框架与具体的举措。

数据是数字化转型的"血液"。区域性银行需要有足够高质量的数据，才能驱动数字化转型工作健康地推进。因此，高管层需要设置数据治理委员会，常态化关注、推进数据治理工作。例如：数据治理委员会每两周召开数据治理工作情况总结与下一阶段工作安排会议，持续解决数据质量问题，提升全行数据质量。

由高级管理层组成的数字化转型战略委员会或数字化转型领导小组也是必然的选择。除了要设置该组织外，区域性银行还要明确高级管理层的工作职责，包括确定数字化转型的愿景与目标，制定数字化转型的重点工作任务，审议数字化转型办公室提出的转型工作年度计划、阶段性目标等。

（3）中级管理层组织体系要素项

中级管理层组织体系中是否有可承接数字化转型战略委员会或数字化转型领导小组的执行组织是关键，即在数字化转型战略委员会或数字化转型领导小组下设置转型办公室，并将转型办公室设置在一级实体部门，明确该实体部门在数字化转型工作执行层面的牵头职责，包括治理数据的职责、管理数据需求的职责、分析与应用数据的职责与数据价值变现的职责等。

此外，各主要的传统条线业务部门将数字化转型工作纳入本部门的职责范围，且有配套的工作举措来推进本部门的数字化转型工作，是转型工作可落地的关键。我们可从如下几方面来检视业务部门是否真正开展了数字化转型工作。

- ☐ 本部门是否基于全行数字化转型战略，关注同行业数据分析与应用的成果，主动发起、组织、建立数据驱动个人业务条线发展的工作规划。
- ☐ 本部门是否将数据管控、数据应用相关的工作纳入日常管理制度。
- ☐ 如果涉及产品管理，本部门对产品是否实现了全生命周期数据分析，并通过数据分析结果，以PDCA的方式不断优化产品。
- ☐ 本部门是否在推进业务管理数字化工作，即以机构内外有效数据为基础，将管理驾驶舱、报表平台等系统作为常态化管理工具，并将工具所收集的数据、指标、报告等关键内容嵌入业务管理流程，通过数据分析结论辅助负责人决策。
- ☐ 本部门员工的日常工作是否依赖数据进行业务统计、分析、预测。
- ☐ 本部门是否规划并制定了数字化专业人才占比。
- ☐ 本部门是否建立了数据团队，以承担相关数据建模、数据分析与数据应用等职能。

3. 人才要素域

多层次、多面性的数字化专业人才梯队是区域性银行数字化转型工作自上而下推进的基础。银保监会下发的《指导意见》强调了要加强金融与科技复合型高端核心人才引进、培养和激励机制建设，还强调了领军人才、专家、运营人才的重要性。

如何根据《指导意见》要求来自评数字化专业人才现状？笔者建议从高级人才分布、专业人才培养与专业人才流动3个方面来做数字化专业人才现状自评。

1）高级人才分布。区域性银行可根据高级复合型人才在高级管理层、中级管理层以及专家型骨干员工中的分布现状,来评价是否形成了较完整的数字化专业人才梯队,以保障数字化转型具体工作可以落实到具体的岗位、人员。

2)专业人才培养。区域性银行可从是否重视各层级专业人才的数字化思维方式、技能等的持续培训入手来做专业人才培养的自评价。区域性银行应重视与解决专业人才数字化能力提升问题。

3)专业人才流动。区域性银行可从是否有各种措施来保障人才的引进与稳定,对高级数字化专业人才引进力度进行自评价;同时,还需针对人才流动结果进行自评价,即在区域性银行人才激励政策下有多少人才流失,以反映人才的流动方向是正向还是负向。

4. 保障机制要素域

保障机制是区域性银行数字化转型工作持续自上而下推动的关键。保障机制为数字化转型提供了"引擎"。没有保障机制的支撑,其他工作难以持续平衡地推进。保障机制要素域自评价可以从意识培养、制度保障、激励与约束、科技持续投入4个方面展开。

1)意识培养。区域性银行可从自上而下的数字化专业要求以及数据文化推广两方面进行自评价。

2)制度保障。区域性银行需要在创新方面建立对应的制度。数字化转型必然会有创新要求,而创新必然会面临不成功的风险,因此区域性银行需要建立适应创新要求的容错制度,才能让创新工作真正运行起来。

3)激励与约束。数字化转型工作的顺利开展需要有足够的激励与约束要求,才能让每一个参与数字化转型的组织(或机构)、个人有充分的积极性与自觉性。区域性银行可以从具体的数字化转型基础任务与要求两方面来建立激励与约束机制。例如,从数据治理、业务容错制度以及人才专项薪酬策略等是否建立来进行自评价,以保障员工自发地推进数字化转型工作。

4)科技持续投入。没有科技的持续投入作为底托,数字化转型工作是无法有效地协同运转起来的；同时，科技投入还需有针对性，即将有限的资源投入关键领域。因此，区域性银行科技持续投入自评价可以从最近三年科技的总投入、金融科技及数据相关投入（如金融科技融合业务的应用、数据治理等方面的投入）、科技部门薪酬这三方面展开，以便客观了解对科技的重视程度以及科技水平。通常来看，如果区域性银行每年科技投入持续增长，金融科技与数据应用投入占比高，科技人员平均薪酬高于全行平均薪酬，其对科技的重视程度较高，同时科技水平往往也较高。

5. 流程要素域

数字化转型下的流程优化是一场变革，将重新定义参与到流程中的每名员工的岗位职责、工作方式等。例如，在对公业务信贷管理流程中，客户经理耗时最长的节点（80%以上的时间）是准备纸质材料，而在营销客户、风险管控等节点的耗时明显较少。客户经理有时会因线下签报而绕过线上关键节点，这样信贷管理流程中出现了断点，存在巨大风险隐患。出于提升客户经理工作效率、降低业务风险的考虑，银行需通过数字化手段优化对公业务信贷管理流程。流程优化不仅可重塑业务，还能让客户经理工作重心发生实质变化。

区域性银行需要对本行的业务流程进行梳理，主要关注如下工作是否有效开展。

1）流程分类。企业管理通俗来说是"领导管人，流程管事"。银行是把所有的事都用流程管起来，这必将导致流程庞杂。因此，对流程做好分类就显得非常重要。只有明确流程类别，基于不同流程类别设计优化路径，才能高效推动流程优化工作。根据实践经验来看，按照终端使用者划分流程是最便捷且容易被接受的，可分为管理流程和业务流程。

2）培训与知识转移工作。只有持续开展培训与知识转移工作，才能让每一名员工认识到流程优化工作的相关性，愿意主动持续地配合推进流程优化工作。其中，不同类型的员工有不同的培训要求。一是对所有员工进行普及培训，以课程宣讲的方式分批次对所有员工进行培训。培训内容主要包括以银行的实际需求与痛点为驱动，辅以行业典型案例，揭示银行开展流程优化工作的重要作用，为所有员工解惑为什么要开展流程优化工作。二是对条线部门员工进行专题培训。作为流程优化工作中的重要参与者，对条线部门员工的主要培训内容包括流程再造的必要性、效益、流程优化技能、质量管理、流程管理制度与方法论、问题管理等，提升条线部门员工的流程优化专业技能。三是对中高级管理层进行知识分享与工作汇报。在数字化转型战略指导下，通过流程再造工程的推进，区域性银行向全行行领导及中高级管理层进行工作推进情况汇报，以及行业典型案例分享，以期对流程优化工作达成共识。

3）锻炼队伍。在具体推进流程优化工作中，建议同步建立跨部门协作的工作机制，如引入项目制、流程试点机制等，让不同部门参与到具体的流程优化工作中，跨条线纳入不同部门的员工，通过持续的流程优化工作对纳入的员工进行实践锻炼，最终培育出一支既有流程设计与质量管理能力，又有数据分析能力的复合型人才队伍。

4.1.2 业务经营管理数字化主题域

业务经营管理数字化水平反映了区域性银行业务变革的力度、精细化管理能力以及科技融合业务能力。从业务经营管理数字化来看，区域性银行应关注个人业务、公司业务及普惠金融业务数字化，以及管理层管理数字化现状，还需关注数字化转型所催生的新业务经营管理现状。具体来看，区域性银行可通过对如下6个业务领域的数字化转型要求进行拆解来了解本行的业务经营管理数字化水平，并以此开展自评工作。

1. 个人业务数字化

对于个人业务数字化来说，区域性银行需要关注线上渠道数字化、业务中台数字化。具体来看，区域性银行可从如下两个方面开展个人业务数字化现状评价。

(1) 线上线下渠道数字化

区域性银行普遍具有区域范围内网点数多与员工数多的特点，落实数字化转型不是为了取消网点与消减一线员工，而是为了通过数字化手段最大限度地发挥自身优势。因此，区域性银行在渠道端不应只考虑线上渠道建设，还需要积极探索如何借助数字化手段对网点进行数字化转型，实现线上线下联动。区域性银行可从如下几方面开展对渠道数字化的现状评价。

1）线上渠道的数字化能力打造与完善。区域性银行需要关注除手机App外，是否基于微信生态（含公众号、小程序等）建立移动网点，提供客户专题场景下的业务办理入口。例如，基于学校收费需求，建立专属的公众号或小程序，方便家长直接进行缴费操作等。

2）线下网点数字化转型。区域性银行除了要关注智能机具的引入外，还需关注是否通过数据分析梳理网点服务流程、业务办理流程，优化流程中柜员参与的节点，提升客户体验，减少网点高柜人员，并将节省的人力转为客户经理等营销角色，充分释放人力，下沉至客户所在社区开展营销工作。例如，借助智能机具的优势，优化业务办理流程，减少客户输入，提升自助机具办理业务的便捷性与时效性，降低高柜业务办理频率，同时为客户经理提供移动展业平台，以便随时为客户办理相关业务。

3）线上线下渠道联动。区域性银行是否能通过数据分析构建客户画像，明确客户渠道偏好，根据不同的营销策略要求进行引流，例如，通过微信公众号中发布的营销活动吸引客户关注，收集客户参与活动时的行为数据以构建客户画像，推测与客户画像匹配的理财产品或服务等。

(2) 业务中台数字化

区域性银行的个人业务普遍散布在个金、互金、个贷、信用卡等业务条线中。每个业务条线独自围绕产品、账户开展经营活动，既没有满足以客户为中心的综合金融诉求，又浪费人力、财力，还导致客户多次被不同条线营销所打扰，降低客户满意度。

而业务中台数字化是解决以上问题的有效手段。建议区域性银行对个人业务中台数字化的定义回归到业务发展的本质需求中，围绕客户需求来审视本行是否具备了个人业务中台的数字化服务能力，再择机根据实际发展要求构建业务中台。具体来看，区域性银行的个人业务中台数字化能力包含如下几方面。

1）客户管理数字化：包含客户统一识别、客户分层分群、客户挖掘、私域流量运营等的数字化。

2）产品管理数字化：除包含产品全生命周期管理、参数化管理、产品模板管理、调查/进件模板管理等数字化外，还包含根据产品的发布要求，针对不同客群自动发布到手机App等客户接触渠道，以及对应产品条线的客户经理Pad（或手机）等展业渠道数字化。

3）营销管理数字化：除包含客户渠道数字化外，还包含向客户经理提供营销平台，并以网格化的方式对客户进行营销管理。例如，通过对经营区域内的地图按区域（或小区）对客户经理管辖客户的范围进行划定，并通过数字化手段，将划定的结果通过Pad或手机呈现到客户经理的移动终端上，配合数字化的营销工具（如秒杀、预约、红包、轮盘等），结合移动展业的作业中心，在客户现场开展营销工作并进行业务办理。

4）作业中心数字化：包含对移动端的业务进行作业化梳理，如业务申请、客户调查、移动审批、贷中审批、贷后管理、业务监控等通过梳理后形成作业组件，通过移动展业的方式接入，提高客户经理工作效率，提升客户体验。

2. 公司业务数字化

区域性银行的公司业务普遍偏传统，呈现如下特征：

❑ 主要通过线下开展获客与展业工作，线上化服务程度较低。
❑ 客户管理"人情化"。

❏ 线上产品少，客户选择有限。
❏ 在部门间、机构间的业务推进协同力不足，导致对重要客户的服务能力及对关键业务的经营能力难以提升。

上述特征揭示了区域性银行仍存在大量线下业务，普遍存在"一户一议"的情况。因此，区域性银行推进公司业务数字化不宜采用与个人业务数字化相同的策略，而应从实际情况出发，借用数字化手段提升管理数字化能力，提升客户体验，提高工作效率。目前来看，区域性银行主要从如下几个方面推进公司业务数字化工作。

1）推动公司业务中风险较小、需求较广、操作密集的基础性产品和服务线上化。例如：针对操作密集型贸易融资业务，利用自动化电子印章、电子发票验证、电子银行担保等数字化应用，简化手续，缩减流程，提高贸易融资便利性，提升客户体验。

2）建设业务移动展业平台。支持客户经理通过移动端做"三查"工作，以及电子件材料收集、进件等工作，提升客户经理工作效率。

3）强化公司类客户的数据分析能力。例如借助知识图谱，对接内部数据与外部数据，区域性银行可开展客户关联洞察、风险事件侦测、精准商机获客、供应链线上企业风险分析等方面的工作，并基于结果对公司类客户进行认定，对贡献度达标的客户实施减免费用等政策，降低客户经理与客户之间信息不对称所产生的负面影响，减少频繁的手工操作，提高客户经理工作效率。

3. 普惠金融业务数字化

普惠金融业务具有个人与公司业务的特征。对于该项业务数字化转型工作的开展，区域性银行只有既考虑线上渠道，又适度结合线下网点，才能有效控制风险。以此逻辑，区域性银行针对普惠金融业务数字化自评需要关注如下几方面的能力建设。

1）具有移动展业营销平台。普惠金融业务具有小额分散的特征，需要客户经理走出办公室拓展客户,因此需要建立移动展业营销平台。

2)符合普惠金融特征的业务流程重塑。提炼并形成具有普惠金融业务特点的自主可控的标准化流程,与传统的公司业务、个贷业务进行有效区分。

3)具有统一数据采集与存储平台。统一内外部数据源接入,统一产品基础材料上传平台、资料标准等,减少结构化与非结构化数据的重复录入和调整。

4)积累本行数据并积极引入外部数据。基于客户在本行的行为数据及外部数据,如征信、税务、住建、电力、水务、社保等,进行行业特征分析,形成业务全面的数字化风控模型并构建"三查"的数字化能力,提升业务办理效率。

4. 数字化转型催生的新业务

数字化技术结合大数据应用,在国家重点关注的几大领域中,如绿色金融、乡村振兴等,均可以产生新的金融业务场景与商业模式。区域性银行需要有清晰的自评体系来评估本行由于数字化转型而催生的新业务的成熟度与改进空间。

如下为笔者根据多家区域性银行开展新业务的经验,整理出的数字化转型催生的新业务自评要素。

1)明确战略选择。在区域性银行业务战略中,根据本行所服务的客户情况与资源禀赋,明确定义新业务的数字化战略规划,并将其作为全行重要的业务战略选择,如将碳金融作为全行重要的业务战略选择。

2)有配套的组织体系设计。为新业务设置了独立的一级部门,以及组建对应的独立营销团队,并建立配套的考核方案。

3)明确客群选择。确定新业务方向,并在此方向下采用数据分析等方法选择客群。

4)业务专业性强。新业务不同于传统的以产品、账户为中心开展的传统金融服务,需要以客户为中心,结合外部专家,制定专业的解决方案,并能提炼出对应的数据模型进行数字化呈现。

5）建立支撑新业务的数字化平台。以客户为中心，按照业务特征，采用数字化手段重塑支撑业务全流程处理的平台，驱动新业务开展。

5. 运营管理数字化

目前，区域性银行的运营管理主要集中在运营管理部。从该部门的职责范围来看，工作内容较为繁杂。区域性银行可根据以下几方面对本行的运营管理数字化进行自评。

1）建设集中作业平台。区域性银行在有条件的情况下，需开展集中作业的能力建设。这样一方面可降低操作风险，另一方面可通过集中作业中心的建设梳理全行关键交易或服务的流程并进行优化，持续提升客户满意度。

2）RPA 的引入与应用。区域性银行需重视挖掘运营管理部日常的琐碎、重复性工作，采用 RPA 技术打造"数字员工"，用机器人完成重复性工作，释放人力。例如，数据采集、第三方对账处理、对外报送等工作，均适合采用 RPA 技术完成。

3）建设数字化运营监测平台。区域性银行还需以降低操作风险为目标，采集交易的过程与结果数据并建立监测模型，用以开展柜面业务办理的监测工作。

4）增加运营过程的考核指标。区域性银行的运营管理部还需关注关键交易与服务的运行效率，设置运营关键指标体系和考核机制，即针对服务客户的关键交易与服务，设置业务办理过程中每个流程节点对应的处理时长等指标，作为年终各部门、分支机构的重要考核指标，促进全行所有部门、机构在重视合规基础上服务客户。

另外，对于大部分区域性银行来说，在对远程银行有清晰的战略定位（是纯客户服务与业务办理平台，还是营销手段，或者两者兼具），以及准备好配套的持续大量投入之前，建议不要轻易将远程银行作为运营管理数字化要实现的目标。

6. 经营管理数字化

经营管理数字化是银行精细化管理水平提升的基础。区域性银行的计划财务部普遍承担了经营管理的重要职责。首先，计划财务部很重要的一项职能即财务管理，财务工作天然离不开数据；其次，计划财务部还承担了全行资产负债的管理，非常关注经营性指标以及账户、产品、客户维度的盈利分析等，为全行的经营决策提供辅助，这同样需要大量数据支撑；最后，监管报送所需要的大量业务明细数据、指标数据均是计划财务部在统筹准备，而监管报送的数据占全行数据几乎80%以上。

由此可见，区域性银行的计划财务部工作与数据息息相关。从行业最佳实践来看，经营管理数字化首先要建立财务数据集市，将上述三项重要职能相关的数据接入财务数据集市，打好数据基础；其次，根据区域性银行经营管理水平，评估是否在财务集市上开展对财务共享中心、FTP、资产负债管理等部分或全部数字化平台的建设后，再择机采用成熟的解决方案，让选定的数字化平台落地。

区域性银行可结合上述数字化平台建设路径与范围开展本行经营管理数字化现状的评估。

4.1.3 数据能力建设主题域

数据是区域性银行数字化转型的底座之一。数据是区域性银行实现数字化转型的"血液"。区域性银行需要数据如人体血液一样不断产生、净化并在全行各条线中畅通循环，以使自身发展得更快、更健康。因此，区域性银行数据能力的自评重点将放在数据能否如血液一样在行内有效运转与使用上。

对于区域性银行而言，数据能否有效运转与使用主要从如下几方面来体现，即数据架构、数据标准、数据质量、数据集成与发布、数据分析应用和数据交换共享等。

1. 数据架构

数据架构是数据能力完整实现的基础。区域性银行可主要从数据架构中的关键要素是否被规范地定义与使用为出发点，重点对数据资产信息化管理能力、数据模型管理与支撑能力、元数据信息化管理能力及主数据信息化管理能力4项关键要素开展自评，以了解数据能力的基础是否牢固。

2. 数据标准

区域性银行需建立一套标准来规范自身数据（包括基础数据和指标数据），以数据标准落实标准化业务管理。对于数据标准的自评，区域性银行需聚焦于是否在数据标准的制定、管理以及信息化支撑方面开展对应的工作，以判断本行是否有效落地数据标准。

3. 数据质量

数据质量是数据能否形成数据资产以被有效使用的基础。对于数据质量的自评，区域性银行需从数据质量闭环管理要求入手，即从质量问题发现、识别、处理、跟踪等管理过程是否具备完整的闭环管理机制与体系，如数据质量问责机制、绩效考核体系等，以判断本行是否关注数据质量提升。

4. 数据集成与发布

为了保障数据能准确、标准、统一地呈现给区域性银行的总行部门、分支机构，区域性银行需要设置数据集成与发布机制，并从数据集成与发布机制包含的规范、制度、流程、信息化工具支撑能力等方面进行自评，以判断本行的数据集成与发布机制是否完备，是否能支撑企业级数据规范使用。

5. 数据分析应用

数据分析应用是区域性银行让数据产生价值最直接、最有效的方式，是驱动业务转型的基础。因此，区域性银行需要从不同主题的数据分析应用场景（例如客户、风险、产品、财务等主题的数据分析应用场景）情况来明确本行数据分析应用的广度，以自评本行是否将数据真正用于驱动业务转型，实现数据资产价值。

6. 数据交换共享

数据开放是数据能力产生价值的另一种方式。数据开放将使数据在更大的范围被接入或共享给其他组织，以便在更大范围内充分流转与使用。如果涉及对外交换数据，区域性银行需要自评本行是否建立了数据共享与接入的安全管理机制，以便行内产生的数据以及外部数据均能合法合规地共享与接入。

4.1.4 科技能力建设主题域

科技能力是区域性银行数字化转型的另一底座。技术是区域性银行实现数字化转型的"骨骼"。区域性银行的科技能力需要如人体骨骼一样强壮，支撑业务数字化可持续落地与顺利开展。因此，区域性银行科技能力的自评重点将放在科技能力能否支撑业务数字化转型。

对于区域性银行而言，科技能力是否强壮，主要体现在如下几方面，即基础设施的弹性供给、运维智能化、敏捷开发、自主可控。

1. 基础设施的弹性供给

虽然随着云计算等技术越来越成熟，在中大型金融机构的运用越来越多，基于云计算的资源弹性供给解决方案越来越成熟，但区域性银行普遍对采用云计算等技术实现资源弹性供给的需求不够强烈。因此，区域性银行可依据本行是否完成了虚拟化、部分应用微服务化的务实举措，在投入不大的情况下是否能稳定地保障资源供给进行自评，不必苛求以采用云计算等先进技术作为基础设施数字化的唯一标准。

2. 运维智能化

运维智能化是保障区域性银行业务连续性的重要支撑。在越来越重视业务连续性的背景下，区域性银行应加强运维智能化能力建设。从目前运维智能化发展趋势来看，区域性银行可从如下几个方面来自评本行的运维智能化现状。

- 数据中心设备线路管理是否实现了可视化。
- 数据中心环境和资产管理是否实现了可视化。
- 是否具有可视化的全局统一调度与监控管理平台。
- 是否具有"监管控"一体化运维平台。
- 是否具有统一日志监控与分析平台。
- 是否具有自动化合规检查平台。
- 是否具有实时业务链路追踪功能。

3. 敏捷开发

大中型银行的科技开发模式已演变到敏态与稳态并存的双态研发模式。其中，敏态模式即敏捷开发模式。对于区域性银行而言，该模式还处于摸索阶段，需要进行体系化规范。对于敏捷开发模式的体系化规范要求，有独立科技能力的区域性银行可按如下几方面开展自评工作。

- 是否具有全行级敏捷管理组织，负责敏捷开发体系的建设与推广。
- 是否设置了专职敏捷教练，指导敏捷小组的建立与运行。
- 是否建立了敏捷开发人才的培养计划与培养机制。

4. 自主可控

具备独立开发能力的区域性银行必须达到对关键技术与关键平台自主可控的要求，以降低外部依赖，避免单一依赖。具体来看，对于自主可控，区域性银行可主要从如下几方面展开自评。

- 是否有统一的应用开发框架。
- 是否有统一的渠道开发框架。
- 核心业务系统（含柜面）是否能做到自主可控。
- 信贷管理系统是否能做到自主可控。
- 手机 App 是否能做到自主可控。
- 数据仓库（含 ODS、数据集市）是否能做到自主可控。
- 监管报送相关系统是否能做到自主可控。

4.1.5 风险防范能力主题域

区域性银行推进并开展数字化业务可能会引发或放大一些常规性风险，也有可能带来新的风险。因此，区域性银行在数字化转型过程中需要重视风险，并建立科学的风险防范机制。

银保监会下发的《指导意见》定义的 7 方面风险需要在数字化转型过程中重点关注。区域性银行可按《指导意见》的要求展开风险防范能力现状自评。

1. 数字化转型战略带来的风险

区域性银行将数字化转型列入业务战略，并同步建立战略检视机制，即区域性银行每年会在年底对数字化转型相关的战略部分进行检视，对当年未能达成的任务进行分析，找出原因并识别风险，在守住风险底线的前提下调整战略内容，逐步有效地推进数字化转型战略的执行。

2. 创新业务带来的合规性风险

区域性银行拓展创新业务会带来合规性风险，应以流程重塑为抓手，逐步建立稳健的业务审批流程，完成对新产品、新业务及新模式的合规性审查。其中，审查评估范围需要覆盖消费者保护、数据安全、合规销售、产品及服务定价、声誉风险、反洗钱及反恐怖融资等方面。同时，建立业务变更管理流程，对新产品、新业务、新模式带来的技术和业务逻辑变化、服务提供关系变化进行评估，针对相应风险制定管理策略。

3. 数字经济环境下的流动性风险

区域性银行应通过数据分析建立对新产品、新业务、新模式相关的资金流动监测，有效识别流动性风险新特征；积累流动性风险数据，建立模型进行数据分析，推进数字化资金头寸管理、需求预测、流动性风险限额管理，提高全行流动性风险精细化管理水平；定期开展流动性压力测试，制定切实有效的应急预案，并保持充足的流动性缓冲。

4. 重视操作风险及外包风险

在操作风险防范方面，区域性银行应通过建立运营监测平台、操作风险管理平台等手段，对传统业务的操作风险进行有效识别、预警与处理。在外包风险防范方面，区域性银行应坚持管理责任、核心能力不外包原则，建立外包管理平台，强化对外部合作方的准入管理，加强风险评估、监测、预警和退出管理。

5. 模型与算法带来的风险

区域性银行在数据价值变现过程中必然会建立数据模型并利用算法，但由于样本数据不足、自有科技能力不强等客观情况存在，当出现数据质量等问题时，算法所计算出来的结果可能与实际情况有较大偏差，将造成较高的业务偏离度，带来巨大的风险。因此，区域性银行需重视模型与算法带来的风险，建立模型与算法管理体系。

具体来看，区域性银行需要开展如下 5 方面工作，进行模型与算法风险防范能力自评。

- ❏ 是否建立了对模型和算法风险的全面管理框架、管理制度，对数据的准确性和充足性进行交叉验证和定期评估。
- ❏ 是否审慎设置了客户筛选和风险评估等模型的参数，并进行模拟校验。

- ❏ 是否定期评估模型预测能力及在不同场景下的局限性，确保模型的可解释性和可审计性。
- ❏ 是否实现了模型管理核心环节的自主可控。
- ❏ 是否建立了消费者权益保护机制，防止被算法歧视。

6. 网络安全引发的风险

网络安全防护是区域性银行风险防范能力中重要的组成部分。除日常的网络安全监测外，区域性银行每年还需进行网络安全攻防演练，积极配合"护网行动"，对网络安全防护能力进行检验。根据国家、银保监会的要求，区域性银行的网络安全防护需要重点关注以下 4 方面，开展本行的网络安全防护能力自评。

1）是否优化、升级了办公区域和外联区域防护设备。区域性银行应部署网络自动化管理和故障定位软件，实时发现网络设备的故障和安全隐患；过滤分析全行网络流量和主机日志信息，从多方面预防和发现网络中存在的威胁行为并有效控制；扩展安全审计范围，加强审计，从数据库和 Web 层建立专用的审计工具，强化安全纵深防护体系；统一管理各类设备和软件的漏洞信息，统一管理全网安全策略，智能化地管理网络安全防护策略。

2）是否落实网络安全等级保护制度，推进网络安全等级保护工作，完善等级保护管理手段。区域性银行应全面梳理现有信息系统，将大数据平台、互联网金融服务平台等纳入网络安全等级保护工作，实现信息化建设与网络安全同步规划、同步实施、同步运行，持续健全网络安全防护体系。

3）是否实现了安全技能培训常态化，提升了科技人员安全技能水平。为了让科技人员具有足够的安全技能，区域性银行每年应定期开展信息安全知识和技能培训，以提升开发、测试、运维全生命周期中的安全技能水平，如安全需求分析、威胁建模方法、防 SQL 注入、防跨站脚本攻击、防越权漏洞、防任意文件上传漏洞、防重放攻击、身份认证、会话管理、敏感信息防泄露等安全编程知识，以及常用操作系统、数据库、中间件等的安全加固技术。

4）是否建立了网络安全管理中心，加强安全态势统一管控。区域性银行应组建技术专家团队，建设网络安全态势感知系统，对各类单一安全事件进行全局、统一的关联监控与分析，综合研判信息安全事件所造成的影响，从而提升数据中心、灾备数据中心应对信息安全事件的能力。

7. 数据安全和隐私保护引发的风险

随着《数据安全法》《个人信息保护法》的正式颁布，以及银保监会对数据安全管理要求的强调，区域性银行在使用数据的过程中必须保证数据安全，必须重视个人信息保护。

具体而言，对于数据安全与个人隐私保护，区域性银行应重点从数据安全管理体系方面进行自评，即需建立数据分级分类的管理办法、制度与流程，明确数据安全管理的主体，采用规范的数据脱敏策略与工具，保障日常数据使用的安全；另外，需建立数据全生命周期安全闭环管理机制，强化对数据的安全访问控制。

4.2　第二步：构建组织体系

首先，区域性银行"摸家底"工作必须自上而下开展。只有高管层愿意以空杯心态，按评价框架与要素项主动、全面地评估本行的数字化现状，并愿意无条件接受数字化现状评价结果，区域性银行"摸家底"工作才能做实、做细，真正找到差距与不足，并找到数字化转型方向。因此，区域性银行应基于高管层建立"摸家底"的牵头部门——数字化现状诊断领导小组（以下简称为"领导小组"），由董事长挂帅，行长具体组织与制定"摸家底"任务，分管副行长及 CIO 推动任务在相关部门的执行，并进行督导与跟踪。

其次，领导小组承担的仅是对工作整体的布局与推动职责，"摸家底"工作的落地必须要有推进工作的牵头组织与执行组织共同参与，因此需要在区域性银行建立"摸家底"的执行组织——数字化现状诊断推进工作组（以下简称为"推进工作组"），以牵头部门负责人为首，各相关部门负责人为组员，承接领导小组安排的任务。

最后，建立领导小组与推进工作组协同工作的管理办法与流程，完善组织体系建设，推动两级组织高效地开展"摸家底"工作。

4.3 第三步：明确牵头部门

选择合适的"摸家底"牵头部门，是"摸家底"组织体系是否能顺畅运行的关键：牵头部门承担了承上启下"摸家底"工作的职责。

如何选择牵头部门？

首先，"摸家底"是一项具体的有时间周期要求的任务型工作，即需要在一定时间范围内对全行的数字化现状进行梳理、分析，达成全行数字化现状客观而统一的认知。因此，对于任务型工作，不能新设置一个部门承接牵头部门的职责，而是必须从银行现有的组织体系中做选择。

其次，"摸家底"的评价框架与内容由组织、业务、数据、科技与风险5大部分组成，区域性银行的数字化现状诊断对象包括几乎全行所有的业务部门与员工，因此必须打破区域性银行过去数字化等于科技的观念，清晰认识到数字化转型不再只是科技部门的工作，而是业务牵头、科技融合，即需要由业务部门承担牵头部门的职责，不能再想当然地将科技部门列为牵头部门。

最后，"摸家底"工作是对数字化转型战略的承接，且在评价过程中具有全局推动作用，因为具体执行工作的业务部门不适合作为牵头部门。

基于如上分析，牵头部门需有战略承接能力，能全局推动工作，且是非具体执行层的业务部门。能完全满足上述条件的就是区域性银行的董事会办公室（以下简称为"董办"）。在董办众多职能中有如下两条，它们是对承接"摸家底"工作要求的"完美"映射。

- 战略承接能力：制定全行战略规划，落实全行对战略规划的理解，并牵头组织战略规划的实施。
- 全局性组织推动能力：基于战略层面协调各部门工作，监督工作情况。

由此可见，董办如作为牵头部门，可对数字化"摸家底"工作自上而下发起、组织与推动。全行各相关部门与董办配合，共同推进"摸家底"工作。

更重要的是，董办除能牵头推动全行数字化现状诊断工作外，还可通过"摸家底"的成果，清晰地了解本行的数字化现状，客观地向董事会进行汇报，为董事会对数字化转型相关的重要战略决策提供有效支撑。因此，董办是区域性银行执行"摸家底"工作的最佳牵头部门。

4.4　第四步：建立工作机制

"摸家底"工作是否能顺利开展，取决于构建的组织体系是否能顺畅运行。组织体系顺畅运行需要以完整且有效的工作机制做保障，才能打通关键节点，有效推进工作。具体来看，区域性银行要建立领导小组及推进工作组协同工作机制。

首先，"摸家底"是一项任务型工作，需要设定具体完成时间，以此时间要求为基线，由领导小组倒推关键时间节点，制订整体工作计划。建议区域性银行根据本行实际情况，将"摸家底"工作的周期设置为4～6个月，充分做好现状调研与自评工作，而不是走过场。

其次，领导小组承担"摸家底"工作整体方案的审定、跟踪与复盘等工作，同时各分管行领导承担"摸家底"具体任务的督导、跟踪、汇报等工作，领导小组的成员需要为此进行大量的沟通与决议。因此，领导小组需要建立定期与不定期的常态化会议审议机制，以充分发挥作用。建议领导小组每两周召开一次工作会，审议由推进工作组整理的工作方案推进的进度与问题的汇报材料，同时由分管行领导对相关审议内容进行总结与说明。另外，对于需要由领导小组决议的问题，由与问题相关的部门临时召开专题会议，以一事一议的方式对问题进行审议。

最后，推进工作组承担"摸家底"具体工作计划制定与执行。其中，由推进工作组中的牵头部门负责统筹组织工作任务的分解并制订工作计划，督导、跟踪各相关部门完成工作任务，推进工作组中的其他部门根据分解任务的安排，在计划期内执行具体工作。基于推进工作组上述组内的分工要求，牵头部门需每周对任务的完成情况进行跟踪与汇总，召集推进工作组中的成员对其所执行工作的进度、问题进行回顾与讨论，并对在讨论中出现的分歧进行审议，是定期向领导小组做工作汇报时由领导决议，还是上报领导小组并以临时召开会议的方式进行紧急决议。另外，牵头部门还需要每两周准备向领导小组汇报的材料，以及定期召开会议，推动领导小组与推进工作组协同工作。

4.5　第五步：分工协作完成自评底稿

在董办的统筹牵头下，根据评估框架与内容，由推进工作组所有成员共同制定全行5个主题的自评要素域清单，并将要素域清单根据业务属性，分配给推进工作组中的相关部门，并由各主要部门开展对应的自评工作。

- ❑ 董办：作为全行战略与配套组织体系构建的归属部门，须围绕战略、组织、保障机制等方面所包含的要素域开展自评工作。
- ❑ 办公室：须围绕办公流程重塑所包含的要素域开展自评工作。
- ❑ 人力资源部：须围绕数字化专业人才引进、培养、人力资源管理流程等方面所包含的要素域开展自评工作。
- ❑ 运营管理部：须围绕运营管理数字化、柜面业务流程重塑两方面所包含的要素域开展自评工作。
- ☐ 计划财务部：须围绕经营管理数字化、财务管理流程等方面所包含的要素域开展自评工作。
- ☐ 信贷管理部：须围绕信贷业务流程重塑所包含的要素域开展自评工作。
- ☐ 风险管理部：须围绕风险防范主题域、风险管理流程重塑等方面所包含的要素域开展自评工作。
- ☐ 信息科技部：须围绕科技能力、数据能力两方面所包含的要素域开展自评工作。
- ☐ 公司业务部：须围绕公司业务数字化、公司业务流程重塑两方面所包含的要素域开展自评工作。
- ☐ 个人金融部：须围绕个人金融业务数字化、个人金融业务流程重塑两方面所包含的要素域开展自评工作。
- ☐ 个人贷款中心：须围绕个人贷款业务数字化、个人贷款业务流程重塑两方面所包含的要素域开展自评工作。
- ☐ 互联网金融部：须围绕渠道数字化、数字化转型带来的新业务、互金业务流程重塑等方面所包含的要素域开展自评工作。
- ☐ 普惠金融部：需围绕普惠金融业务数字化、普惠金融业务流程重塑等方面所包含的要素域开展自评工作。

基于如上分工，每一个相关部门按归属到本部门的要素项整理评估框架与内容，根据本部门的情况开展自评工作并形成对应的工作底稿。例如，董办在对战略要素域自评时，可对外部战略要求与内部战略重点进行评估；同时，需要较为详细地进行自证说明，形成全面的自评工作底稿。

在实际工作推进过程中，由于不同主题域下的部分要素域评估涉及多部门，要素域清单中的属主部门就需要联合多部门开展自评工作。例如风险防范主题域，虽然属主部门是风险管理部，但自评项内容涉及信贷管理、信息科技等，公司业务部、普惠金融部、个人贷款中心等多部门需要基于推进工作组成立专题工作小组，由董办牵头，整体推动工作落地。

另外，区域性银行需要制定自评要素域清单调整机制。由于自评要素域清单是根据"摸家底"的框架与内容，由董办牵头并落实完成的，在各部门实际自评过程中，自评要素域清单项存在可优化或新增的情况。对此，相关部门应向董办发起调整申请，由董办评估是否可以立即调整，或需要报告给领导小组开临时会议做决议。

在各部门完成第一轮自评后，董办召集所有推进工作组成员汇报工作成果，并在汇报过程中收集问题。对于有条件的区域性银行，建议在此阶段聘请专家作为顾问，全程参与会议，帮助董办高效识别自评内容是否客观、有效，协助整理问题并给出解决方案建议。

基于第一轮的汇报结果与问题梳理，董办再组织相关部门开展第二轮自评工作，针对被认定不清晰、与事实不符的内容进行调整与优化，对决议需要解决的问题给出解决方案。第二轮自评工作结束后，再次如第一轮的方式由董办牵头召开会议并收集问题。如此再开展1到2轮自评工作，形成全行"摸家底"的完整底稿。

4.6 第六步：分析诊断结果

根据董办牵头完成的"摸家底"完整底稿，董办牵头撰写诊断结果汇报材料。其中，汇报材料包含两部分：对自评要素域清单中本行有的评估项按主题进行汇总，分析现状并总结本行数字化成果；对自评要素域清单中本行缺失的评估项按主题进行汇总，找出差距并分析缺失的原因。

对于有条件的区域性银行，建议邀请专家作为顾问，帮助董办一起撰写数字化"摸家底"完整总结材料，以使数字化转型现状诊断更专业，助力全行高管层与中层管理者对现状达成统一认知。

如何完整地撰写一份数字化转型现状诊断材料？笔者将曾经撰写的一份

材料的部分列示如下。

在战略规划与组织流程领域，该行的现状如下。

1）制定了清晰的数字化转型专项战略。2020年，该行启动了全行级的数字化转型专项咨询，通过咨询将数字化转型目标、任务与落地工作整理成了详细的工作地图，清晰地指引全行开展数字化转型工作。最关键的一项成果是：明确了组织治理是保障全行推进数字化转型工作的基础，落实了董事长是数字化转型的第一责任人，明确了未来3年数字化转型工作的主要任务并将任务落实到具体的部门，制定了工作推进路径，规划了实施路线图。

2）由董事长牵头推进组织治理能力落地。明确董事长是数字化转型工作的第一责任人，以董事长为核心建立数字化转型领导小组，并下设数字化转型办公室，推动建立部门的数字化转型工作认责机制，形成自上而下的数字化转型组织支撑体系。同时，每月董事长牵头进行常态化数字化转型工作推进情况回顾与总结，并建立对应的转型任务考核机制，通过数字化转型工作在组织治理层面的落地来保障全行数字化转型具体工作持续顺利地开展。具体来看，组织治理落地的路径如下。

- 首先，设置了数字化转型实施领导小组，由董事长牵头担任领导小组组长，各分管行领导与部门负责人作为组员，将落实到各部门的数字化转型具体任务作为该领导小组议事的主题，并制定每月专题会议的议事决策机制，由董事长亲自落实数字化转型任务的安排、推进、跟踪、回顾等工作。
- 其次，指定了某一级部门作为数字化转型实施办公室，具体将任务分解到相关部门，并对各部门承接的具体任务进行推进与跟踪，协同各部门执行任务。
- 再次，制定客观且明确的激励机制与考核要求，促使各部门将本部门负责的数字化转型任务作为重点工作推进。
- 最后，在数字化专业人才引进与培养方面，由于地处三线城市且原有数字化专业人才薪酬在本地无优势，该行制定了新的人才引进策略，在省会设立研发中心，并按省会的薪酬水平进行匹配。同时，对于人才培养，规划在3年内新增20名科技人才，建立数字化专业人才专项培养体系，形成合理的数字化专业人才梯队。

明确清晰、可落地的战略输入，加上董事长亲自牵头部署、各项组织治理工作落地等"组合拳"，保障了该行扎实推进数字化转型工作。

第 5 章

如何搭架构

区域性银行在"摸家底"后,能充分认识到自身的问题、差距,下一步就需要基于现状,明确具体要在哪些方面开展数字化转型工作。因此,区域性银行需要搭建完整的数字化转型架构,清晰地描绘数字化转型框架与对应的工作内容要求,以了解具体要做的数字化转型工作。

本章将围绕如何搭架构展开,从几种常见的架构分析入手,帮助区域性银行找到适合自身的架构,并解析搭建架构的步骤,同时指明搭建架构的关键点。

5.1 银行数字化转型的几种常见架构

国内不同类型的银行拥有不同的资源禀赋,资源禀赋的不同决定了银行选择的数字化转型架构存在较大差异。通常,国内银行主要有如下 3 种搭建转型架构的选择。

- 构建完整的企业级架构:国有大行的普遍选择。国有大行拥有国内最强的业务与技术能力，以企业级架构理念构建完整的细粒度业务架构、应用架构、数据架构等，推动行内信息化系统的完全重构，彻底地开展数字化转型工作。

- 金融科技重塑技术架构：股份制银行的普遍选择。经过近几年的发展，股份制银行体会到了金融科技赋能业务所带来的变化，加大对金融科技的投入，构建了完整、成熟的依托于金融科技的技术架构，全面支撑业务线上化、智能化，以金融科技为技术底座推进数字化转型。
- 基于"摸家底"评价框架搭架构：区域性银行普遍存在业务能力与科技能力不足的问题，资源禀赋有限，应该以"摸家底"的评价框架为底座，以自评结果中的不足与差距为实现目标，以"一行一架构"理念搭建适合本行的数字化转型架构。

本节内容将围绕上述 3 种转型架构的特征分析而展开，建议区域性银行量力而行，选择第三种方式搭建转型架构。

5.1.1 构建完整的企业级架构

2011 年以前，某四大行经历了数字化准备期的三个阶段——核心业务信息化阶段、数据全国大集中阶段以及数据仓库价值初变现阶段，实现了数据从地方到全国的集中，且基于数据仓库，实现了在 CRM、风险管控等领域的数据应用，逐步体会到了数据的价值。

该行从 2007 年开始推动数据治理工作，虽然取得了一定成效，但问题也十分明显。不少历史数据存在较大瑕疵，质量不高，可用性不强，最终导致建设银行仅能做部分较浅的数据分析与应用的尝试，一旦进入深层次数据分析就会出现分析结果与实际结果差异较大的情况，使数据价值不能充分发挥。随着数据越来越多，如上问题暴露得就越来越明显。

通过分析可以发现，数据质量不高的主要原因是业务管理不规范，具体体现在如下两方面。

1）业务所需采集信息与填写数据要求脱节。各一线网点在办理业务时，不关注业务所需采集与填写信息的准确性，只关注是否能尽快将业务办理完结，忽略录入数据的标准要求，导致从源头就没有管控数据质量。

2）业务表述与数据表述不同步。随着业务的发展，区域性银行会不断地在核心系统上打各种补丁，导致存储到数据库中的数据值已经不在当初设置的范围内，产生大量需要解释的数据，或者只有阶段性意义不能识别的数据。例如，某项业务之前的运行状态比较简单，只有"成功""失败""提交成功但发送失败""提交成功且发送成功"等，但随着业务发展的需要，新的运行状态仅需保留"成功""失败"两种。在以"运行状态"开展数据统计时，由于"运行状态"的含义不对应，系统就会出现数据统计结果偏差问题。

数据质量问题所反映的业务管理问题，其实也揭示了银行现有的信息化架构已不能充分支撑业务的发展，需要引入新的架构体系。该行启动了"新一代核心系统"的建设。

该行的"新一代核心系统"不是简单地将原有的核心系统推翻，再像以往烟囱式地重建，而是引入企业级架构理论，即通过业务架构的构建，形成完整的业务能力，再通过IT架构与配套的信息化建设将上述业务架构进行全面落地。具体来说，建设银行通过如下两个阶段的工作推进"新一代核心系统"的建设。

第一阶段，从业务架构开始解耦，采用业界领先的企业级建模方法，将所有的金融服务拆解到最小的服务单元（每一个服务单元代表一个标准化服务），并且对服务单元所需要或存储的数据进行定义与约束，保障数据在源端标准化，再基于流程模型、数据模型、产品模型及用户体验模型对服务单元进行组合，形成可被使用的标准业务组件库，并设置不同的组件参数值，以便动态、灵活、快速地适应新的业务发展要求。由于业务组件标准化以及底层业务单元标准化，所有通过此种方式建模的业务所产生的数据均是标准化的，质量极高。

第二阶段，基于上述业务架构构建的完整业务模型，该行开启了围绕"以客户为中心"的应用架构重构，构建了可持续进行组件化开发、面向服务的企业级应用架构（包含 7 个应用层、12 个基础平台）；同时积极引入大数据、AI 等技术构建支撑应用架构的技术架构体系，并重塑数据管理与数据应用体系，构建新型的数据架构，最终形成企业级架构下的新型业务架构与 IT 架构。简单来说，以业务架构与 IT 架构为设计蓝图，将所有的重要系统以组件化思维进行重建，保障业务完整落地。该行前后花了数年时间，于 2017 年全面上线"新一代"系统群，实现了企业级架构的搭建。

基于如上业务架构和 IT 架构，该行重塑了业务、组织、流程、人员岗位。同时，随着数据质量显著提升，该行已经把数据视作资产、战略资源并加以管理和应用，实现了业务数字化、数据资产化。依托底层技术，数据开始全面驱动业务发展与变革，推进建设银行数字化转型。

5.1.2　金融科技重塑技术架构

2017 年，随着人工智能、区块链、云计算、大数据等技术逐渐成熟，招商银行、平安银行等股份制银行纷纷提出金融科技银行或科技银行理念，笃定金融科技是通往未来的必经之路。例如，2017 年，招商银行正式提出"战略转型进入下半场，打造金融科技银行"，在 2018 年进一步提出"以金融科技为核心动力，打造最佳客户体验银行"。可见，股份制银行将金融科技放在了很高的战略位置。

基于如上依托金融科技推动数字化转型的思路，股份制银行普遍以互联网、大数据、云计算、人工智能、区块链、5G 六大基础技术作为构建金融科技的技术底座，形成以金融科技能力支撑的技术架构体系，推动数字化能力构建，带动数字化场景构建，打造核心竞争力。

例如，招商银行采用新兴技术架构打造大规模数字化基础设施，即以开放和智能为搭建架构的核心，加快系统架构转型，打造开放型 IT 架构，建立基于云计算技术的先进基础设施底座。另外，招商银行还采用互联网技术，结合大数据技术与人工智能技术，打造场景化、数字化能力，如通过金融科技对个人客户的"手机银行"与"掌上生活"赋能，实现两大 App 累计用户数、月活用户数（MAU）均突破 1 亿，通过金融科技构建的企业级数字化服务体系，已服务超过 210 万企业客户，月活跃客户逾 145 万，年交易笔数超2.8 亿、交易金额超 130 万亿元，90% 以上业务支持线上办理。

这就是金融科技的力量，以金融科技搭建的技术架构体系可加速业务转型。

但在以金融科技为基础构建技术架构体系、全面赋能业务发展的背后，是股份制银行持续数年的人力与财力投入，形成对金融科技能力的自主可控。例如，招商银行 2021 年的科技人员就已超过 10000 人，研发投入超过 230 亿元。同时，股份制银行普遍以场景化应用来探索金融科技赋能业务，制定试错机制支撑场景化应用的落地与广泛推广。随着金融科技技术架构的大规模应用，金融科技作为新生产力的优势体现出来了：极大地提高了工作效率，降低了成本，使相关业务部门的员工有了更多时间与精力去关注价值创造的工作。

5.1.3　基于"摸家底"评价框架搭架构

近几年来，江浙区域的不少城商行、农商行在数字化转型方面有较大突破，取得了较为显著的成果。不少银行同业在看到这一现象后的第一反应是：江浙区域的区域性银行所处的位置好，有好的客群，所以数字化转型工作开展有成效。

诚然，江浙区域的区域性银行有得天独厚的营商环境优势，但在此区域的区域性银行仍是传统金融机构，被大行挤压、本行资源禀赋不足、复合型人才流失等问题反而比其他地区更严重。具体来说，越发达的地区虽然金融需求越旺盛，但大行的资源投入更充分，区域内竞争的各类金融机构数量更丰富，复合型人才可跨机构选择的通道更多元，区域内头部金融机构对人才的虹吸效应越明显，本行的人均产能已达到极限。在这样的背景下，江浙区域的区域性银行迫切需要探索新的生产力来重塑本行的核心竞争力。这些银行通过全面梳理发现，事务性工作占据了行内网点与中台管理部门员工的大部分时间。如果能通过数字化转型解决内部效率问题，将人从事务性工作中解放出来，就能提升经营管理水平，实现经营业务的快速、健康发展。

因此，江浙区域的区域性银行纷纷开启数字化转型工作，通过自建或与第三方合作的方式，构建数据能力与科技能力，实现前台敏捷化、中台集中化，大力发展小微业务，实现人均管户数翻番、降低操作风险等。

如上江浙区域的区域性银行开展数字化转型工作的思路，非常值得其他区域的区域性银行学习与思考。其他区域的区域性银行所遇到的问题也差不多：传统经营方式下的条线化管理、块状管理所带来的事务性工作占据了员工较多时间，工作效率随着业务发展越来越低，过去粗放式管理已渐渐跟不上业务发展的需求。区域性银行无论大小，所面临的经营管理问题共性很强，均需要新的生产力来重塑银行的核心竞争力，整体提高全行的经营管理效率。

综上所述，区域性银行的数字化转型思路一定是先向内看，围绕效率提升展开。因此，区域性银行数字化转型架构也就需要围绕"效率为先"来搭建。

如何以"效率为先"的思路来搭建适合区域性银行数字化转型的架构呢？

笔者认为，区域性银行作为传统金融机构，在面临转型经验普遍欠缺，人才储备、技术等相对劣势的困境下，从组织变革入手来搭架构是最佳选择之一。

区域性银行推进数字化转型来提高效率的最大障碍是组织能力不足。如果组织架构、经营管理流程、人才队伍、保障机制等不首先改变，仅希望通过短期的科技能力与数据能力建设投入，除了不能从根本上解决事务性工作多的问题，还会让员工对数字化转型工作产生抵触情绪。

因此，面向未来，区域性银行的数字化转型架构搭建需以组织变革而非技术改进为核心，围绕组织架构、流程、人才培养等核心组织能力，开展对应的数据能力、科技能力建设，推进业务场景化建设，重视风险防范，将员工从事务性工作中解放出来，提高工作效率，最终实现管理模式转型。

具体来看，对于围绕组织变革搭建转型架构，区域性银行可以根据银保监会下发的《指导意见》，以"摸家底"评价框架为基础，从组织变革、科技能力、数据能力、数字化业务场景构建能力、数字化风险管控能力5个方面进行改变。

1. 组织变革

1）明确高管层统筹负责数字化转型工作，建立数字化战略委员会或领导小组，明确专职或牵头部门。

2）加强金融与科技复合型高端核心人才引进，制定培养和激励机制。

3）建立流程变革工作机制，推动业务数字化场景建设。

2. 科技能力

1）保障业务连续性。

2）重视自主可控能力的建设。

3）以开放的心态寻找技术合作伙伴。

3. 数据能力

1）重视数据治理工作，持续提升数据质量。

2）寻找数字化业务切入点，驱动数据价值变现。

4. 数字化业务场景构建能力

1）零售业务数字化场景建设。

2）公司业务数字化场景建设。

3）运营管理数字化场景建设。

4）财务管理数字化场景建设。

5）人力资源管理数字化场景建设。

5. 数字化风险管控能力

区域性银行的传统业务异化风险、新业务风险、开放价值链风险等的识别与管控能力均较弱，需要以数字化手段，搭建数字化风险管控平台，提升风险管控能力。

5.2 区域性银行转型架构搭建的步骤

区域性银行以"摸家底"评价框架为基础构建数字化转型架构，就需要关注架构中的关键要素（组织、数据、科技、业务场景与风险等）具体如何落地。本节内容将围绕区域性银行转型架构搭建的步骤而展开，具体如下。

- 第一步：组织治理先行。
- 第二步：构建数据能力。
- 第三步：提升科技自主可控能力。
- 第四步：构建业务数字化能力。
- 第五步：提升风险管控能力。

5.2.1 第一步：组织治理先行

区域性银行由于资源有限（财力、科技、人力），需要从自身的资源禀赋出发，选择适合的组织体系进行数字化转型。从适用性角度来讲，数字化转型领导小组（下设数字化转型办公室）的组织体系较为适合大部分区域性银行。同时，启动配套的人才队伍建设、流程优化机制制定以及保障机制制定工作，以具体的举措支撑组织变革工作的开展。

1. 设立数字化转型领导小组（下设办公室）

区域性银行普遍有一个特征：受传统经营管理思路的长期影响，虽然中高层管理者都能认识到数字化转型是银行未来发展的必经之路，但由于没有清晰的数字化转型战略支撑，他们不敢轻易动用资源进行大的调整，以免影响银行规模增长等经营目标。

构建数字化转型领导小组（下设办公室）的组织体系，能帮助具有上述困惑的区域性银行有效推进数字化转型工作。其一，此组织体系由高管层所有人组成，表明了转型工作的重要性；其二，领导小组下设办公室（设置到某一实体一级部门作为牵头部门），由办公室根据领导小组的指示进行具体任务的分解与跟踪，以及配合业务部门执行；其三，转型工作一事一议，由分管行领导主抓、牵头部门具体推进，不会影响业务部门原有的经营工作。

按此模式设计的组织体系，没有耗用全行其他资源，也没有改变银行原有的经营管理模式，更没有重新分配资源。这是数字化转型中最容易实现的组织模式。

2. 明确组织体系的人员构成及工作职责

组织体系运行，需要明确工作职责。领导小组与下设办公室的人员构成及工作职能不同，具体职责范围如下。

（1）领导小组

1）组织构成：董事长任领导小组组长，行长任副组长，CIO 任秘书长（负责具体工作的组织与推进），其他行级领导为组员，通过小组会议的方式共同审议数字化转型相关工作。

2）工作职责：

☐ 确定数字化转型的愿景与目标；

☐ 制定数字化转型的重点工作任务；

- 审议数字化转型办公室提出的转型工作年度计划、阶段性目标；
- 听取数字化转型办公室提出的同行业转型分析报告，提出下一步工作要求。

（2）办公室

1）组织构成：数字化转型办公室的牵头部门的负责人任主任，在领导小组秘书长的指导下开展日常工作；牵头部门设置专职岗位，推进、督导、跟踪具体的数字化转型任务；其他主要业务部门负责人为组员，可直接对接办公室安排的数字化转型任务。

2）工作职责：

- 整理并分析同行业数字化转型经验，定期出具分析报告；
- 根据领导小组的要求拟定年度数字化转型目标与总体计划；
- 分解数字化转型目标，形成对部门、分支机构的具体任务并制订对应执行计划，跟踪计划的具体执行情况；
- 按任务要求，与业务部门、科技部门一起推进具体的数字化转型任务；
- 定期向领导小组秘书长汇报工作，并在秘书长的要求下推动数字化转型工作会议的召开，针对数字化转型工作中的成果与问题进行分析、总结；
- 针对数据驱动业务的新模式进行探索与可行性分析。

3. 人才队伍规划与建设

数字化专业人才作为组织能力建设的核心要素，在数字化转型工作中起着非常重要的支撑作用。制定人才队伍规划与建设框架，可以支撑区域性银行持续开展数字化专业人才培养工作，提升从高管至骨干员工的数字化专业能力，优化全行人员知识结构和能力结构，盘活存量人力资源。

（1）构建数字化专业人才评价体系

建议各区域性银行按照数据治理能力、数据架构能力、数据分析与建模能力、数据应用开发能力等维度，搭建符合本行需要的数字化专业人才评价标准,作为识别、培养和引进数字化专业人才的基础。

制定数字化专业人才盘点实施方案,定期开展数字化专业人才盘点工作,对人才状况进行摸底调查,前瞻性地对组织发展、关键岗位招聘、继任以及关键人才的发展和保留做出决策。

(2)完善选人和用人机制

围绕数字化转型,建立科学的选人和用人机制,不断优化人员知识结构和能力结构。一是拓宽人才引进渠道,通过猎头等方式寻找数字化转型领军人才。二是将数字化专业能力作为管理岗位人员的任职要求,选拔一批数字化专业能力突出的骨干人才担任管理岗位。三是推广项目制工作模式,围绕具体项目,推动业务、数据、技术人员融合,在提高项目落地效率和质量的同时提升人员数字化专业能力。

(3)完善数字化专业人才培养机制

一是加强知识管理,通过定期开展数字化专业人才盘点,明确数字化转型各个阶段所需的数字化专业能力和知识;按照"内部碎片知识组合化、隐性知识显性化、外部知识内部化、显性知识能够及时调用"的原则开展数字化专业知识萃取工作。二是组建讲师队伍,以培养行内有丰富实践经验的员工为内训师为主、邀请外部讲师为辅的方式组建数字化基础技能的师资团队。三是与专业的数字化转型理论与技能培训机构合作,以对网点、部门骨干轮训的方式,全面开展培训工作,持续培养一批数字化骨干人才。

(4)完善数字化专业人才激励和考核机制

建立和完善符合本行发展需要的激励和考核机制,对在数字化转型过程中表现突出的员工实施表彰,对表现较差的机构和管理人员实施必要惩罚。

4.建立流程优化的工作机制

组织变革离不开流程优化与重塑。在组织架构与人才机制的支撑下,区域性银行虽然没有足够的技术、人力、财力等资源，但可以通过流程优化工作驱动成熟的科技能力与数据能力为业务赋能，打通断点、堵点，提高经营管理效率，提升客户体验，推动流程节点上每一个参与者数字化专业能力形成。

因此，区域性银行需要指定组织承担全行所有涉及流程优化的驱动、管理职责。一方面，全行的流程统一由该组织进行管理，所有流程的变更或新增均需该组织审批；另一方面，该组织通过分析全行的内部管理流程、客户服务流程中的流程节点、流程耗时等数据，提出流程优化建议，并督导相关部门落地执行流程优化工作。

流程优化可以快速带动全行制度的调整，降低业务复杂度，提升效率，能在短期内带来显著成果。

通常情况下，承担流程优化驱动、管理工作的组织均会受到如下两方面挑战。其一，流程优化涉及部门职责与资源的重新调整，对于习惯了原有工作流程的部门来说，流程优化带来的阵痛会有很大反弹，给原有工作造成各种冲击，或分散现有部门的权力，会因为职责边界的重新梳理而出现混沌期，延长处理时间。其二，流程优化的重要目标是提高流程线上化与自动化的比例，但诸多银行还存在不少线下流程，因为线下流程更灵活，处理速度更快，存在其他附加便利，不少经营管理者更喜欢走线下流程，所以会抵触流程优化。

因此，在设立承担流程优化驱动、管理工作的组织后，建议从外部聘请熟悉银行业务与经营管理的流程优化专家作为该组织的长期顾问。外部力量与该组织形成合力，提升银行中高层对流程优化的重视程度，同时采用试点的方式将影响客户体验与内部管理的关键流程纳入重点工作，通过流程优化结果与未优化的相关流程结果进行对比，逐步驱动全行关注并重视流程优化工作。

5.建立组织保障机制

为了保障数字化转型落地，区域性银行需要加强过程管理，建立任务分解、评估检视、激励约束等一系列配套机制，在实践中逐步探索，形成符合实际的组织保障机制。

（1）建立数字化转型任务的项目清单

区域性银行可将转型工作分解至各条线、各部门、各分支机构，形成项目清单。项目清单内列出项目内容、分管领导、责任人、责任部门、配合部门及完成时限等。各责任部门根据总体规划出台具体实施方案，制订阶段性计划，并组织实施。

（2）建立定期报告和督办机制

各层级按季度向分管领导报告数字化转型重点工作的落地实施进度，同时上报数字化转型办公室。经营层对工作中遇到的突出问题及重大事项应按程序及时报告，由有关领导协调相关单位及时解决。

（3）建立考核及奖惩机制

为了确保数字化转型规划真正落到实处，总行经营层应将数字化转型落地情况与预算、考核挂钩，各业务条线严格按照数字化转型规划制定任务指标，分阶段、分年度、分模块地对数字化落地执行情况进行考核。数字化转型办公室对数字化落地执行情况进行整体监督，并通过适时到各业务条线和分支行进行调研、核对进展、专项检查等方式，对重点任务进行监督，并将数字化转型落地实施情况纳入各职能部门年度考核当中，对未按时完成年度规划任务，因工作拖沓、支差应付、推诿扯皮等造成工作延误、推进不力的部门和责任人，按照相关规定问责。

（4）建立数字化转型的动态调整机制

领导小组牵头建立数字化转型的动态调整机制。数字化转型办公室应定期对数字化落地执行情况进行跟踪评估并通报，明确下一步工作重点和方向；同时，应结合最新颁布的国家方针、金融政策和监管要求，根据银行面临的内外部经营环境以及数字化现状,适时建议董事会对数字化转型规划进行调整、修订和完善,实现动态管理。

5.2.2 第二步:构建数据能力

从国有大行、股份制银行成熟的数据能力建设经验中可以发现,国有大行、股份制银行制定了完整的数据标准,通过业务的规范性要求将标准落实到业务数据中,并通过业务的持续运行从源头逐步提升数据质量。随着高质量数据的大量沉淀,银行就能够基于数据建立业务模型并将数据运用至具体的业务场景中,从而产生新的业务价值。以此,数据成为国有大行、股份制银行新的生产要素,推进业务发展。

因此,在数据能力建设方面,区域性银行可向国有大行、股份制银行学习,主要围绕数据治理(含数据标准、数据质量等要素域)与数据应用(即数据价值变现)两方面来展开。

首先,我们梳理一下区域性银行的数据治理与数据应用现状。

1)数据治理组织体系。区域性银行普遍设立了数据治理委员会与数据治理办公室,也制定了对应的管理办法与制度。但在实际运行过程中,数据的归口管理部门往往是科技部门,不能主导数据业务化的工作,无法有效、及时地推动数据属主部门开展数据标准与数据质量的管理工作。数据管理的认责机制不健全,针对数据治理的绩效考核体系形式大于内容。因此,区域性银行的数据治理组织体系普遍运行不畅,数据治理工作很容易陷入瓶颈。

2)数据标准。区域性银行普遍建立了数据标准及管理办法,但数据标准均未从源头开始贯标,而是在数据仓库等数据平台做标准的映射与转换。同时,各区域性银行并未明确或仅从制度上明确业务部门对数据的属主管理职能,导致数据标准没有得到有效管理。

3)数据质量。区域性银行普遍制定了数据质量管理办法,但未从业务规范入手要求数据标准的落地,导致数据质量不稳定,且只能在数据使用过程中暴露出质量问题后被动地开展质量管理工作。具体来看，数据标准管理在业务部门的缺失，导致数据问题在直接影响到银行正常经营、管理业务后，再被动地采用打补丁的方式进行修正，仅能阶段性地提升数据质量。

4）数据分析与应用。区域性银行未有效贯标数据标准，出现数据质量反复波动的情况，导致数据分析与应用场景不足，且因数据团队成员能力不足，仅能在客户、运营等领域做浅层探索，而无法在精细化管理与创新等方面发挥更大的价值。

其次，基于如上数据治理与数据应用的普遍情况，区域性银行在推进数字化转型架构中的数据能力建设方面需要重点关注如下几方面工作。

1）完善数据治理组织体系的建设。其一，针对常设的数据治理委员会及数据治理办公室建立常态化的议事机制，如双周开一次数据治理办公室会议，双月开一次数据治理委员会会议，将数据治理工作纳入中高层的日常工作事项。其二，明确某一级业务部门（如计财或新设的数据管理部门）为全行的数据归口管理部门，由该部门整体推进数据能力的建设，以及统筹、协调、督导与数据相关的工作。其三，各业务部门按全国金融标准化技术委员会要求，结合本行的数据实际情况，明确各类数据的属主部门，并在部门内设置数据治理专岗或兼岗，由专岗或兼岗员工充分履行数据治理日常工作职责。

2）推动数据标准管理落地。建议区域性银行在条件允许的情况下，主动落地数据标准管理。落地流程建议如下：第一步，数据归口管理部门提出数据标准主动落地要求，根据各主题（如客户主题、产品主题、机构主题等）数据标准落地的价值和紧迫性，提出数据标准落地建议；第二步，数据治理办公室讨论落地建议，包括对数据归口管理部门所提建议进行审议，并根据数据属主部门划分，确定相应落地工作；第三步，数据属主部门提出落地方案思路，数据归口管理部门协同数据属主部门制定具体落地方案；第四步，落地方案报信息科技管理委员会审议通过后实施，并由数据归口管理部门进行过程跟踪、督导。

3）通过落地认责机制，提升数据质量。基于数据标准管理落地工作，整体推进数据质量提升；同时，明确各部门、机构承担的数据质量管理职责，并将数据标准属主部门设置为相关数据质量管理部门，当发现数据质量问题时，相关数据质量管理部门主动认责，牵头推动数据质量整改工作。

4）落实数据应用规划，丰富数据应用场景。基于数据治理组织体系的完善、数据标准的落地、数据质量的提升，数据具备了变为资产的可能性。区域性银行能以数据资产驱动业务效率提升，实现数据价值，即在营销、辅助决策支持、风险控制等方面开展数据应用规划与落地工作，使用高质量的数据构建更多深层次的数据应用场景。

5.2.3 第三步：提升科技自主可控能力

科技能力是区域性银行开展数字化转型工作的基石。没有科技能力的支撑，数字化转型就是"空中楼阁"。区域性银行主要围绕保障业务连续性以及支撑业务发展两个方面，在数字化基建、技术架构、研发模式、自主可控 4 个方面开展对应的科技能力建设。

首先，梳理一下区域性银行上述 4 个方面能力的普遍现状。

1）数字化基建。近几年来，区域性银行十分重视数据中心资源动态供给能力的建设，普遍选择虚拟化的方式实现资源的弹性供给，在投入不高的情况下保障资源供给；同时对数字化运维能力的建设也非常重视，保障数据中心高效、稳定地运转。

2）技术架构。随着微服务架构逐渐成熟，区域性银行尝试在部分应用系统采用微服务架构开展自建或重构工作，但关键的核心业务系统、信贷管理系统等仍较多采用传统架构。另外，由于自有客户体量、业务场景稳定及事务量稳定等因素，银行采用微服务架构的驱动力不足。

3）研发模式。随着 DevOps 体系逐渐成熟，区域性银行在部分项目中采用了敏捷开发模式，探索敏态与稳态双开发模式。

4）自主可控。区域性银行普遍认识到科技能力的自主可控是与竞争对手拉开差距的主要方面，实现应用系统自主可控，基本可以做到对关键渠道、信贷以及监管等相关系统的自主可控，但目前区域性银行仍需要依赖大量人力资源外包支撑日常工作。在金融科技的研究与探索方面，区域性银行投入有限，人才结构偏应用类，自主能力不足。

其次，基于如上4方面科技能力的现状，我们可以发现：对于数字化基建、技术架构、研发模式，各区域性银行可根据本行的实际情况选择性地进行能力建设，保障业务持续发展，满足未来业务发展要求。自主可控是所有区域性银行都需要重点关注的能力点。

1. 不同类型银行定义不同自主可控范围

由于资源禀赋的差异，城商行、农商行与村镇银行对自主可控有不同的定义。其中，城商行普遍具有自研能力，对于自主可控，主要针对关键系统或平台，以本行的开发人员为主进行设计并对关键部件进行维护，再以人力资源外包为补充，承担具体分解的开发任务。

农商行绝大部分科技能力依赖省农信。省农信具备与城商行一样的技术自研能力，可有效支撑农商行业务。农商行作为经营单元，需要清楚业务需求，这样才能更精准地寻求省农信的技术支撑。

村镇银行几乎所有的科技能力均依赖于发起行或第三方托管方。发起行与第三方托管方基本只对村镇银行开门营业的系统提供科技支撑，无法满足其他科技能力需求。村镇银行需要借助第三方力量，与成熟的、具备银行科技能力赋能资质的银行系金融科技公司合作，在合作过程中实现科技能力的自主可控。

2. 提升应用自主可控能力

对于有条件开展应用自主可控能力建设的区域性银行，它们需要加大IT核心领域人员投入，合理把握外包人员比例，避免过度外包。

1）加大IT核心领域人员投入。要体现业务价值为第一驱动力，就必须提升业务支撑和IT交付能力，以专业化、精细化管理为基础。加大IT核心领域人员投入，是保障银行实现IT管理专业化的重要举措。完整的IT建设需强化的核心能力包括架构管理、测试管理、质量管理、需求管理、数据管理和项目群管理等。不同资源禀赋的区域性银行可根据本行的情况，选择不同的核心能力进行人力的补充与能力的强化。

2）合理把握外包人员比例。区域性银行要以自身核心能力建设为基础，利用好外包资源，避免因过度依赖外包而带来敏感信息泄露、知识产权侵犯、IT架构不统一、外包公司不稳定、资源流动大等相关风险。建议区域性银行对测试、开发等工作采用"外包+本行培养"的策略，一方面用外包的方式保障日常科技工作的有序开展，另一方面通过具体的工作实践建立本行的人才梯队，逐步减少对外包的过度依赖。

3. 与第三方合作，提升科技自主可控能力

在金融科技研究与探索方面，以及本行没有自研能力、急需科技能力赋能业务发展方面，区域性银行均需要成熟稳定的科技能力来支撑。区域性银行可根据本行的实际情况，选择与银行系金融科技公司、高校等组建联合实验室，以达成技术应用的解决方案对接，在对接过程中通过与合作方的充分交流学习新技术，从而指引本行实现技术的自主可控，实现多边合作多赢。

5.2.4 第四步：构建业务数字化能力

区域性银行在开展数字化转型过程中，大部分是以某个系统建设为基础形成点状的数字化能力，普遍让一线人员感觉到数字化成果较少且不成体系。随着数字化转型成果增加，区域性银行能围绕"以客户为中心"的原则，按不同的业务条线对数字化能力进行归纳整理，形成业务数字化能力体系。

下面将按业务条线对主要的数字化能力进行拆解。区域性银行可根据本行的实际情况进行选择与落地。

1. 零售业务数字化能力建设

区域性银行普遍重视零售业务的数字化能力建设，围绕"以客户为中心"的原则，采用互联网技术、大数据技术等建设了零售客户的主数据管理能力（ECIF），拓展了线上渠道（手机银行、微信银行等），采用数据结合营销管理的思路构建了客户关系管理（CRM）系统等，形成了零售业务数字化基础能力。基于此能力，区域性银行可根据本行零售业务的发展策略、经营水平等维度丰富零售业务的数字化能力。

（1）提升展业与营销的数字化能力

区域性银行普遍设立在深耕的当地，具有网点多、一线人员多的特征。网点可以完全覆盖区域范围内的每一个社区与商圈，一线人员对社区与商圈的了解较为充分。如何借助数字化手段与能力帮助一线人员基于网点所覆盖的社区、商圈主动开展展业与营销工作，是区域性银行需要认真思考的问题。

虽然移动展业在数年前就有不少银行进行探索，但由于技术框架、网络带宽等限制，移动展业系统功能较少且大部分部署在厅堂，并未发挥出展业的作用。随着移动互联网技术、5G网络商用化的成熟，以Pad构建个人客户经理的移动工作平台实现了。例如，可将业务办理相关的入口（开户、开卡、产品购买、风险评估等）放在Pad上，同时基于非柜面业务办理情况，对原有流程进行梳理与优化，帮助客户经理快速、合规地完成业务办理工作，提高客户体验，提升获客效率，降低客户在不同机构相互比价的可能性，增加主动交叉营销的机会。

另外，区域性银行可尝试通过构建数字化场景的方式，主动发掘与精准营销客户，提升线下批量获客的能力与效率，降低获客成本。例如，通过建设物业云、教育服务云等方式，与本地的物业公司、正规教育机构开展合作，将行业数字化能力以云的方式输出给合作机构，将收单等标准化金融服务引入具体的场景，为银行沉淀客户的有效信息。

（2）利用丰富的数据标签提升深耕零售客户的能力

区域性银行的零售业务条线普遍会浅层次地开展客户分层分群工作，主要以金融特征、人口统计学特征，如 AUM 值、客户年龄、性别等，建立传统、单一的客户标签。为了丰富客户标签，并提升客户标签的有效性，区域性银行可在有效推进数字化移动展业工作的基础上，在客户现场主动发掘与标注个人客户的个人属性、社交属性等重要的标签；同时，对客户历史所持金融产品的变化过程进行分析，增加客户金融行为分析标签等，形成更完整的客户综合标签库。这样不仅丰富了客户分层分群的维度，还能对客户构建精准画像，提升区域性银行对本行潜在客户有效识别与挖掘的能力，提高客户留存和激活的能力等。

在数字经济时代，个人数据将发挥越来越大的价值。但随着数据安全法、个人信息保护法的颁布与执行，区域性银行对个人客户数据的采集、使用越来越规范，不能再用"偷懒"的思维方式，从外拿取数据，而应发挥自己线下网点与一线人员多的优势，积极通过面对面拜访客户、移动展业等手段，基于合法合规要求，主动获取有效数据，并从采集数据开始，逐步形成本行的数据价值变现闭环，即从加工数据、分析数据、应用数据到优化数据等，最终让个人客户数据变成业务与商业资产。

（3）以中台理念为抓手提升效率，降低成本

区域性银行零售业务条线日常的营销普遍由各分支行执行，存在方圆 3 公里范围内，同一家银行的两至三家支行对同一个产品营销推广力度不一样的情况，导致客户在区域范围内对同一家银行的产品"货比三家"，无形中提高了整体的获客成本。

如何在不降低客户体验与黏性的基础上合理降低获客成本？

区域性银行需要采取中台的思维方式，利用数字化手段，建立数字化线下服务体系。具体来讲，即将营销与管理分开，异地分行、本地支行重点关注

"营销",而总行重点关注"管理",基于营销、管理的分工开展数字化能力建设,并以流程优化打通总分支行的数据壁垒,形成总分支行协同工作机制。

1)营销数字化。从一线营销客户视角出发,以数字化手段便捷地进行对客营销。例如,为客户经理提供移动端的营销过程数字化服务平台,客户经理可通过手持设备(如手机或 Pad),通过企业微信等对其负责的客户进行社交式在线营销,同时以线上参与活动可获得奖励等手段(如红包等),吸引客户进行价值转换。

2)管理数字化。从业务部门管理视角出发,以数字化手段对营销活动进行统一管理。一般而言,业务部门可将营销活动相关的营销产品、活动周期、客群、渠道、营销工具等通过数字化手段进行统一管理与发布,分支行将执行业务部门发布的营销活动。管理过程中,对于仍在执行的活动,业务部门需每天通过数据分析来检测活动执行情况,如对网点执行等情况进行数据分析后,有针对性地调整活动策略,督导各网点持续推进工作;直到活动结束,通过复盘,整理出数据分析报告,以便下次开展类似活动时参考。

如上营销与管理数字化能力建设一方面实现了营销过程标准化、数字化,提高了一线营销效率,另一方面利用积累的数据与技术能力辅助部分营销工作决策,增强了业务条线与一线网点的联动。

(4)提升零售业务经营分析的数字化水平

区域性银行零售业务条线普遍开展了客户数据分析工作,具有使用数据的意识,但是欠缺进行深度数据分析的能力。除了提升数字化系统建设能力外,区域性银行的零售业务条线需要增加数据分析岗位与人员,并将数据分析工作纳入日常工作范围,提升数据分析的价值。业务条线通过数据分析能力的提升,可自主建立多维度经营的数据分析模型,为零售业务管理决策提供支撑。

2. 公司业务数字化能力建设

区域性银行普遍以公司业务为主,数字化转型动力不足,通常按监管要求来推动部分业务数字化能力的建设。例如以线上化手段向公司客户提供预开户、部分业务网上办理的服务。另外，适逢国家战略在强调产业金融的重要性，不少区域性银行开展了以搭建数字化服务平台推动产业金融发展的工作，但由于对核心企业的把控力不足，对产业的了解不够深入，加上受区域经营限制的影响，较难对没有网点覆盖的省外上下游企业提供持续有效的金融服务，数字化推进成果收效甚微。因此，区域性银行普遍缺乏公司业务数字化的思路与主动作为的空间。

区域性银行为什么要实现公司业务数字化？这需要回到区域性银行数字化转型架构搭建的目标。架构搭建的目标是让区域性银行形成"效率为先"的数字化支撑能力。对于公司业务数字化，区域性银行需要围绕"以客户为中心"的原则，思考如何为客户快速提供金融服务。

以如上思路进行延伸思考，公司业务数字化包含如下 3 个要点。

1）"以客户为中心"的前提是更便捷地深入了解客户。
2）"以客户为中心"的核心是客户分层分群的管理与营销。
3）为客户快速提供金融服务就意味着"以客户为中心"的服务流程再造。

对于公司业务数字化，区域性银行除了思考上述 3 个要点外，还需要思考如何通过数字化能力建设推动产业金融发展。

综上所述，区域性银行在公司业务数字化能力建设方面需要务实地利用好数据、技术，围绕客户从如下 4 方面展开工作。

（1）内外部数据结合，实现对客户的充分了解

不少区域性银行普遍通过第三方数据公司对接外部数据，包含企业工商数据等，部分银行在此基础上还采购了舆情数据，加上企业征信数据，实现对企业完整的了解，降低信息不对称所带来的潜在风险。但从实践来看，对于区域性银行而言，企业的外部数据更多仅起到了满足人民银行监管要求的作用，以及对企业社会信用、周期性在持牌金融机构信用的了解作用，在实

际工作中并未真正发挥价值，导致企业客户画像缺失、标签不足。

出现如上结果，本质上是因为区域性银行没有思考清楚如何用好数据，认为只要有了上述数据，就实现了对企业的全面了解，实现了公司业务数字化。而在实践中，区域性银行仍是主要通过客户经理去现场走访，与业务实控人多次沟通，凭借经验对沟通中的关键信息进行判断，以此了解客户与公司实际业务。相应的外部数据只是客户准入前的参考。

因此，区域性银行对公司业务数字化管理，需要充分考虑本行的客户特征，不要为了数字化而范式地采集外部数据进行堆砌，这样反而会造成科技与财务投入的持续浪费，让一线员工失去对数字化的信心。建议既要持续引入外部数据，还需重视一线员工的经验以及内部数据，将三者相结合，实现客户管理数字化，让数据发挥更大的价值。

- 重视客户经理线下访谈得到的信息，并逐步实现线下信息标签化、数字化。
- 企业根据自身业务特征收集更多维度的数据。例如，生产制造类企业可收集日常用电用水、社保等数据，以此分析生产经营状况。
- 对于存量客户，基于知识图谱技术，结合外部购买的行业、供应链等专题数据进行关联度分析，以此探测企业间关联关系；同时，结合存量客户在行内的抵押、担保等信息进行分析，了解客户是否存在风险，丰富客户风险视图。
- 加强对企业实控人、高管、财务总监的个人行内行为数据分析，及时了解企业关键人员的异常行为。

（2）重视数据分析，制定适合本行公司客户的分层分群管理策略

区域性银行普遍存在客户经理或支行负责人带走客户资源的现象，而相关企业的金融贡献指标长期和某一分支机构的考核情况"挂钩"。从银行经营管理视角来看，这类现象长期存在将会有较大的风险；同时，增加管理难度，不能有效识别企业对银行的真实贡献。

因此，区域性银行需要对全行存量公司客户，通过数据分析进行全面梳理，以对客户的综合贡献度进行分析，找出真正的优质客户群。

另外，同一个公司客户可能在不同分支机构存在存款账户以及贷款，区域性银行需要从客户视角进行数据归集与梳理，利用内外部数据对公司客户、多企业实控人进行认定，对公司客户、多企业实控人进行分群管理，降低信息不对称所产生的风险。

（3）重视流程再造，为企业减负，提高员工工作效率

基于区域性银行公司业务普遍的特点和实际考虑，在推动全面数字化的过程中，不宜对公司业务采取全面线上化方式进行流程再造，应根据业务额度等要素对线上化程度进行细分，以客户为中心开展流程线上化再造工作，坚持有所为有所不为，保障客户关系的有效维护和业务风险的实质管理。例如：尝试推动风险较小、需求较广、操作密集的贸易融资业务流程线上化，探索利用自动化电子印章、电子发票验证、电子银行担保等数字化应用，简化手续，缩减流程，提升贸易融资便利度。

另外，不同于零售客户广而散的特点，公司客户数量相对有限、本地客户分布相对集中，这要求公司业务条线部门及分支机构更加密切地协同工作。区域性银行普遍存在公司业务条线部门与分支机构协同不足的问题，需要建立协同工作机制，采用数字化协同工作手段，提升对重点客户的综合服务能力，提高对重点客户的全面服务能力。例如，建立重客管理平台，对于需要跨业务条线部门以及机构服务重点客户的流程进行数字化管理，同时统一管理重点客户相关的商机数据、营销数据、风险数据等，并在权限内进行数据共享，形成重点客户服务流程化、可视化、数字化。

（4）以点带面持续推进产业金融服务数字化能力建设

随着国家战略对银行提供产业金融服务数字化能力的要求越来越高，区域性银行必须思考向产业链中的企业提供较为优质且具有特色的金融服务。

近几年，数字化技术加持的"数字化产融协同"成为产业金融服务的重要模式。一般而言，"数字化产融协同"有两种实现方式：一种是构建政府或第三方主导的"产融协同平台"，银行方作为金融服务的接入方直接对接；另一种是构建银行主导的针对一个或几个产业的数字化产融服务平台，平台服务的核心企业与上下游企业将产业相关的"四流"信息存放于云端，使企业与银行端对称信息，以便提供金融服务。但目前两种实现方式对于区域性银行而言均存在明显短板，即区域性银行仅能定位于服务好本地客户，对异地客户的风险识别能力较差；同时，对产业了解的深度不够，较难在中短期变现行业数据，仅能围绕企业资金往来情况等实现数据价值的部分变现。

因此，建议区域性银行一方面立足现状，对本地的核心优质产业客户提供线上化现金管理、票据池等金融服务能力，持续提高客户对行内数字化产业金融产品的满意度；产品与服务数字化可以解决优质产业客户当前对金融工具的诉求，增强客户黏性，并为未来产业金融发展筛选出优质的、配合度高的"种子"客户。另一方面面向未来，沉下去做产业金融，强化对本地产业的了解，建立外部行业专家库，以行业专家配合行内金融专家、信息技术专家对产业进行调研摸底，制定完整的产业供应链金融解决方案，再从优质客户群中寻找本地的"种子"客户，利用科技赋能，形成某一行业产业金融服务试点，并逐步沉淀为推进产业金融发展的工作方法与实施路径，以点带面向其他产业进行覆盖。

3. 普惠金融业务数字化能力建设

对于普惠金融业务数字化，建议区域性银行采用线上线下相结合的方式拓展业务，即通过"线上自主申请—线下尽调—线上人工或自动审批—线上放款"的业务流程重塑，实现普惠金融的部分环节线上化。另外，普惠金融业务数字化是通过数字化手段实现工作效率的明显提升，但需做好因效率提升所带来的成本收益平衡与风险控制。同时，区域性银行需明确普惠金融业务数字化不是短期投入即能产生高收益，而是一种业务模式的变化。

下面从 5 个方面来拆解区域性银行在普惠金融业务数字化领域需要重点关注的工作。

（1）下苦功夫，持续下沉，充分了解客户

普惠金融本质上是让过去不能获得银行金融服务的个体工商户或小微企业合理地获得银行金融服务。因此，银行开展普惠金融业务，首先要改变过去通过中介等第三方代理机构获客的方式，建立并明确本行服务小微客户的营销队伍（无论是建立小微专营团队，还是在分支行设置普惠金融业务客户经理岗），由该营销队伍下沉至区域内的每个商圈及产业区，通过线下走访了解客户的真实情况。只有了解了客户的真实情况，银行才有可能让普惠金融成为小微客户群易得的服务。

过去，区域性银行真正干普惠金融业务的客户经理出去一趟成本较高，获取的有效客户商机少，还需要开展大量事务性工作，将外拓信息补录到系统中，投入产出比低。如何通过科技手段，既能帮助客户经理迅速了解客户，又能在现场完成需要事后补录的工作，以提高客户转化率？

建议区域性银行对普惠金融客户经理提供一套移动展业工具，接入个人征信、企业征信在线查询能力，同时对接行内额度管控，以及 OCR、人脸识别等技术，支撑客户经理在现场即能了解客户的基本情况，采集真实信息以及开展预授信工作，让客户经理愿意"走出去，走下去"。

（2）优化业务办理流程，降低道德风险与操作风险

不少区域性银行的普惠金融业务流程管理采用的是短期流动资金贷款管理办法，导致需要搜集大量资料，特别是信息查询、签字、反复搜集、填写各类声明与证明材料，使得贷款效率低下。另外，由于客户的贷款申请信息均由客户经理通过对各种材料的梳理后整合而成，总行的普惠金融相关业务部门对实际情况并不了解，仅以管理办法要求进行申请内容审定，在不了解普惠金融客户特征的情况下进行管理与业务审批，给客户经理留出了与客户

或中介机构联合造假的空间，存在风险。而且由于客户经理的专业度参差不一，业务办理过程中存在操作风险。

因此，区域性银行需要根据普惠金融的业务特征，重新梳理并提炼形成属于普惠金融业务特点的、自主可控的标准化产品流程；同时，推进普惠金融业务流程的标准化、统一化；简化前端营销环节，通过移动展业工具进行客户现场资料的收集；强化普惠金融业务部门的中台职能，通过金融科技手段统一内外部数据源接入、数据口径，减少数据的重复录入和调整，并统一产品基础材料上传平台流程、资料标准、放款流程等，逐步形成普惠金融的数字化"信贷工厂"。

（3）提高工作效率，降低事务性工作占比

人是普惠金融业务中不可或缺的因素。要做好普惠金融业务，必须充分发挥客户经理在线下直面客户，通过情感连接与专业服务获客的重要作用。而客户经理过往在开展普惠金融业务过程中，普遍存在事务性工作占据绝大部分时间的情况，例如纸质材料需要长时间准备，流程中需要与其他配合的节点反复沟通等，导致客户经理没有更多时间真正关注普惠金融业务本身，与客户的面谈沟通极少，存在由于不了解客户而感知不到风险、营销机会等情况。

建议区域性银行从3个方面来解决事务性工作较多的问题。其一，梳理可以用RPA等技术实现自动化处理的普惠金融业务，由机器人取代传统的手工工作；其二，将普惠金融业务流程中可以集中处理的纸质材料等全部收至中台，由影像、电子合同、电子章等数字化技术替代纸质材料准备工作；其三，增加外部有效数据的接入，增设数据分析专岗，强化数据分析能力，并逐步形成数据分析团队，建立普惠金融大数据分析模型，实现对普惠金融产品共性特点和行业规则的进一步抽象。

（4）改变思维方式，让客户能更容易地享受到普惠金融服务

过去，区域性银行对普惠金融业务的普遍态度是"不得不做"，而随着社

会的发展，对普惠金融业务的态度变成了"必须做，主动做"。

如何才能在新时代下做好普惠金融？

过去，在不得不做的态度下，区域性银行普遍采用中介、白名单或助贷等模式，用最简单的办法来满足监管要求，或者用最粗暴的方式"扫街"后，不顾客户信息真实性，盲目放贷。这种妄想走捷径、不顾业务客观规律的做法均不能成功。

现在，通过对近几年普惠金融业务发展迅速且资产质量优良的中部地区、西部地区及长三角地区的10余家区域性银行的分析可以发现，普惠金融业务要做好，只能是用笨办法、下苦功夫，没有捷径可走。这10余家区域性银行均总结出普惠金融业务无法有效开展的重要原因：真正需要普惠金融服务的客户，不知道区域性银行能提供他们所需的服务；而区域性银行以产品为中心的思路，也找不到真正的客户。两者之间存在着一堵"厚墙"！

"厚墙"为什么产生？原因是银行没有俯下身去做业务。于是，这10余家银行纷纷选择了下沉，走访了解有真实金融诉求的潜在客户。

客户走访如只是用手工与现场简单的拍照、录音等方式记录，在事后需要做大量工作进行记录整理、分类与要点提取，存在出错的可能。因此，客户经理需要有高效的可在现场收集与管理信息的工具。

基于如上下沉走访要求，建议为客户经理配置移动的网格化管理工具，帮助客户经理按网格化管理要求，建立客户模型与标签库。该工具支持以语音转文字的方式将非结构化信息变成结构化数据，根据客户模型与标签所需要的要素信息进行数据收集。区域性银行可在网格管理区域内开展客户特征分析、圈层关联分析等，最终形成区域内客户群体的金融服务特征画像，以此进行产品营销、定价、额度管控等，最终实现客户需求与产品匹配。

（5）尽量做散，并降低户均，风险可控

小微客户风控逻辑其实是大道至简的。只要能通过线下走访，确认贷款主体是真实的本人，且有真实的贷款意愿，家庭和谐（普惠金融服务人群中，"夫妻店"占了较大的比例），并无吸毒、赌博等不良嗜好，区域性银行就可以向其进行一定额度的放款，不需要为了证明潜在客户是好或坏而接入大量外部数据。同时，除了为小微客户提供贷款外，区域性银行也可提供支付结算等金融服务，通过支付结算所产生的数据，在一定周期内（通常至少半年）进行数据分析，提供纯信用贷款，以与银行的黏性越强越能享受到金融服务的思路，沉淀客户在行内的数据，通过内部数据分析有效地识别与化解风险。

4. 运营管理数字化能力建设

运营条线的数字化能力建设需要围绕"效率优先，提升客户体验"的原则来开展；而区域性银行的运营管理主要由运营管理部负责，因此需要根据该部门所承担的职责来思考如何推进运营管理数字化工作。

运营管理部普遍承担了对银行柜员日常业务办理规范性的管理、网点转型、集中作业中心管理、支付结算管理、数字人民币推广使用、反欺诈、反洗钱等工作，可通过"数据＋技术"提升管理能力。

（1）提升网点服务水平，降低操作风险

对柜面办理业务的流水信息和交易过程信息进行建模分析，并建立运营监测平台，根据分析结果自动识别服务不规范的事件，并下发至网点进行核查与整改。这不仅提升了网点服务水平，降低了操作风险，还实现了事后监督工作数字化、可视化以及基于线上流程的闭环管理，提高了事后监督的工作效率。

（2）提升网点运营效能，促进网点数字化转型

网点是区域性银行对外服务的重要阵地，也是亟待转型升级的重要领域。但传统的网点运营是重资产、高成本的投入，普遍存在网点人均产能与客户服务能力不高的情况，靠传统对公业务支撑运营的模式进入了瓶颈期。在新

的经济周期下，发挥网点桥头堡的作用对于区域性银行来说尤为重要。因此，区域性银行应将网点运营效能提升作为数字化转型的主要抓手。

对于网点运营效能提升，区域性银行既要从内提升整体的数字化经营管理水平，又要对外提升服务客户的能力；既能满足线下服务要求，又能在线上增强客户黏性。

1）关注网点经营管理数字化。网点作为接触客户的重要渠道，可产生大量数据，除了结果数据外，还有大量过程数据。区域性银行可通过数据更全面地了解客户，客观评价网点的服务能力，找出差距并逐步提升整体经营管理水平。也就是说，网点运营效能可从客户经营、客户体验、员工能力等角度通过数字化手段来提升。在客户经营方面，通过运营数据提炼各个网点的客户特征、共性问题；在客户体验方面，通过对客户的厅堂服务满意度，找出客户重点关注的服务、有差距或存在盲区的服务；在员工能力方面，以数据为基础建立网点员工视图，客观反映员工的基本情况和能力，按其能力特征进行象限归类，为不同象限的员工设计能力提升路径。

2）关注网点服务能力数字化。除了要提升网点厅堂内服务智能化水平外，区域性银行还可利用数字化技术将网点线上化，通过线上化服务解决传统网点服务扩展能力不足的问题；同时，可将网点中的每名员工虚拟为网点的最小服务单元，让他们成为一个个"小网点"，连接客户，打通客户服务壁垒。

（3）优化集中作业中心管理，提高运营效率

大部分区域性银行已通过建立集中作业中心，实现了部分关键柜面交易的作业化改造，集中统一授权，以及配套流程再造。随着业务的发展，区域性银行对集中作业提出了更高要求，例如部分头部区域性银行实现了集中催收、信贷工厂、远程银行、智能客服等，采用科技赋能的方式实现了较大规模的作业中心工作机制，并增设了支撑大规模作业中心开展工作的部门，通过作业中心持续运行，提高了运营效率，降低了成本，创造了新的价值。

但对于大部分区域性银行来说，集中作业中心是否需要有外延业务范围，需根据本行运营管理的实际水平量力而行，并不是业务越多越好，而是要使集中作业的每一个节点均能通过数字化手段提高效率，整体提升客户体验。尤其是对集中作业中心需要服务哪些客户、需要提供哪些服务等问题没有明确答案以前，区域性银行不宜盲目以科技的视角大量投入集中作业中心系统建设，以免浪费资源。

建议区域性银行在集中作业领域，采用 RPA 技术对原有作业处理中的关键节点进行优化，对部分关键业务流程进行优化，以成熟先进的技术推动原有作业体系中堵点的疏通，实现效率的持续提升，即将流程规则明确、重复频率高、业务量大的作业用 RPA 完成，降低差错率和人工成本，提高工作效率。例如，在对公开户场景下，需要在人民银行账户管理系统中登记账户信息的环节就可以用 RPA 取代人工，实现机器人 7×24 小时自动处理。另外，建议区域性银行持续推进运营监测数字化工作，通过对集中作业过程中所产生的数据进行收集、整理与分析，发现集中作业中存在的堵点、盲点与断点，再用归因分析找到问题的原因，并结合技术解决问题。

（4）对公支付结算便捷化，提升对公客户体验

支付结算是银行必备的基础金融服务能力，尤其近几年大小额支付系统、超级网银等个人类支付结算系统的上线，极大地方便了个人客户的支付结算需求，但对于企业客户而言，支付结算一直没有发生大的变化。

企业为了满足财务管理等的规范性要求，以及防止经营者过度占用公司经营款项，对从企业账户到个人账户的支付结算要求较为严格。但在企业实际运营过程中，员工需要出差借款或使用备用金时，需要去银行办理现金支票业务，影响了企业的日常经营。另外，企业在向上游购买原材料时，尤其是针对农户或合作社等提供的原材料，需要现款现结，而从银行办理现金支票业务提取现金无法及时、有效地满足经营需求。

我们是否可以通过数字化手段来解决上述问题，提升对企业类客户的支

付结算便捷性？这是值得区域性银行运营管理条线的同仁思考的。是否可以先由企业经办人在区域性银行的手机银行端或网银端向银行发起现金支票的申请并指定用款人，再由企业财务负责人、企业负责人在手机银行端或网银端进行审批确认，并将现金支票电子版发送至银行端进行线上审核；银行审核通过后，即可向指定的用款人的个人手机银行发送取款码，用款人可凭个人有效证件及取款码在银行任一网点取现，企业方在与银行约定的时间内将现金支票原件送至银行网点。

类似如上的数字化解决方案，一方面会突破原有流程，另一方面会产生新的风险，但区域性银行如果不在金融科技这一新生产力下从标准化产品与服务中寻找突破点，很难与其他大型金融机构展开正面竞争。

（5）数字人民币应是区域性银行重点关注的领域

数字人民币的兑换、支付结算是一项纯数字化的银行服务。近几年，随着数字人民币3个批次在试点城市的扩大运行，全社会对数字人民币有了更深的认识。但区域性银行作为数字人民币的运营机构，主要关注数字人民币在个人端电子钱包的支付场景，且个人端的电子钱包支付场景还不够丰富；而关注数字人民币在企业端的支付场景较少，主要在发薪、采购、供应链金融中放款等方面进行尝试。

国家对数字人民币的战略定位很高。区域性银行需要与当地政府合作，思考与布局数字人民币的应用场景，结合政府资源打造数字人民币在个人端与企业端更多的应用场景，如在公共缴费、政务服务等方面，以及以惠民利企为目标，由地方政府所开展的政策性活动，采用数字人民币进行支付结算等。同时，重视数字人民币的客户运营，用更多市场化的手段来拓展和维系本行使用数字人民币的客户，以此来带动其他金融业务的发展。

从以上运营管理数字化能力建设的思路来看，运营管理数字化工作都是琐碎的、庞杂的，需要持续投入资源并将具体工作一项项做实。运营管理数字化工作没有那么多新意，更多是对平时的工作内容进行梳理，找到堵点、断点、盲点与痛点，通过数字化手段去提升能力。

5. 财务管理数字化能力建设

计财部作为银行的核心部门之一，不仅自身要创造价值和做好合规，还要有能力赋能其他团队创造价值，通过财务管理与绩效考核等的变革，以工作数字化、精细化驱动其他业务部门围绕"以客户为中心"展开转型工作，即通过财务管理打通客户数据壁垒，挖掘客户数据价值，从而实现利用数据辅助决策。

具体来看，区域性银行在面临如上数字化转型定位与要求下，需要不断通过以下几方面数字化能力建设，提高全行的财务精细化管理水平。

（1）持续提升全行的数据质量

大部分区域性银行的数据治理工作由计财部负责。计财部应作为数据标准落实、数据质量提升工作的主要牵头者，要建立完整数据治理体系，落实认责机制，推进数据治理工具的搭建与管理，推动全行持续开展数据治理工作，最终形成全行常态化工作要求。在数据质量提升要求中，除了要建立基础数据标准落实机制外，区域性银行尤其需要重视指标体系的建设与对应指标数据的提升。该项工作将与每一个主要业务部门直接产生关系。

（2）逐步建立与完善数字化财务共享中心

以财务共享中心为切入点，以数字化手段使费用报销线上化、智能化、自动化，提质增效，逐步通过金融科技赋能，丰富财务共享中心职能。

（3）优化与重构数据应用

区域性银行可根据实际的经营管理水平，有选择地在需要大量行内数据支撑的数字化预算管理、资产负债管理、资本管理、绩效管理等方面进行能力的补足，打好计财部数字化底座，例如，为了调动全行员工的积极性，对绩效考核进行优化，展示员工营销创利数据，提升考核准确性、透明性与公平性。

（4）提高部门的数据分析能力

计财部每天的工作均与数据相关。大部分区域性银行的计财部仅使用报表平台提供的固定报表以及简单的数据查询功能。计财部需要设置数据分析专岗，强化数据使用意识，主导建设可进行多维数据分析的工具，充分发挥数据的价值，辅助决策。

6. 人力管理数字化能力建设

作为数字化转型工作中重要的参与者，员工需要通过线上线下各种渠道，去接触、转化、维护本行的客户。区域性银行需要通过数据全面了解、定义、培养本行员工，识别不同类型的员工，让更适合的人才在具备数字化专业技能后能主动为客户提供优质的金融服务。

近几年，区域性银行普遍上线了人力资源管理系统、培训管理系统，甚至专业的招聘管理平台，有效提升了人力资源管理效率，为人力资源管理数字化积累了有价值的数据。

基于构建的人力资源管理信息化能力和积累的人力资源基础数据，区域性银行就具备了人力资源管理数字化能力建设的基础，可以围绕以下几方面进行员工相关数字化能力的建设。

（1）员工绩效考核管理数字化

激发员工潜能最有效的方法是通过数字化手段，让员工及时查看到与本人业绩相关的数据，以及对应的绩效。区域性银行可基于大数据逐步构建员工的准实时绩效考核管理平台，接入业绩与绩效数据，实现员工业绩的实时查看。

（2）加强员工数据的治理，提高员工主数据的质量

员工数据散布在人力资源、财务、运营等不同条线的信息化平台中，需

要由人力资源部统筹牵头开展员工主数据的治理工作,落实员工主数据标准,制定提升员工主数据质量管理办法与制度等,确保员工各项数据的规范性和统一性。

(3)打通数据堵点,激活数据资产,推动人力资源管理数字化

推动人力资源管理平台、学习平台、绩效考核系统、管理会计系统、柜员管理系统等与员工相关数据的打通,实现人力资源数据的共享与激活,并基于此搭建"人力资源管理驾驶舱",实现各类人才队伍整体情况和各项人力资源管理机制运行情况的监测,优化人力资源投入、配置、管理,推动人力资源管理与战略决策、业务发展的有效结合。例如,通过人力资源管理驾驶舱为全行总行、分支行提供人力资源分析看板、自动化报表、团队及员工分析报告等,助力各级管理人员提升团队管理效率、优化团队管理,实现人力资源价值的提升。另外,各级管理者和人力资源专业人员可根据管理实际情况对人力资源相关指标进行分析、评估和研判;各级部门负责人能够清晰掌握所辖机构情况、人才队伍情况,洞察员工生产力与人力资源效能。

(4)加强全行数字化专业人才梯队的建设

多层次的数字化专业人才梯队建设是人力资源部的重点工作,可从培训与人才引进两个方面来推动。

1)在培训方面,制定培训计划,并同第三方数字化专业人才培训机构合作,打造不同层级数字化专业人才培训体系,持续开展培训工作;同时,调整关键岗位职责与职位晋升要求,加入数字化人才基础技能要求,以及参与数字化培训课程考核达标要求等,加强现有员工队伍对数字化转型理解与个人数字化专业能力打造的动力。

2)在人才引进方面,调整外部人才引进策略。其一,加大对理工科方向应届毕业生人才的引入,调整基础人才结构,逐渐扩大具备数字化人才基础技能与思维方式的基础人才数量,为形成成熟稳定的数字化专业人才梯队建立稳固的基础人才库;其二,为外部的数字化专业人才持续引进建立较为灵

活的激励策略，吸引具有丰富经验的数字化中高端人才，提升数据应用、数据分析等方面的能力。

5.2.5 第五步：提升风险管控能力

区域性银行在推进数字化转型工作的过程中，一定面临业务数字化所带来的风险异化，开放银行带来的风险不可控以及数字化催生新业务所带来的新风险的挑战。区域性银行目前在业务数字化与创新业务运行方面普遍有如下特征。

1）区域性银行在风险异化方面的处理能力普遍不足。在纯信用线上个人贷款方向，区域性银行普遍依据风险偏好制定风险管控策略，利用数据与业务模型开展信用风险、操作风险、欺诈风险等的防范工作。虽然通过业务模型的持续运行，有效识别出了欺诈、还款能力低等客户，但数据治理能力不足，数据应用有效性不佳，业务模型动态管理能力不足，导致风险产生了异化，过去的风险防范手段失效。

2）开放银行开放的业务有限，风险管控趋严。由于定位不清晰，合作互惠的理念较难达成一致，构建了开放银行的区域性银行普遍仅在部分细分领域探索开放合作场景，尚未大规模推广，制定的风险管控策略也较为严格，主要通过向有限的高质量客户提供对外输出的接口、小程序等方式，提供支付结算等业务。

3）区域性银行的对公和零售业务偏传统，极少有需数字化催生的新业务，不具备对新业务所带来的新风险的管控能力。区域性银行数字化转型的重点普遍放到了传统业务上，以此改变本行的业务现状，提升工作效率。在数字化催生的新业务方面，区域性银行普遍探索不足，且探索过程中没有建立对应的风险防范机制，导致对应的风险管控措施同步缺失。

为了提升数字化风险管控能力，解决上述风险异化、风险不可控以及新风险产生等问题，区域性银行需要从如下几方面开展具体的工作。

1）构建风险数据集市，实现风险数据以及外部数据的整合，并持续推进数据治理工作，提升风险数据质量。

2）在本行条件允许的情况下，构建风险模型与实验室，并引入高级分析工具，提升风险建模能力和效率。

3）建立模型、算法的内部评估体系，包含评价的组织、成员与方式等，及对应的管理制度与议事机制，定期开展模型、算法效果的评估工作，并召开评估会议，对模型、算法进行优化与调整，给出对应的方案。

4）引进与培养风险管控的数字化专业人才，细化风险管理规则、风险模型等，确保模型管理的核心环节自主掌控。

5）构建数字化风险管理平台，落地风险管理规则，具体来看，主要从如下4方面推进。

- 信用风险：主要从客户评级、债项评级、贷款审批定价、抵押品管理、风险监测预警等方面开展数字化平台的建设工作。
- 市场风险：主要从交易限额设定、市场风险压力测试等方面开展数字化平台的建设工作。
- 操作风险：主要从反欺诈、反洗钱、内部运营风险监测等方面开展数字化平台的建设工作。
- 流动性风险：主要从限额管理、日间头寸管理、内部定价、应急管理等方面开展数字化平台的建设工作。

除上述所列的数字化风险管控能力建设外，区域性银行还需按银保监会的《指导意见》要求，加大开展网络安全、数据安全和隐私保护的工作。

5.3 架构运行机制

5.2节重点讲述了如何构建区域性银行的数字化转型架构。但架构是否能有效运行起来，也是区域性银行认真思考的问题。没有运行机制做保障，架构将只是美好的愿景而已。

本节将围绕机制运行前提、运行基础、运行资源、运行保障机制 4 个方面来介绍区域性银行转型架构有效运转的关键。

- 前提：全行管理层对转型达成共识。
- 基础：以《指导意见》为指引。
- 资源：引入外部技术与数据资源。
- 保障：构建协同工作机制。

5.3.1 前提：全行管理层对转型达成共识

区域性银行全行管理层必须对数字化转型战略达成共识，方能有效推动数字化转型的具体工作。达成共识需要从以下两方面入手。

其一，深入学习银保监会的《指导意见》。银保监会下发的《指导意见》对数字化转型工作提出了非常清晰的要求，如战略的制定、组织体系的改变、流程的优化、数字化专业人才的引进、业务数字化能力、数据能力、科技能力等。全行管理层可持续学习银保监会下发的《指导意见》，直至全行管理层对数字化转型框架形成统一认识，清晰了解与己相关的数字化转型工作。有了对数字化转型框架、具体转型工作的认识，各层级管理者就具备了达成数字化转型战略统一认知的基础。

其二，引入"外脑"，重视外部专家的力量。数字化转型对于区域性银行来说是一场整体变革，是思维方式的重大改变，是组织体系的重塑，是各种能力的重构，若仅靠行内管理者，将有较大的局限性，导致所达成的转型共识偏激或不到位，产生战略性误判。因此，区域性银行管理层需重视"请进来"的重要性，常态化邀请外部数字化转型专家作为本行的"外脑"，通过"外脑"的专业性与实践经验完善认知。

5.3.2 基础：以《指导意见》为指引

银保监会《指导意见》完整地描述了银行业数字化转型的框架，还清晰地指明了转型的重要行动项。因此,《指导意见》中的内容是区域性银行开展数字化转型工作的重要指引。

但同大行相比,区域性银行的资源禀赋极为有限。区域性银行须结合本行的实际情况,以《指导意见》为指引,有所选择地建立符合本行发展的转型架构。根据大部分区域性银行的特征来看,为使《指导意见》在转型架构中发挥更大的指引作用,区域性银行均需要重点关注如下几方面工作。

1)重视组织体系与流程优化工作。数字化转型是一场变革,因此区域性银行需要首先重视组织体系的建设,以及配套的流程重塑。

2)重视数据治理工作。《指导意见》中的4条数据能力建设要求,与2018年的数据治理指引要求直接对应,因此区域性银行应高度重视数据治理工作。

3)量力而行,提升本行科技能力。区域性银行在科技能力方面的差别很大:头部与中间位置的城商行、农商行均有成熟的科技能力且均能做到关键平台、关键系统的全面自主可控;中间靠后的城商行、农商行仅能做到部分自主可控;而尾部的城商行、农商行及村镇银行的总数占所有区域性银行的80%以上,自主可控能力非常有限,几乎需要完全依靠外部的科技能力支持。因此,建议区域性银行按照转型架构在技术能力方面的要求,自行按实际情况选择科技的建设方向与范围。

4)根据本行业务发展水平,选择数字化能力建设场景。区域性银行各自的资源禀赋差异较大,业务发展水平各有不同,可在根据本行实际情况开展对应的业务数字化能力建设工作。

5.3.3 资源:引入外部技术与数据资源

区域性银行可以自主可控关键技术与数据能力,但仍需要大量的外包资源支撑。普遍来看,自有研发人员与第三方提供外包服务的人员比例至少是1:3,即1名行内研发人员需要3名外包人员才能支撑本行日常的研发工作。

究其原因，主要是区域性银行的科技团队普遍较难大规模扩充人员，导致研发投入不足，需要有外包资源的接入，才有可能满足数字化转型对科技能力、数据能力持续建设的要求。

区域性银行如何引入外部技术与数据资源？

对于区域性银行而言，能为其提供技术与数据资源的厂商主要有传统解决方案公司、互联网金融科技公司以及银行系金融科技公司等。这三类厂商各有所长，各有所短。选择的时候，建议由明确的业务诉求来驱动对外部资源的接入，而不是直接引入技术与数据能力。区域性银行还未有清晰的业务诉求就直接谈技术能力、数据能力的引入，是对资源的浪费。除了上述三类厂商外，建议各区域性银行深耕本地，以"政产学研用"的思路，将易得资源用足，即与地方政府、企业、高校展开合作，将区域内可用的技术、数据资源等有效引入，并通过地方政府、企业共建技术与数据的应用场景，形成外部技术、数据资源与业务资源的良性互动。

区域性银行未来需要接入哪些外部技术和数据资源？

在外部技术方面，随着金融科技的不断发展与成熟，金融云会成为银行业重要的发展方向。区域性银行在营销、展业、客户服务等方面，可与具备金融云服务能力的服务商以及应用场景解决方案厂商合作，通过云服务弥补技术能力与业务能力不足所带来的数字化能力短板。而在数据资源方面，除了工商、司法、征信、税务等数据的接入外，区域性银行还可考虑与本地各事业单位系统对接，收集水、电、社保、公积金、住建等数据，形成深耕本地、惠民利企的数字化场景。

5.3.4 保障：构建协同工作机制

协同工作机制是区域性银行转型架构的"经络"。一方面，区域性银行数字化转型很重要的一项任务是建立协同工作机制，围绕"以客户为中心"的原则打破全行的部门壁垒，整体推进不同业务条线经营管理的数字化能力建设工作；另一方面，协同工作机制须运行起来，保持"经络"的畅通，才能避免各部门各自为战、转型架构不能形成有机整体的情况发生，保障数字化转型架构不仅仅是"挂在墙上的设计"。

如何基于数字化转型架构构建协同工作机制？

首先，全行上下均需要明确数字化转型不是一个部门或几个部门的工作，而是所有人都需要参与的工作，避免由于不正确的责任划定而形成牢固的部门墙；同时，全行上下要明确协同工作机制中的关键抓手就是流程，通过流程重塑能解决跨部门协作中所存在的问题。

其次，充分发挥转型架构中数字化转型办公室的作用。数字化转型办公室既不是传统的业务部门，也不是科技部门，而是业务与科技部门的"桥梁"。数字化转型办公室可通过领导小组的授权，围绕"以客户为中心"的原则梳理全行重要的业务经营管理流程，配合科技部门采用数字化手段识别出流程中部门边界不清所导致的关键堵点、断点、盲点等，形成基于跨部门协同工作要求的流程优化建议报告并向领导小组汇报，由领导小组决议。

最后，数字化转型办公室作为统筹牵头部门，督导、跟踪相关流程优化工作的执行情况；在监督执行过程中遇到不配合的部门，报领导小组决议工作整改要求，最终驱动全行形成每项具体的数字化转型工作的协同机制，支撑数字化转型落地。

| 第 6 章 |

如何定路径

最近 3～5 年，国有银行、股份制银行以及部分头部区域性银行纷纷在全面推进数字化转型工作。而各家银行在具体转型工作推进过程中，结合本行的资源禀赋，选择了不同的转型路径；而选择不同路径就有不同的资源禀赋要求、不同的切入点，以及不同的落地成果。

本章内容将围绕如何定路径展开，通过对几种典型的转型路径的解构，为区域性银行找到适用的转型路径提供思路，并给出转型路径落地实施步骤，以及指明在路径落地过程中需要重点关注的点。

6.1 银行数字化转型的 5 种常见路径

我们通过对主要的选择路径进行梳理，研究主要的数字化转型路径，总结转型经验与发展模式，为处在数字化转型路径探索期的区域性银行提供借鉴思路。

具体来看，数字化转型的常见路径有如下 5 种。

- 路径一：自上而下全面推进数字化转型。
- 路径二：科技能力赋能业务转型。
- 路径三：全面建设敏捷组织以推动业务转型。
- 路径四：极致客户体验带动业务转型。
- 路径五：照镜子，补短板，推动整体转型。

鉴于绝大部分区域性银行存在明显短板与不足，以及自身资源禀赋有限，建议区域性银行选择路径五作为本行推进数字化转型工作的路径。

6.1.1　路径一：自上而下全面推进数字化转型

部分银行的数字化转型工作是该行董事长亲自牵头推动的，并按照董事长对数字化转型的要求构建组织体系与保障机制，制定业务数字化目标与任务，再通过持续建设数据能力、科技能力，全面推进数字化转型。

选择此路径往往是因为该行董事长熟知行内现状，有清晰的数字化转型目标，且有足够的变革决心与魄力，能以"一号工程"的定位亲自抓数字化转型工作。

首先，建立以董事长为首的数字化转型组织体系。董事长作为数字化转型领导小组（或数字化战略委员会）的牵头人，指定行长或副行长作为小组中数字化转型日常具体工作推进的负责人；领导小组下设办公室或指定某部门为数字化转型工作的牵头部门，并由领导小组中的工作推进负责人指导牵头部门对数字化转型工作任务进行分解以及制订对应的工作计划，同时督导与推动各转型工作相关部门按计划执行任务。

其次，建立董事长负责的工作机制。领导小组中的工作推进负责人按月或旬组织领导小组召开数字化转型工作推进会，由董事长在会议中根据整体进度情况以及遇到的问题进行决议；对于在会议上不能进行决议的事项，如部门存在明显工作延迟或进展缓慢，以及需要多部门协同解决的情况，董事长与部门分管副行长、部门负责人建立临时的"一事一议"工作组，在两周内通过会议研讨等方式制定解决方案与工作计划,并定期跟踪、督导工作的执行,直至问题解决。

再次,建立董事长主抓的数字化转型工作专项绩效考核体系。董事长将转型办公室分解到各部门的任务纳入该部门的年度绩效考核,并牵头对各部门的数字化转型任务完成情况进行专项的年度考核,如果当年部门的数字化转型任务未达标,无论其经营业绩多好,该部门也不能评优,以此要求各部门必须高度重视与本部门相关的数字化转型任务。此外,考核中除了关注部门当年数字化转型任务是否如期完成外,数字化转型办公室还须牵头开展对董事长设定的关键任务的评价工作;评价结果存在较大问题的责任部门除了要及时完成整改外,当年不能参与评优。

最后,建立以董事长为首的数字化骨干人才评价体系。全行各业务部门、各分支行均需要有可以挑大梁的数字化骨干人才,即需要开展必要的技能培训,还需要建立合理的评价体系,以及配套的晋升路径,驱动全行的有志青年主动作为,因此需要由董事长牵头,每年对全行符合数字化专业人才基础要求的员工进行评价,将评价合格的员工纳入后备专业人才库,有计划地将人才库中的骨干员工出库,并分配到更重要的岗位,逐步建立全行的数字化专业人才梯队。

可见,董事长亲自推动与数字化转型相关的组织变革、专项考核与人才培养等方面的工作,建立自上而下全面推进数字化转型工作的方式,驱动各分管领导、各业务部门按工作任务要求全面、细致、主动地落地实施。同时,坚持数据能力、科技能力的建设要求与业务部门的转型工作任务相融合,不再区分"业务"与"技术",这样在转型过程中既锻炼了队伍,又形成了自上而下的数字化专业人才梯队,最终实现全行的数字化转型。

因此,选择此路径意味着大量投入资源,花费大量时间,没有退路可言,风险较大。非头部区域性银行一定要客观评价本行的现状后再做决定,不要盲目选择此路径。

6.1.2　路径二：科技能力赋能业务转型

部分处在中等及以上规模的区域性银行选择科技能力赋能业务转型的路径。

最近三年，这部分区域性银行纷纷以分布式、微服务架构建设为契机，投资数亿元，与第三方公司合作，重塑应用架构、数据架构、技术架构，开展基础设施建设工作，致力于成为科技银行。这部分区域性银行希望通过对科技的大规模战略性投入，实现科技能力在短时间内的显著提升，建立强大的技术底座，赋能业务，快速适应市场变化。

从已完成了大部分科技能力升级与重构的区域性银行近一年的业务表现来看，科技赋能业务转型均取得了不错的成效：资产规模、营业收入以及线上贷款规模等业务指标持续增长，全行线上化程度越来越高，客户体验持续提升。

这部分区域性银行在科技能力建设方面主要开展了哪些工作？通过对这部分区域性银行近三年的科技能力建设路径、范围与侧重点进行分析，我们发现它们主要围绕如下几方面开展了科技能力建设的工作。

1）以云计算技术为基础，建立底层数字化支撑能力，配套智能运维体系，实现基础设施数字化。利用云原生技术构建新一代数据中心，让应用层与底层各类硬件资源解耦，大幅提升资源利用率，降低计算成本，显著提升弹性供给资源能力，动态高效地满足业务高速发展对计算资源的需求；另外，引入智能运维体系，实现数据中心基础设施管理可视化，搭建"监管控"一体化运维平台，构建可观测的实时业务链路追踪能力。

2）以金融科技为基础，构建数字化技术中台，支撑中台数字化能力建设。技术中台是实现业务中台、数据中台的保障，但由于技术中台需要强大的技术团队持续进行优化迭代，而区域性银行普遍没有大规模纯技术研发团队，几乎都是选择与"大厂"合作，如阿里巴巴、腾讯等，通过引入"大厂"的技术中台的技术组件，快速搭建适应本行的数字化技术中台。

3）以新技术应用于核心系统为起点，以"以客户为中心"为原则，重塑应用架构，支撑未来业务发展。无论核心系统重建，还是应用架构重塑，区域性银行均是围绕业务组件化以及支持高并发等开展工作，形成前、中、后台不同定位的业务组件域。尤其是在新核心系统构建上，各家银行选择对产品、多级账户体系进行组件化设计。而这种设计思路可结合不同类型客户对金融与非金融服务的需求，通过产品的快速配置、不同类型客户的定价策略配置，为客户提供高效、灵活、便捷的金融服务。

4）以核心系统重构为契机，全面推进数据治理工作，整体提高数据质量。一方面，核心系统重构以及配套系统改造或重构，将会给日常的存款、贷款、支付结算等业务办理工作带来巨大变化，而这些业务所产生并沉淀下来的数据占了全行数据的 90% 以上，因此核心系统重构与配套系统改造或重构工作将影响全行 90% 以上的源数据。另一方面，数据治理中最重要的工作之一即建立数据标准并进行贯标，从源系统开始规范数据是最佳实践，因此核心系统重构与配套系统改造或重构可影响 90% 以上的源数据。

5）以核心系统重构为始，推动服务治理工作，解耦业务，为全面实现业务组件化打牢基础。核心系统重构最重要的就是业务解耦。原来的核心系统随着业务复杂度增加，业务间的耦合度同步增加，核心系统所提供的交易服务越来越多、越来越复杂。区域性银行在核心系统重构时就需要对所承载的业务进行解耦，开展服务治理工作，梳理出标准的业务组件并形成标准业务组件库，以支持按业务场景要求灵活组合标准业务组件，快速实现业务逻辑，推动业务发展。

6）利用互联网技术、大数据技术、人工智能技术等，重构移动端渠道，全面提升客户体验。移动端的数字化能力打造也是科技能力赋能业务转型的重要阵地。不少区域性银行选择与"大厂"合作，构建银行端的"超级 App"，通过不断开展营销活动，提高"本地生活"板块中积分体系等用户权益在客户群中的影响力，带动全行移动端用户数提升，并通过线上化客户运营带动客户在 App 上的活跃度的提升。当移动端的客户数与月活数达到一定规模后，再针对不同客群开展私域流量运营，对客户进行转化。

7）以数字化场景需求为切入点，整合技术能力，实现该项业务的数字化。业务线上化成为不少银行数字化转型的目标之一，例如大型银行中的中国建设银行、区域性银行中的宁波银行等均已全面实现业务线上化能力建设，并在实践中不断提升业务线上化能力。依此为行业最佳实践参考，部分区域性银行也在核心系统重构与配套系统改造或重构过程中，以流程变革为抓手，以数字化场景需求为切入点，实现对应的业务线上化。例如信贷业务管理线上化，就可将本行的普惠金融线上化，对集中作业中心平台等配套系统群进行统一设计。

区域性银行通过较大的财力投入获得了如上7方面重要的科技能力，如果不重视配套的经营管理能力提升，科技能力起到的作用将十分有限，甚至会出现科技资源极大浪费的情况。因此，区域性银行在选择此条路径之前，一定要认识到：科技能力建设很重要，但是有前置条件，即全行必须认识到各管理层的经营管理能力需要同步提升。

6.1.3 路径三：全面建设敏捷组织以推动业务转型

2016年，随着敏捷组织在国内银行业的出现与落地，不少区域性银行将组织变革驱动转型纳入数字化转型战略，并由此拉开了敏捷组织的全面建设。

过去，区域性银行均是严格按照条线化管理思路在推进工作，各条线各司其职，产生了严重问题（部门墙、业务与科技"两张皮"、块状文化等），导致内耗大量资源，工作效率不高，管理流程长而无效，线下的"特事特办"等情况反复出现。为了打破低效的管理体系给业务发展带来的影响，不少区域性银行向互联网公司学习扁平化管理思路，引入了敏捷小组的工作方式，希望建立高效的协同工作机制，提高全行的工作效率，快速响应市场，进而提高综合竞争力。

普遍来看，区域性银行的敏捷小组即以行领导或高层组织设定的工作目标与任务为基础，从相关部门或机构中选择组员，组成包括业务、科技等部门人员在内的 8～10 人工作小组。工作内容的交付过程不再以部门职责为边界而逐级逐层审核、汇报，而是围绕如何完成本小组要完成的目标而建立"端到端"工作机制与配套流程，将大部分的沟通协同工作在组内完成，只将重大事项交由较高层级的跨部门管理者或组织进行审核。也就是说，赋予敏捷小组充分的权限，同时制定对应的约束考核机制保障工作质量，全面高质量地提高工作效率。全行能以此种方式建立多个敏捷小组，构建矩阵式敏捷组织体系，以同步推动多项工作，促进全行的组织变革，推动全行的业务转型。

1. 敏捷组织在实践中的积极作用

敏捷组织可对区域性银行产生如下积极作用。

1）解放员工思想。敏捷组织的扁平化管理，打破了传统的多层级管理模式，采用跨职能的协同工作方式，有效消除了员工内心固有的等级观念，激发员工自动自发地工作。

2）培育数据文化。敏捷组织充分利用数据，建立以数据分析结果为重要依据的组内共同决策机制，取代过去依靠个体经验做决策的方式，更科学有效地响应市场变化，降低决策风险。

3）高效工作。敏捷组织通过看板增强小组成员的工作自觉性，能有效聚焦工作范围，同时能通过站会的形式让每名小组成员均了解到小组中其他成员的工作状态与进度，无形中形成了良好的工作氛围，提高了成员工作效率，促进小组整体高效完成目标。

4）员工成长。敏捷组织内建立的协同工作机制能让每一名成员在日常工作中均能接触到产品、风险、运营、科技、数据等多方面工作，不断在工作实践中形成复合型能力，成为全行数字化骨干人才的"种子"，进而带动其他人员成长。

根据如上敏捷组织 4 个方面的作用可知，敏捷组织本质上是通过组织变革推动成员协同工作，并以此改变参与到新组织体系中人员的思维方式与核心能力；同时，通过数据分析在组织日常决策中的赋能，促进工作与数据的结合，最终形成全行的数字化文化，推动全行全面实施数字化转型工作。因此，敏捷组织在区域性银行的落地，意味着要塑造数字化文化，而这需要耗费大量资源，且有明显阻力。

2. 敏捷组织在实践中存在的误区

从国内区域性银行推动敏捷组织建设的实践来看，过程普遍不畅。究其原因，区域性银行普遍存在如下几个误区，导致敏捷组织并未真正发挥作用，不仅不能推动全行转型，反而会造成组织资源的极大浪费。

1）将敏捷组织等同于敏捷开发。不少区域性银行认为业务部门人员能力不佳，无法短期内认同敏捷组织，于是自我做了简化，认为将科技部门的技术应用成果交付周期缩短即是敏捷，以为可以依靠科技部门的快速响应，从一个月上线窗口变更为两周甚至每周均可上线，将日常业务需求分解为小任务，按任务切片快速交付与上线，从未真正组建敏捷组织，缺失敏捷组织所强调的放权与约束机制，导致上线时间虽然缩短了，但出问题的概率增加了，且没有人与组织对问题负责，相互扯皮，最终造成效率不升反降。

2）将敏捷组织等同于所有业务场景都需要引入敏捷组织进行转型。不少区域性银行有一个误解：行内所有的业务场景都需要通过敏捷组织进行转型，以形成高效、先进的组织体系。但从实践来看，敏捷组织只有在相对成熟、标准化的业务场景中，才能体现敏捷的优势，以及风险相对可控；而在新的或还不成熟的业务场景领域，在本行业务能力、科技能力还未跟上的情况下，贸然开展敏捷组织变革，不仅不能发挥敏捷组织的作用，还需不断投入更多的资源去弥补能力的不足，且风险持续不可控。

3）将敏捷组织等同于快组织。敏捷并不是为了快而快，而是在稳定与灵活之间寻求平衡。部分区域性银行为了追求极致的"敏捷"，不顾客观情况，持续加大资源投入，采用无节制的投入换来所谓的"快"，浪费组织与人力资源。长此以往，最终敏捷组织将变成典型的"利益驱动"型组织，严重偏离设置的初衷。

综上所述，敏捷组织是一个体系化的全面变革，需要耗费大量资源，需要长期持续推进。区域性银行如果家底不厚，经营管理水平不高，不要轻易尝试通过敏捷组织来推动转型。

6.1.4 路径四：极致客户体验带动业务转型

不少区域性银行近几年纷纷启动了基于数字化的大零售转型，其中很重要的一项工作即建立客户旅程。这部分区域性银行希望通过对客户体验全面监测与管理，关注服务客户全流程，并通过对客户金融行为数据的分析，找到对客户服务产生影响的堵点、断点、盲点，进而借用金融科技手段、数据模型等方式开展对客服务的功能优化以及配套的流程优化等工作，全面提升客户体验，增强客户黏性，推动全行业务转型。

从选择了这条路径开展转型工作且获得较好成效的区域性银行经验来看，它们开展了如下三方面的保障工作。

1. 建立客户体验管理部门

区域性银行普遍缺乏客户运营管理能力，究其原因主要是没有开设客户体验管理部门。为了有效提升客户体验，区域性银行就要打破以前传统条线管理业务的思路，设立从客户视角观察与优化所提供产品与服务的实体部门：客户体验部。有了脱离于传统绩效考核体系的部门，区域性银行即能以"第三方"身份，以具体待提升金融服务场景的端到端数据分析为方法，通过数据分析结果来客观、全面地审视该金融服务场景的客户服务能力现状，并提出客户体验提升的有效解决方案。

2. 建立客户体验实验室

区域性银行对客户体验的理解很容易产生偏差，往往以总行业务部门或科技部门的直觉、小群体的主观判断为主,对线上渠道和网点的服务、页面跳转逻辑和次数、客户身份验证方式等进行优化,但实际效果并未得到客户认可,反而加深了客户体验不佳的印象。

因为这部分区域性银行没有真正从客户视角出发,并不真正了解客户需要什么,把自我体验要求与客户体验混为一谈,这与闭门造车无异。

如何准确、清楚地了解客户的真实诉求?

设立客户体验实验室是较有效的方法。该实验室可招募行内不同条线的员工、银行客户以及报名的非银行客户等成为体验员,由其在指定场景下进行现场操作。实验室不仅全程通过多个高清摄像头记录体验员的操作过程,还通过埋点技术进行操作过程数据的收集。操作结束后,客户体验部通过视频观察体验员在操作过程中的停顿、表情变化等,分析埋点数据找到客户的痛点、盲点、痒点等。

3. 建立客户运营管理体系

不同类型的客户有不同的感知点。例如,老年客群、中年客群、青年客群的体验诉求是不一样的,老年客群往往关注网点的服务质量、温度;中年客群往往关注手机银行等渠道是否能提供便捷的产品购买与账户管理相关服务;而青年客群往往关注支付结算是否方便,是否有值得的权益服务等。因此,对于客户体验提升,区域性银行不仅是某个渠道的优化,而应从客户视角出发,弄清楚本行服务的客群有哪些,如何根据不同的客群提供能感知到的优质体验,并以客群接受度较高的体验为方向进行持续优化,逐步形成本行的私域流量运营体系。

部分区域性银行就在利用企业微信等方式,探索对不同类型私域流量的运营,通过不断完善运营管理体系与对应的能力建设,已经在客户运营方面取得了突破,并总结出了实践方法论。

6.1.5 路径五：照镜子，补短板，推动整体转型

通过对前面 4 种数字化转型路径的分析，我们可知：这 4 种路径均需要区域性银行耗费大量资源，且如果不能抓住关键节点并开展行之有效的保障工作，将面临投入产出极不匹配的境遇，最终导致转型工作不能持续开展，风险频频出现。

对于资源禀赋不足、规模相对较小、转型思路不清的大部分区域性银行而言，是否有既能整体推进转型工作，又能不投入大量资源，一步步推进的稳妥路径？

总体来看，以"摸家底"为"本"，以数字化转型框架与工作内容为"镜"，以"照镜子"的方式，充分了解本行的不足，有重点地以"补短板"的方式推进转型工作，是大部分区域性银行的最优路径。

具体来看，具体路径应围绕转型架构所关注的效率而展开，在组织、数据、技术、业务、风险等方面，以"补短板、建机制、打基础、强应用、促协同"的原则推动转型工作开展。

1. 补短板：补齐组织数字化能力短板

在区域性银行数字化转型进程中，组织能力欠缺已成为最明显的短板。组织能力较弱将直接导致数字化转型工作不能持续有效地自上而下推进，阻力重重。区域性银行数字化转型的首要任务即理顺组织管理体系，补齐组织数字化能力短板。

2. 建机制：构建数字化转型工作的后评价机制

机制是组织运转的保障。区域性银行需要在补齐组织数字化能力短板的基础上，建立数字化转型主要任务的后评价机制，以此保障数字化转型的每一项重要任务均能高质量完成，还能检查前期工作中的不足，并持续优化。

3. 打基础：重视数据能力的持续建设

数据能力是数字化转型的新动能，而数据治理工作将对数据能力的价值变现产生极大影响。区域性银行应认识到数据治理是数字化转型的基础、长期工程，将伴随数字化转型的整个过程。同时，数据治理反映了业务规范性问题，因此区域性银行应从业务规范性要求出发，推进数据治理工作的开展，即以业务规范性要求定义与更新数据标准，同时制定对应的数据质量检核规则，以推动数据质量的全面提升。

4. 强应用：逐步提升各主要业务条线的数据应用能力

区域性银行网点一线员工、总行部门骨干直接感受到的是数据应用较少，除了统计报表外，仅有散落在各部门的孤岛式数据应用系统。区域性银行需要对本行的数据应用现状进行摸底，围绕业务中台与数据中台能力，采用利旧、改造、打通、重塑等方式对原有的数据应用系统进行再造，让数据真正用起来，实现基于业务协同的数据应用能力提升。

5. 促协同：推进流程变革，打破部门墙，实现全要素打通

区域性银行对业务的经营管理多采用竖井模式，为满足单一或几个专题性功能要求而建设系统，这造成了业务难以横向扩展，数据难以共享且大量冗余。

隐藏在如上显性问题背后的实际上是区域性银行各管理条线、部门未以客户为中心打造端到端服务流程。因此，区域性银行需要通过流程变革推动每一支端到端流程的重塑，在重塑过程中借用数字化手段实现数据的流动、业务的联动、部门的高效协同。

6.2 区域性银行转型实施步骤

基于对区域性银行数字化转型的常见路径的分析，以及区域性银行普遍

资源禀赋不足、能力有限的现状，笔者建议区域性银行选择第 5 条路径来推动本行的数字化转型工作。

如何有效地按第 5 条路径推动数字化转型工作？

笔者建议按如下步骤开展转型工作。

- ❑ 第一步：顶层设计驱动组织变革。
- ❑ 第二步：流程优化带动业务重塑。
- ❑ 第三步："业技融合"实现业务数字化。
- ❑ 第四步：建立后评价机制。

6.2.1 第一步：顶层设计驱动组织变革

1. 设立数字金融部作为牵头部门

数字化转型涉及科技、数据、业务等方方面面的工作。数字化转型办公室的牵头部门承载自上而下推进转型工作的重要作用。办公室牵头部门不是和业务部门抢业务的前台部门，而是为业务部门赋能的支持部门，是多业务部门协作的桥梁，承担助力业务与科技能力融合的职责。因此，对数字化转型办公室牵头部门的设置就显得尤为重要。

目前来看，区域性银行现有的业务部门、科技部门、数据部门等普遍不能承担如上牵头部门的职责，具有较大的局限性：业务部门仅关注本部门的相关工作，科技部门只对具体的数字化需求进行技术实现，数据部门仅能满足明确的数据治理、数据应用及分析需求。

基于如上现状，建议区域性银行考虑成立新的一级部门——数字金融部，作为全行数字化转型工作的牵头与推进部门，以数据、流程为两个重要抓手，整体推进业务部门的数字化转型工作，以及推动部门之间协同工作能力的建设，包含如下几方面职责。

- ❑ 牵头规划全行数字化转型战略及分解落地任务；
- ❑ 统筹数据治理工作的推进、跟踪与督导；
- ❑ 负责全行的数据应用需求管理工作；
- ❑ 承担数据分析与应用的探索职责；
- ❑ 牵头推进全行流程优化工作，提出业务流程优化建议，并跟踪与监督流程优化方案落地；
- ❑ 负责数字化转型课题研究工作。

2. 数字金融部的组织设计

数字金融部作为数字化转型办公室的承接部门，由数字化转型工作领导小组直接领导，具体工作直接由数字化转型工作领导小组秘书长管理。其中，根据职责定位，数字金融部下设3个团队，分别是数据管理团队、流程优化团队、规划与研究团队，如图6-1所示。

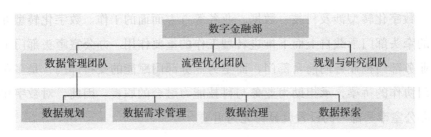

图6-1 数字金融部组织架构

每个二级团队的具体工作职责如下。

（1）数据管理团队

1）以区域性银行的数字化转型战略规划为指导，负责组织全行数据分析、应用、探索等的整体规划，并对规划的落地任务进行持续跟踪与监督。

2）负责全行数据相关需求（含数据标准、数据质量、数据分析、数据应用等方面的需求）管理工作，包含数据收集、整理、分析等工作，形成新增、整改数据相关需求的方案，并建立数据相关需求管理办法，对数据相关需求管理形成闭环。

3）负责牵头组织与跟踪全行数据治理工作的开展，定期组织数据治理工作会议，推进、跟踪与督导具体的数据治理工作；负责组织和协调各部门开展内部数据标准修订、规范制定及落实执行等工作；负责建立全行统一的数据质量监控体系，建立数据采集及准确性校验流程，持续监测、分析、反馈和纠正；负责数据质量问题的检核、汇总及组织分析工作。

4）负责全行数据分析与应用的探索工作。结合行内数据与行外数据，制定分析与应用探索的方向与主题，定期撰写数据探索报告，并给出对应的数据分析与应用建设的建议。

5）制定数据应用规范、管理制度和办法。

6）培养有数据及业务能力的数字化转型复合型人才，为全行数字化转型工作储备专业人才。

（2）流程优化团队

由于流程优化工作复杂，流程优化团队定位为"内部咨询团队"，以独立的第三方角色来推进具体工作的开展，主要职责如下。

1）由领导小组下发的流程优化任务与匿名收集与整理的部门的流程优化任务构成年度流程优化工作滚动计划，该计划推动全行流程优化工作有目标、有序、高效地开展。

2）牵头部门对具体流程进行调研，找出问题，并设计流程优化建议方案，以及配套的系统改造方案。

3）组织各部门跟踪与督导相关的具体流程优化任务。

4）制定流程优化闭环管理办法，保障流程优化工作可持续进行。

5）制定流程优化评价机制，形成流程优化工作评估办法与指标库，为数字化运营积累数据。

6）培养流程优化复合型人才，为全行数字化运营储备专业人才。

（3）规划与研究团队

1）根据全行发展规划制定数字银行业务发展规划及实施计划并组织落地实施，编制相关预算计划。

2）解读银保监会、人民银行、地方政府等机构发布的数字化转型工作相关政策法规，及时解读材料并向数字化转型工作领导小组进行专题汇报；同时，根据政策法规的具体要求，牵头组织编写相关要求的材料或整改建议书。

3）根据全行行领导、银保监会、人民银行、地方政府等对数字化转型相关课题研究的具体要求，完成对应课题的研究与申报工作；根据全行业务发展及业务探索要求，以主要参与人身份与第三方机构（大学、专业研究机构以及第三方公司等）共研课题，并将研究成果运用至全行。

4）负责对各部门、员工建立可量化的数字化转型任务考核体系，并对部门与员工进行对应的考核跟踪。

6.2.2 第二步：流程优化带动业务重塑

有了顶层设计的支撑，明确了数字化转型组织体系与运行机制后，区域性银行就需要寻找具体的切入点作为数字化转型工作持续推进的抓手；同时，还必须明白数字化转型是一场变革，不是简单的修修补补，需要整体推进。

什么是最适合区域性银行开展数字化转型工作的抓手？

笔者通过多年对区域性银行的服务、观察与思考发现，区域性银行在数字经济时代凸显出来的最大问题是管理问题。在经济上行周期，区域性银行的资产规模普遍翻升，但管理能力仍在原地；在经济下行周期，叠加上数字经济的影响，区域性银行管理能力不足的问题被暴露，这是区域性银行持续健康发展的最大阻碍点。

而企业的管理问题如何解决？管理学告诉了我们标准答案：通过对流程的重塑来适应变化，推动业务发展。

而"流程优化带动业务重塑"的思路十分契合区域性银行数字化转型对关键要素域变革的要求。区域性银行可通过打造高效、无断点的流程,实现流程中所涉及的业务、数据、科技等要素域充分融合,推进转型工作有序开展;找到数据赋能的领域,通过有效的数字化工具、技术提升流程运行效率,有效降低业务经营管理成本等。

因此,流程优化是最适合区域性银行开展数字化转型工作的抓手。

但区域性银行在实践流程优化工作时面临诸多挑战,如业务部门的不配合与质疑等。笔者从如何有效解决流程优化中存在的问题角度思考,设计出如下"四步法"来推进区域性银行流程优化工作,如图6-2所示。

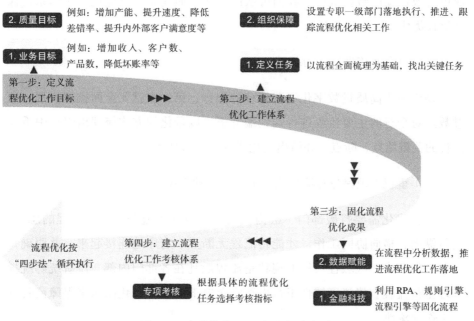

图 6-2 流程优化"四步法"示意图

1. 定义流程优化的目标

流程优化工作需要有明确的目标,以便进行客观量化。流程优化要实现的目标除了传统的业务目标外,例如增加收入、客户数、产品数,降低坏账率等,还有一类常常被忽视的目标,即质量目标,例如增加产能、提升速度、降低差错率、提升内外部客户满意度以及达到流程中各环节的客观指标目标值等。只有通过质量目标去监测管理,才能促使部门、分支机构等在职责范围内精益求精地工作。

2. 建立流程优化工作体系

大多数银行没有依照"以客户为中心"的原则来梳理与定义流程,并未明确流程中相关职能组织、流程节点的相关岗位以及业务如何协同开展,每项工作都是一个"孤岛",不能形成服务闭环,数据也在"孤岛"中,不能形成可有效流动的数据资产。我们可从以下两方面建立流程优化工作体系,保障流程优化工作的顺利开展。

(1)以全面梳理流程为基础

要想成为高质量数字化经营管理的银行,第一步就要全面梳理流程。通过数据对全行的主要流程进行端到端分析,以量化的方式梳理出银行中重要流程的关键堵点、断点,并给出优化建议,分解任务。

(2)重视组织保障对流程优化工作开展的作用

流程优化需要打破部门、机构仅关注自身业务流程与管理流程的思想,践行纵向、横向协同工作,才能将流程无断点、有序地连接起来,并明确每一节点的职责。区域性银行的现状是流程散乱在各部门内部,没有统筹统揽管理全行流程。建议区域性银行由数字金融部的流程优化团队来保障流程优化工作的落地。

1)首先,对于部门任务,部门参与员工以客户视角对该任务涉及的流程环节进行端到端测试,客观地收集、整理测试中所遇到的问题。

2)其次,在完成测试后,对收集与整理的问题进行内部分析,并形成完整的分析报告；报告中除了对具体流程相关的堵点、断点、盲点进行分析外，还要从业务发展的角度对涉及的相关组织架构调整、制度优化给出建议。

3）再次，以分析报告为基础与相关业务部门进行讨论后，形成第三方客观评估后的改进建议。

4）最后，流程优化团队将改进建议提交到数字化转型领导小组，并在讨论后决议。

3. 用技术能力固化流程优化过程与成果

基于流程梳理后的评估与建议内容整理出有效需求，以明确的组织体系为保障，配套以成熟的金融科技能力（RPA、规则引擎、流程引擎、大数据技术等），打通系统边界，实现经营管理流程无断点，在系统中固化流程的纵向、横向协同工作机制；同时，在推进流程优化工作中同步实现数据端到端流转、应用与价值变现，产生更多有效的过程与结果数据，为流程的持续优化提供数据支撑。最终，通过流程优化提升并融合组织体系、科技能力、数据能力等，形成"独一无二"符合本行业务发展与管理的数字化转型模式。

4. 量化流程优化过程，建立考核体系

部分区域性银行已意识到流程优化的重要性与急迫性，或多或少已启动流程优化工作，但并没有享受到流程优化的红利，反而受到员工、客户的批评。其关键原因是，区域性银行虽然开展了流程优化工作，但没有对流程优化过程与结果的评价指标加以跟踪与管理。而区域性银行需要考核流程优化工作是否带动全行工作积极性，也需要将考核作为后评估中的重要一环去肯定成绩，找出差距。没有考核的支撑，流程优化工作难以持续推进。

具体来看，流程优化工作考核体系将以流程优化目标中的业务指标、质量指标为基础，根据具体的任务选择考核指标进行构建。区域性银行可按月对考核指标进行跟踪，通过指标数据客观评价流程优化工作的推进进度以及对应的成果，还能及时发现流程优化工作中存在的问题，以便进行工作调整。

通过如上工作的循环开展，区域性银行可将流程优化方法论全面落地，并在过程中驱动员工转变思维方式，提升流程优化精细化管理能力，让每个人、每个部门均能参与到流程优化的具体工作中，切实感受到数字化转型下流程优化所带来的变化。

6.2.3　第三步："业技融合"实现业务数字化

区域性银行在明确了数字化转型组织体系与开展工作的抓手后，就需要从落地实践视角来思考如何将组织体系与具体的抓手通过数字化手段固化，并将日常推进的数字化转型工作以具象化、可视化的界面展示，实现业务数字化。

数字化转型架构中的数字化手段——科技能力与数据能力建设，是实现上述目标的关键。

科技能力与数据能力包括基础能力与高阶能力两部分。科技、数据基础能力打造技术底座，而科技、数据高阶能力基于技术底座直接为业务赋能。因此，科技、数据基础能力是实现业务数字化的基础，其建设是自发且明确的；而科技、数据高阶能力是根据具体业务需求来推进与业务的融合，其建设需银行根据自身情况进行选择，没有统一的标准答案。

那么，科技基础能力与数据基础能力建设具体包括哪些？

- ❑ 科技基础能力主要包括基础设施建设、新技术架构构建、研发模式更新等方面的能力，须根据数字化转型架构中科技能力部分的相关内容而展开能力建设。
- ❑ 数据基础能力主要包括数据架构建设和数据治理相关的数据标准、数据质量、元数据管理等方面的能力，须根据数字化转型架构中数据能力部分的相关内容而展开能力建设。

其中，无论科技基础能力建设还是数据基础能力建设，区域性银行一定要根据自身资源禀赋以及客观现状来开展工作。

科技高阶能力与数据高阶能力建设是围绕关键平台和应用系统的自主可控，以及数据应用两方面展开。过去，区域性银行对于技术赋能业务的策略是对标他行，以"别人有的我都要"为目标，通过"拿来主义"快速弥补自身能力的不足，解决业务问题。

"拿来主义"在数字经济时代已无法走通。在当前时代，数据是新生产要素，可反映客观事实。各类金融场景中所产生的过程、结果数据将客观反映银行的业务的规范性，业务规范性反映了银行管理层的经营管理能力，管理层的经营管理能力反映了银行当前的经营管理水平。因此，数据质量的高低是区域性银行经营管理水平的体现。区域性银行经营管理水平越高，数据质量就越高；而数据质量想要从根源上提高，必须从提升经营管理水平开始。基于如上分析，区域性银行如果经营管理水平不高，直接通过"复制"他行的科技、数据高阶能力向业务赋能，并不能实现预期目标。

综上所述，区域性银行针对科技、数据高阶能力建设范围，需从如何配合提升经营管理水平来思考。而经营管理水平提升的重要抓手是上述流程优化工作所带来的业务重塑；在业务重塑过程中会出现对数字化技术、工具、平台等的需求，由此形成科技、数据与业务融合的数字化场景，进而展开业务数字化能力打造。

6.2.4 第四步：建立后评价机制

区域性银行通过建立后评价机制，加强对转型任务开始执行前的论证、转型任务执行过程中的管理，以及转型任务完成后推广和优化等工作，确保业务部门负责的转型任务取得预期效果；同时，确保所投入的资源得到有效使用。

具体来看，对于后评价机制的建立，区域性银行需要关注如下几方面内容。

1. 定义后评价指标体系

不同类型的转型任务需要定义不同的后评价指标，因此在定义后评价指标体系前，需要先对转型任务进行分类。建议转型任务分为如下两类。

1）信息化建设类转型任务：指为实现业务经营管理数字化而展开的应用开发、改造或优化工作。该类任务的成果是面向终端用户（包括行内和行外用户）直接提供数字化产品或服务。

2）业务能力重塑类转型任务：指为支撑业务经营管理数字化而展开的数字化产品设计、业务梳理、制度修订、流程重塑、组织调整、人才培养等非信息化工作。该类任务的成果是面向行内用户提供不同领域的数字化转型实践细则。

基于如上任务分类，数字化转型后评价指标体系可划分为两类：信息化建设类转型任务指标体系、业务能力重塑类转型任务指标体系。其中，信息化建设类转型任务指标体系包括通过信息化系统建设而实现的业务直接价值类指标、应用系统使用类指标等，以定量指标为主；而业务能力重塑类转型任务指标体系包括管理价值类指标等，以定性指标为主。

2. 建立后评价组织体系

后评价工作需要权威的组织体系来保障评价结果的正确性、公正性。基于此要求，区域性银行可建立数字化转型领导小组、数字化转型办公室、转型任务牵头部门及科技部门的后评价组织体系。

1）数字化转型领导小组：作为数字化转型任务后评价组织体系的最高审议机构，负责审查批准后评价方案与机制，并负责听取转型任务后评价情况汇报，对重大事项进行决策。

2）数字化转型办公室：负责起草数字化转型任务后评价管理流程和制度，提交数字化转型领导小组审议；负责商议并确定转型任务 KPI 目标值；负责转型任务后评价 KPI 目标值认定工作；负责定期起草转型任务后评价管理执行情况报告。

3）转型任务牵头部门：负责在转型任务开始执行前编制"转型任务后评价 KPI 目标表"，明确转型任务 KPI 目标值，并提交数字化转型办公室审议；负责在转型任务考核期结束后配合数字化转型办公室开展转型任务后评价 KPI 目标值认定工作。

4）科技部门：负责协助转型任务牵头部门确定定量 KPI 指标统计的业务标准和技术标准，明确数据来源和数据选取标准；协助转型任务牵头部门在转型任务考核期结束后开展转型任务后评价定量 KPI 的计算。

3. 后评价 KPI 指标选择

转型任务 KPI 目标值作为任务完成情况审核的依据，转型任务牵头部门在任务开始执行前需要确立任务达成、运行后应实现的 KPI 目标值。KPI 指标选择不限于现有 KPI 指标库，可根据任务特性确定。

4. 确立后评价工作流程

转型任务后评价工作由数字化转型办公室发起，转型任务牵头部门收集与整理相关数据，统计任务 KPI 完成情况（如为定量指标，科技部门协助转型任务牵头部门进行完成情况的统计），并编制"转型任务目标评价表"，提交到数字化转型办公室。

数字化转型办公室不定期组织转型任务目标达成情况沟通会，由数字化转型领导小组对转型任务后评价结果进行讨论、确认。

5. 后评价执行情况汇报

数字化转型办公室负责协调转型任务后评价实施工作，对重大事项提请数字化转型领导小组集体审议。数字化转型办公室定期向数字化转型领导小组汇报后评价工作执行情况。

6.3 落地步骤运行机制

6.2 节重点讲述了如何有效制定区域性银行的数字化转型路径以及路径的实施步骤，但区域性银行是否能按路径的实施步骤有效推动数字化转型工作开展，还取决于是否遵守了预设的前提，是否有依赖的基础，是否可用的资源，以及是否有足够的组织保障。因此，本节内容将从如下 4 个方面展开。

- 前提：以数字化转型目标为指引。
- 基础：重视现状诊断。
- 资源：充分利用内外部资源。
- 保障：构建可落地的组织保障能力。

6.3.1 前提：以数字化转型目标为指引

在前文中，我们定义了区域性银行数字化转型目标："以客户为中心，以数据治理保障数据质量，以信息化建设、科技赋能驱动数字化经营管理能力建设，打通对客提供的产品与服务所产生的数据，使数据在客户、产品、渠道、营销、经营、风险管理等维度可顺畅流转，并依此构建客户服务、经营管理等的数字化场景，实现客户体验提升，推动业务发展与增效，提升精细化管理能力，最终成为数字化场景银行。"

数字化转型路径以及对应的实施步骤需要围绕上述数字化转型目标开展与推进。在规划层面，我们强调"补短板、建机制、打基础、强应用、促协同"，即通过从组织、流程、科技、数据、业务等方面进行能力补足，来推进上述目标的实现；在落地层面，通过对能力补足要求解构，从组织变革开始明确转型工作的"主角"与职能，以保障业务运转、数据顺畅流转为抓手，最终推动业务重塑带来的科技、数据能力与业务融合。

参与到数字化转型工作中的每一个机构、每一个人，均需要在转型实施过程中，理解本行的数字化转型目标，才能真正理解与执行相关的数字化转型实施任务，才有可能在具体工作中充分发挥组织、个体的价值。因此，数字金融部需要针对全行开展数轮数字化转型目标的宣导与解构工作。

6.3.2 基础：重视现状诊断

从数字化转型路径的有效性来看，区域性银行开展数字化转型工作前必须按"摸家底"的要求"照镜子"，并通过"照镜子"找短板、找差距；以短板、差距为数字化转型工作的潜在需求，结合区域性银行的资源禀赋与经营管理水平，制定本行数字化转型有效的路径及具体实施步骤。因此，区域性银行在开展数字化转型路径实施步骤设计之前，需要高度重视现状诊断。它是区域性银行数字化转型的"根"。

由于不同类型、不同规模的区域性银行自身资源禀赋差异，以及业务发展、科技能力、数据能力等处在不同水平，所涉及的关键能力打造一定会存在不相同的情况。因此，不能用一套标准化的能力建设来推动转型路径的实施，此时就需要依据"一行一策"进行工作推进。诊断现状是区域性银行在设计转型路径前必须做的。

从对数字化转型路径的影响来看，如果没有准确的现状诊断，区域性银行就如盲人摸象，不断投入到自己认为的数字化转型具体任务中，导致投入的资源反复被消耗，影响董事会、经营管理层对数字化转型的判断。

6.3.3 资源：充分利用内外部资源

1. 找到行内"朋友"，充分利用内部资源

组织变革是区域性银行数字化转型路径实施的第一步，明确了数字金融部是数字化转型工作的牵头部门，负责全行数字化转型工作的整体推进，是数字化转型的"第一责任部门"；但第二步、第三步、第四步所对应的具体工作任务均需要各业务条线部门的充分配合。区域性银行在成立数字金融部后，必须马上思考如何在行内锁定愿意且能立即开展工作的配合部门，以有效推动数字化转型工作。

在区域性银行内部，日常工作与流程、数据、技术经常有交互的有运营管理部、计划财务部、互联网金融部、风险管理部、信贷管理部等。数字金融部须在银行内部找到"朋友"，在其中遴选一至两个部门迅速开展协同工作，按数字化转型路径实施步骤整体推进，并在一定时间内获得阶段性成果，为高管层持续推进数字化转型工作树立信心；同时，通过转型成果为其他业务部门"打样"，推动其他业务部门积极主动参与到数字化转型工作中。

2. 建立外部专家库，善用外部资源

数字金融部需要业务专家对选定的每一个待优化流程进行端到端的专业分析，尤其对于涉及全行的关键业务流程，需要专家配合找准流程优化切入点，以点代面逐步开展流程优化工作，有序提升经营管理效率。区域性银行缺少专项流程优化专家，可通过组建外部专家库，以"一事一议"的方式从外部专家库中选择专家作为某一流程优化工作的顾问，协助流程优化工作的开展；同时，在流程优化过程中挖掘年轻的业务骨干，培养流程优化专业人才。

6.3.4 保障：构建可落地的组织保障能力

数字化转型工作是否能按路径实施步骤推进，除了整体规划外，更重要的是要有具体落实工作的保障。所谓"三分部署，七分落实"。具体来看，区域性银行需要重点建立如下两方面保障能力。

1. 建立数字化转型任务清单，推动转型任务开展

数字金融部将数字化转型路径实施步骤中的具体内容分解成一项项任务并分发至各条线业务部门，形成任务清单。任务清单中列出具体的工作内容、分管领导、责任人、责任部门、配合部门及完成时限等。各责任部门根据总体规划制定具体实施方案，制订阶段性计划，并组织实施。

2. 建立数据应用任务机制

在推动科技、数据与业务融合的过程中，要在数据应用环节引入任务制。数字金融部、数据应用牵头业务部门、科技部门抽调人员共同组成数据应用任务小组。该任务小组得到充分授权，以便迅速决策、执行、纠错，从而达到敏捷效果。同时，任务制可作为银行培养数字化专业人才、复合型人才的一种模式。

第 7 章

如何建能力

区域性银行应以"敏前台、强中台"为原则,以数据治理为保障,驱动数字化能力建设。本章将围绕业务中台、数据中台、数据治理以及移动工作平台 4 个方面能力建设进行讲解。

7.1 业务中台

本节对业务中台的解构将从如下几个方面展开。

- 业务中台基础知识:介绍业务中台的定位、全貌、定义。
- 业务中台能力框架:根据业务中台的定义,介绍业务中台涉及的能力建设。
- 业务中台能力的拆解:基于业务中台框架,具体介绍每一项业务中台能力。
- 业务中台的实现路径:依据业务中台要具备的能力,制定对应的实现路径。
- 支撑业务中台的系统群落规划:给出业务中台落地所需要依赖的系统群规划。

7.1.1 业务中台基础知识

本节首先梳理业务中台的定位,其次基于业务中台的定位勾画出业务中台的全貌,最后基于业务中台的定位与全貌准确、清晰地给出定义。

1. 业务中台的定位

不少区域性银行受金融科技公司的影响,将业务中台定位为一个很棒的技术平台。这个技术平台拥有丰富的技术组件,可以在需求明确的情况下帮助业务很快地实现需要的技术能力搭建,解决原有的竖井式系统带来的构建周期长、交互差等问题,实现快速交付、快速迭代。

但区域性银行的业务部门、科技部门能接受这样的业务中台吗?笔者通过两年的时间,以项目实施顾问、咨询顾问、银行外部顾问等身份与20余家区域性银行对业务中台进行了探讨,除一家区域性银行的科技部门负责人认可如上以技术视角定位的业务中台外,其余区域性银行的业务部门、科技部门负责人是不接受上述定位的业务中台的。他们对该定位下的业务中台提出两个"灵魂"反问。

1)来自业务部门的反问。这个业务中台与业务部门有什么关系?我们仍是和以前一样,只要平台能实现我们提出的具体业务需求即可,这个平台有多好的技术架构,有多好的组件,我们并不关心。

2)来自科技部门的反问。如果银行没有做好服务治理工作,这个技术平台的扩展能力以及适配能力将大打折扣,同时会影响原有的成熟应用架构,导致科技部门面临的风险加大。

如上两个"灵魂"反问告诉我们:区域性银行的业务中台不应只从技术角度定位,而应该"把格局打开",以解决具体业务问题为导向进行定位。

2. 业务中台的全貌

在支撑业务持续发展的过程中,为了提高效率、提升客户体验,金融科技公司借助数字化手段将共性业务进行统一处理，从而催生了业务中台。因此，业务中台应有如下几个关键词：业务、中台、数字化。区域性银行对业务中台的思考也应围绕上述思路而展开。

1）业务。以客户为中心来构建业务能力，无论在业务功能上，还是在数据应用上。

2）中台。银行在传统组织架构上就有中台部门的设置，中台并不是一个新的名词，但此"中台"非彼"中台"。业务中台中的"中台"除强调非一线营销、运营机构外，还强调与产品管理（含创新）、客户管理、营销管理、风险管理、绩效管理、运营管理等相关的部门或业务条线。它们是银行机构的"新大脑"。这里对中台有一个重要的要求：高效协同。而目前，银行各部门基本是单线作战，业务部门之间、业务部门与职能部门之间等由于部门墙的存在，协同能力大有欠缺。而"以客户为中心"迫切需要区域性银行的业务中台具备协同能力。

3）数字化。业务中台经过数字化打造，被赋予了各项能力，可以根据不同需求，提前给前台机构提供它们需要的"正确的武器"，快速响应变化。

综上所述，区域性银行需要的业务中台是这样的：围绕"以客户为中心"的原则构建服务客户的能力，通过中台部门之间的协同，利用数字化手段，及时准确地为客户提供产品与服务。

3. 业务中台的定义

业务中台集成了支持前台业务的可复用的数字化共享能力，实现企业级数字化业务能力复用，为各业务的办理、管理、运营提供开箱即用的服务能力。业务中台集成的能力可根据业务场景要求灵活组合，以提高业务响应速度，快速适应瞬息万变的市场。

7.1.2 业务中台能力框架

业务中台能力框架是对前台机构共性能力的提炼和整合。因此，区域性银行要对前台机构的能力进行梳理、提炼，将共性能力下沉到业务中台，并将对应的后台资源按共性与标准化服务要求进行抽象，形成标准化共性服务能力。

业务中台能力应遵循"以客户为中心"的原则，对业务场景有较好的适配，对使用者友好、易用，且提供的服务相对稳定，可满足业务运营管理所需的智慧营销、智慧运营和智慧决策等需求。

基于如上对业务中台能力的讲解，我们可将业务中台能力细分为客户管理能力、产品管理能力、营销管理能力、运营管理能力、风险管理能力、绩效管理能力、财务管理能力以及人力资源管理能力。

7.1.3 业务中台能力的拆解

区域性银行经过多年的系统建设，几乎都具备了业务中台能力框架要求的能力项，只是散布在了不同的系统中，没有以中台管理的视角进行统一整理与抽象，以供不同场景对某项能力的灵活调取与组合。

区域性银行可以从现有系统的服务中，找出业务中台能力框架要求的八大能力向下细分，提炼出基础金融服务，形成主题化、组件化、服务化的业务中台能力，实现经营管理过程的能力灵活装配、数据有效整合和资源充分利用。

1. 客户管理能力

客户管理能力的细分如下。

1）客户信息管理能力。对客户相关各类共性数据进行访问、维护的能力。该项能力细分包括客户统一识别能力、KYC信息维护能力以及客户统一视图能力。

- 客户统一识别能力：基于客户接触银行的渠道，将客户身份的识别所对应的功能性服务抽象为公共服务。例如，基于对公客户的三证合一要求对客户进行归并，并标记全行统一客户号，实现全行客户的唯一标识。

- KYC 信息维护能力：将 KYC 信息录入、管理等功能所对应的功能性服务抽象为公共服务，以支持不同场景下（如营销、风险管理等）对 KYC 信息的统一收集与整理。

- 客户统一视图能力：将客户行内信息及经授权后的行外信息的管理、展现等功能所对应的功能性服务抽象为公共服务，以支持其他系统、所有渠道调用，满足在不同场景下对客户统一认知的要求。

2）客户分层分群能力。对客户进行统一分层分群划分、分析与调整的能力。该项能力可细分为客户分层认定能力、客户分群认定能力、客户标签管理能力。

- 客户分层认定能力：将客户在行内的综合金融资产按分布特征分段，以及手工调整客户分层等所对应的功能性服务抽象为公共服务。例如，根据 AUM 值划分分段区间，找到客户的 AUM 值对应的分段区间，并定义客户等级，以此形成客户分层管理与查询服务，以便在不同场景中和系统内对客户进行等级判断。

- 客户分群认定能力：将识别客户具有的属性（如个人偏好、社会属性等）的功能性服务抽象为公共服务。例如，一个客户可具备多个属性特征，中年男性、爱理财、教师，我们可以根据如上特征，在年龄分段、金融特征、客户职业等几个分群规则中对具有相同特征的客户群体提供不同的服务。

- 客户标签管理能力：将客户经理自定义标签与系统自动产生的标签管理对应的功能性服务抽象为公共服务。例如，将多层次、多维度的客户标签定义、规则设置、标签生成，以及客户经理自己对客户标签设定、权限调整等所对应的功能性服务，提供给客户经理，以便在不同场景（营销、展业等）下构建客户画像，更精准地了解客户。

3）客户权益管理能力。对客户在行内所具有的权益进行统一管理的能力。该项能力可细分为积分统一管理能力、客户行内权益服务调整能力、客户行外权益服务调整能力、客户权益统一视图能力以及客户权益统一管理能力。

- 积分统一管理能力：将客户在渠道、产品、条线上的各类积分进行统一管理、统一定价等对应的功能性服务抽象为公共服务，以便于推进客户营销、客户运营等工作时进行积分的统一展示与兑换使用。
- 客户行内权益服务调整能力：将客户名下行内权益动态调整（自动、手工）、查询等对应的功能性服务抽象为公共服务，以便于推进客户营销、客户运营等工作时进行行内权益的展示与兑换使用。
- 客户行外权益服务调整能力：将客户名下行外权益动态调整（自动、手工）、查询等对应的功能性服务抽象为公共服务，以便于推进客户营销、客户运营等工作时进行行外权益的展示与兑换使用。
- 客户权益统一视图能力：将客户名下所有权益的统一视图展示所对应的功能性服务抽象为公共服务，以便于推进客户营销、客户运营等工作时完整展示客户在银行的所有权益信息。
- 客户权益统一管理能力：将客户内外部权益的定义、获取权益的规则管理、权益的使用和兑换、内外部资源对接等所对应的功能性服务抽象为公共服务，以便于对客户权益进行标准化统一管理。

4）潜在客户挖掘能力。对进入行内潜在客户名单的客户进行客户转换的能力。该项能力细化包括潜在客户查询和管理能力、潜在客户分配能力、潜在客户营销管理能力。

- 潜在客户查询和管理能力：将对合作机构或内部大数据分析筛选出的全行目标客户进行查询与手动管理等对应的功能性服务抽象为公共服务，满足不同场景下（如线下营销、风险管理）对潜在客户查询或管理的需求。
- 潜在客户分配能力：将潜在客户自动或手工分配等所对应的功能性服

务抽象为公共服务，满足在营销场景下对潜在客户管理的服务需求。

- 潜在客户营销管理能力：将潜在客户从拜访开始到营销线索、商机转换、营销结果等对应的功能性服务抽象为公共服务，满足在营销场景下对营销过程管理的需求。

5）潜力客户识别能力。对行内已有的客户进行潜力识别的能力。该项能力可以细分为潜力客户识别能力以及潜力客户营销管理能力。

- 潜力客户识别能力：将潜力客户名单查询等对应的功能性服务抽象为公共服务，满足在营销过程中针对潜力客户调用查询服务的需求。
- 潜力客户营销管理能力：将潜力客户转化的营销管理等对应的功能性服务抽象为公共服务，满足在营销过程中针对潜力客户开展营销活动的需求。

6）客户的留存与激活能力。根据客户的金融行为信息、金融资产变化等信息，对客户进行留存与激活，增强客户与银行的黏性。该项能力可细分为客户留存分析能力、客户激活能力。

- 客户留存分析能力：将行内定义的高价值客户进行动态留存分析以形成客户流失预警名单等对应的功能性服务抽象为公共服务，满足在不同场景下对客户的留存分析。
- 客户激活能力：将激活客群分析与名单查询等对应的功能性服务抽象为公共服务，满足在不同场景下对客户激活的业务需求。

2. 产品管理能力

产品管理能力包括将全行基础产品进行定义、管理与评价，规范产品管理全过程，打通产品涉及的相关业务流程、数据，提升产品的全生命周期管理水平，降低风险，提升产品创新的市场响应效率。具体的产品管理需要有如下的业务能力支撑。

1）产品规划与研究能力：通过数据分析构建客群画像、制定产品定价、制定销售策略等的能力。该项能力细分为在售产品客群分析能力、单一在售产品分析能力、同类在售产品比较分析能力、产品预研能力。

- 在售产品客群分析能力：将在售产品已购客群特征进行多维分析等对应的功能性服务抽象为公共服务，满足不同场景下对特定在售产品的客群特征分析。
- 单一在售产品分析能力：将单一在售产品销售、营销过程中所产生的数据多维分析等对应的功能性服务抽象为公共服务，满足不同场景下对特定在售产品营销情况分析的需求。
- 同类在售产品比较分析能力：将同类在售产品比较分析等对应的功能性服务抽象为公共服务，满足不同场景下对特定类型的在售产品按特定要求进行对比分析的需求。
- 产品预研能力：将使用历史数据分析产品潜在的客群范围、定价范围、营销策略等对应的功能性服务抽象为公共服务，满足不同场景下对不同产品开展预研工作的需求。

2）产品生命周期管理能力：对产品全生命周期进行管理的能力。该项能力细分为产品研发与定义能力、产品上架管理能力、产品评价能力以及产品下架管理能力。将完整的、成熟的产品生命周期管理对应的功能性服务抽象为公共服务，可为不同业务条线开展产品生命周期管理提供信息化服务支撑。

3. 营销管理能力

营销管理能力指将客户营销服务过程的要求和营销活动的要求标准化，并向营销人员与管理人员提供标准化工具，实现营销管理上移，提升各业务条线的营销数字化水平。具体的营销管理需要如下业务能力支撑。

1）客户经理标准化工作能力：对客户经理日常工作进行任务分解与自动指派，将客户经理每日工作量化；同时建立条线、机构对客户经理的督导机制，基于数据客观评价客户经理的工作负荷，各条线、机构相关领导可直接通过数据分析对客户经理进行督导。该项能力可细分为营销任务自动生成、营销任务自动分配、营销任务管理与查询、客户经理督导、客户经理负荷分析、客户经理工作评价等功能性服务。这些服务可抽象为公共服务，实现对客户经理在不同条线、不同场景下的工作与管理标准化。

2）营销活动管理能力：对客户的营销活动进行统一管理、发布、跟踪、反馈，通过营销活动管理所产生的过程与结果数据对全行营销活动进行准确评估，形成持续优化全行营销活动的闭环。该项能力可细分为营销方案定义、营销工具管理、营销活动名单管理、营销活动发布、营销活动分析等功能性服务。这些服务可抽象为公共服务，实现针对不同类型客户、不同场景的营销活动管理。

3）智能营销管理能力：通过制定的营销方案自动筛选出与营销方案对应的客户，按营销活动策略投放到客户偏好的渠道上，进行精准营销。该项能力可细分为智能营销模型设计、智能营销方案设计、智能营销结果分析、客户关联洞察、精准商机获客分析等功能性服务。这些服务可抽象为公共服务，实现针对不同客户、不同场景的智能营销。

4. 运营管理能力

运营管理能力包括业务办理能力与数字化作业管理能力。

1）业务办理能力：将适于移动展业的业务以及部分高柜业务进行对应的服务再造，以接入 CRM 系统。例如，现场开户业务、信贷流程中的贷前检查相关业务、理财产品销售业务等对应的服务，均可通过与 CRM 系统适配，在用户身份统一认证的前提下接入对应的业务。

2）数字化作业管理能力：将信贷业务以订单式办理的思路，以客户申请、客户调查、移动审批、贷中预警、贷后管理等不同环节的作业，利用数字化手段标准化、作业化，以此提炼出对应的公共服务，实现信贷业务按需灵活配置与管理。例如，在不同的场景下，普惠类信贷业务有如下数字化作业服务供选择。

- 客户业务申请阶段的数字化作业：以 AI 技术、大数据技术实现活体检测、二代征信分析等，并以此形成客户风险准入报告。
- 客户调查阶段的数字化作业：以 Pad 等移动设备运行移动展业 App，采集客户基础信息、业务信息、影像信息，并进行动态定位，实现客户经理现场办理业务。
- 移动审批阶段的标准化作业：支持移动审批，并融入信贷管理流程。
- 贷中预警阶段的数字化作业：根据行内数据和行外数据在放贷前自动形成客户贷中预警报告。
- 贷后管理阶段的数字化作业：通过移动设备对客户信息进行现场采集，并采集税务、水电等生产相关数据，对企业经营生产进行数据监测与预警。

5. 风险管理能力

风险管理主要是实现风险统一管理。而实现风险统一管理主要是构建风险全面管理体系，支撑风险全面管理的数据能力。

（1）重塑应用构架，构建风险全面管理体系

根据风险全面管理要求与思路重塑应用架构，形成风险管理的系统群落，支撑全行操作风险、信用风险等的识别、预警、处理全流程数字化，并按全行风险全面管控思路将各项风险管控服务进行重构或改造，形成风险管控功能组件库，以便应用于贷前检查、贷中审核、贷后催收等环节。

（2）构建支撑风险全面管理的数据能力

1）构建风险数据集市。区域性银行的内部数据普遍处于相对割裂的状态，加上外部数据引入，带来数据乱存、无序使用的问题。因此，区域性银行需要通过建立风险数据集市的方式，将风险相关的行内数据与行外数据进行统一存储与使用，从而提升内外部数据的价值。

2）构建支撑功能组件的数据模型。针对信贷全流程中贷前准入、贷前调查、授信审批、贷后预警、逾期催收等环节的风控组件对数据应用的需求，

建立对应的数据模型,并采用大数据技术支撑数据模型的运行,保障功能组件有效地被调用与使用。

3) 持续提升数据质量。数据质量不高将影响数据模型运行的准确度。在应用数据的同时,区域性银行需持续开展数据治理工作以保障数据质量。

4) 构建算法与数据的风险管理体系。业务模型运行过程中将产生分析结果与实际偏离度较大的问题,从而影响风险识别与业务的正常办理。区域性银行在构建数据能力的同时,需要建立对模型和算法风险全面管理的框架,制定管理制度,对模型数据的准确性和充足性进行交叉验证和定期评估,保障算法与数据所产生的异化风险可控的同时,提升风险管理能力。

6. 绩效管理能力

绩效管理能力的构建是全行参与数字化转型工作的关键。绩效考核一直以来都是区域性银行业务发展的"指挥棒",全行上下均十分关注绩效考核所传导出来的业务发展要求。但区域性银行普遍采用的是机构考核与个人考核两套不同的考核体系,以至于有两套系统、两套数据、两套计算规则等,造成机构与个人业绩差异较大,需要通过大量人工调整或人工审议,才能形成对应的考核结果,导致考核所坚守的公开、公正、透明原则很难落地,最终影响一线员工的积极性,加剧分支机构"块状文化"现象。需要银行全员参与的数字化转型工作,在"块状文化"影响的绩效考核体系下将寸步难行。

因此,为了支撑数字化转型工作的持续有序推进,区域性银行需要重塑绩效考核体系。具体而言,区域性银行需要打破过去机构、员工考核"两张皮"的情况,转而调整为机构与员工一体化进行业绩认定与计算的思路,既要肯定团队的力量,也要关注个人的成绩。

以上述业务诉求为出发点,建立数据集市,并将过去散布在会计、人力资源管理等业务中的绩效考核组件重新梳理、提炼与重构,从行内员工、分支机构等维度开展的业绩试算、业绩评价、结果查询等功能性服务中抽象出公共服务,以实现在业务中台管理体系中针对不同场景对考核管理、业绩与考核数据呈现等服务组件的调用。

7. 财务管理能力

区域性银行的分支机构、一线员工在日常工作中，普遍会碰到机构营销费用报销、个人差旅费报销周期长、环节冗长等问题，导致业务单元不能及时得到后方财力支撑，不敢轻易做业务，贻误时机。

因此，在合法合规的前提下，为客户直接提供服务的业务单元迫切需要一个便捷的财务费用报销平台。财务部门通过建设财务共享中心即能达成此目标，具体而言，将标准化报销单据集中处理能力、员工财务报销与审批处理能力、与第三方对接的财务报销能力（如企业与第三方公司对接出行服务，客户经理可为自己的工作出行或客户出行下订单，由客户经理主管进行行程核实后，与第三方进行财务结算与费用报销）等抽象为公共服务，形成标准化财务共享服务组件，以支持业务中台在不同场景下的费用报销。

8. 人力资源管理能力

区域性银行普遍将人力资源管理数字化等同于人力资源管理系统，即通过技术手段实现员工基本信息管理、合同与档案管理、工资管理等模块的信息化。但与员工相关的数据并不完全在人力资源管理系统中，例如员工的业绩信息、员工的考核信息、员工的学习与培训信息、员工的业务风险信息等散布在绩效考核、学习平台、信贷管理、风险管理等系统中，因此不能形成员工在本行的统一视图，无法全面了解员工，无法对员工进行准确客观的评价，进而影响全行数字化专业人才梯队的形成，以及员工个人的职业发展。

为了实现全行员工的统一管理，降低风险等，区域性银行需要构建员工数据集市，并以员工管理视角，对员工所有相关的行内信息，如个人基础信息、绩效信息、行内金融信息、人力资源管理信息、员工风险信息等进行统一采集与处理，基于员工数据集市形成员工的全行统一视图，并将该统一视图封装为服务组件，以供业务中台对员工信息的调用与使用。

7.1.4　业务中台的实现路径

在弄清了业务中台能力框架与需要的细分能力之后，区域性银行就要考虑下一个问题：将散布在不同系统中的 8 大中台能力，构建到平台之上。

那么，平台如何打造？是新建一个技术平台，还是"利旧"，优化已有的应用架构与应用系统？

我们在定义业务中台的时候就知道：以技术思维来建立业务中台，对绝大多数区域性银行来说，都不是最优解。那么在区域性银行已有的系统中，是否有能优化的系统来满足业务中台的定位与能力要求呢？

有！它就是区域性银行普遍没有定位好、使用好的 CRM 系统。

1. 为什么 CRM 系统可以满足业务中台的定位与能力要求

整体来看，由以上围绕"以客户为中心"的业务中台 8 大能力拆解过程可知：客户管理能力、产品管理能力、营销管理能力、绩效管理能力、人力资源管理能力 5 大中台能力中的细分能力所对应的服务，要么是由 CRM 系统直接提供，要么可以通过 CRM 系统进行集成。因此，CRM 系统是一个汇聚了"以客户为中心"开展营销与管理的数据与功能的集合体，如果围绕客户把业务办理、作业中心等都与 CRM 对接，就能形成业务中台的雏形了。

2. 如何基于 CRM 打造业务中台

从业务中台落地来看，我们将 CRM 系统重新定义为全行的"客户服务系统群落"来开展具体的落地工作。从服务对象来看，CRM 系统支持对公与零售的营销、业务办理等；从银行内部经营来看，CRM 系统既能满足业务特性的中台化要求，又能满足管理的中台化要求。因此，我们可以针对这样的特征对银行的应用架构与数据架构进行调整，按业务中台能力框架对 CRM 系统进行功能、数据服务等的扩充，打造全行各层级相关岗位人员必备的数字化中台，具体如图 7-1 所示。

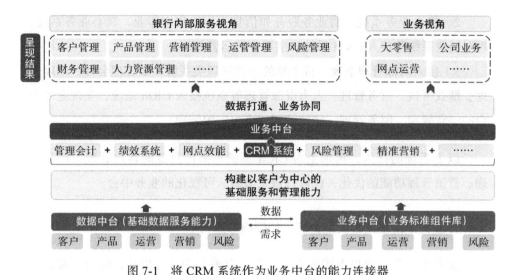

图 7-1 将 CRM 系统作为业务中台的能力连接器

如上架构以 CRM 系统为能力连接器，围绕"以客户为中心"的原则，除了 CRM 自身提供客户管理、客户营销、客户画像等组件外，还将运营、产品、风险等其他 7 大能力的服务组件通过业务服务、数据服务等方式接入 CRM 系统。同时，调整后的 CRM 系统还将端到端服务流程、内部管理流程进行重新梳理与优化，以保障功能与数据集成使用的同时，没有流程断点、盲点、堵点，支撑中台业务的集中化、协同化。

最终，客户经理、条线、机构负责人以及行领导均可通过调整后的 CRM 系统，处理工作范围内所有重要工作。

3. 如何调整架构，接入更多的业务与数据能力

从区域性银行普遍已有的信息化能力来看，建议考虑从渠道端开始，整合业务系统、管理系统、数据系统等并接入 CRM 系统，形成服务于业务中台的系统群落，充分发挥中台的作用。

1）接入员工服务移动端。将行内员工的移动工作平台接入 CRM 系统，以便在现场开展移动展业、移动营销、客户管理等工作。

2）接入业务系统。将业务服务如信贷工厂、集中作业、核心业务系统、理财销售系统等接入 CRM 系统，实现中台运营管理。

3）接入内部管理系统。将主要的经营管理类系统，如管理会计、风险管理、绩效考核、财务管理、人力资源管理等系统接入 CRM 系统，实现业务中台的经营管理、财务管理、绩效管理、人力资源管理。

以上系统的接入，再加上对 CRM 系统本来已具备的客户管理、产品管理、营销管理功能的优化，就可打造完整的、可视化的业务中台。

4. 业务中台接入 8 大能力后，如何有效运行

业务中台除了要以上述能力为基座、以平台为支撑以外，还需要有运行机制来带动业务的整体运行，充分发挥作用。

在业务中台的定义中，有两个关键词揭示了对业务中台运行机制的要求：一个关键词是"协同"，另一个关键词是"服务组合"。业务中台需要支持协同工作以及基于场景的业务能力组合。

1）业务中台如何实现协同工作？引入与建设企业级流程引擎。流程引擎可支撑不同业务场景下多部门协同流程的设置，以客户为中心建立无断点流程，快速响应客户需求，以及内部经营管理需求。例如，针对客户营销流程，将 CRM 系统原有的营销功能服务、业务处理的服务流程通过流程引擎打通，实现端到端"一站式"流程重塑，以便客户经理现场快速、高效地完成客户所需的金融服务的办理。这样就打破了业务条线部门与运营管理部门的壁垒，实现业务协同自动化，并按业务场景的要求，通过流程将业务中台的能力进行了串接。业务中台在具体的业务运行过程中发挥了重要作用，提升了客户体验，提高了员工工作效率。

2）业务中台如何实现"能力组合"？引入与建设企业级规则引擎。规则引擎一方面可支撑不同类型的业务中台的能力组合，以此形成对客的场景化服务组件，快速支撑较为复杂的服务，例如，对客的统一识别服务组件，可以通过规则引擎设定的规则去路由多个不同类型客户识别服务；另一方面，可配合流程引擎在具体的场景中，用不同的规则定义做不同流程分支的路由判断，整体提升业务中台的灵活性与扩展性，例如，在客户经理对客营销流程中，通过规则引擎判断客户层级，并路由选择不同营销活动对应的业务服务。

综上所述，从业务中台构建过程来看，对于区域性银行而言，业务中台不是彻头彻尾的重构，而是"摸家底"后的利旧，通过优化、调整，重塑支撑业务发展、管理的能力。

7.1.5 支撑业务中台的系统群落规划

从业务中台的实现路径来看，业务中台离不开各类业务服务系统的支撑。除了对已有的核心业务系统、信贷管理系统、集中作业中心等业务办理服务的接入，以及优化 CRM 原有的功能服务之外，区域性银行还需要对业务中台所依赖的系统群落改造、建设，落地业务中台 8 大能力所对应的其他服务。

下面具体来看业务中台的打造需要建设与重塑哪些系统。

招商银行 2020 年中期报告给出了比较明确的答案。

1）招商银行加快 CRM 系统迭代开发，将 CRM 系统作为中台能力沉淀载体，形成场景串联的客户信息中心、资讯案例中心、业务办理中心、营销支持中心和团队建设中心五大核心功能。

2）CRM4.0 系统是招商银行金融经营模式转型的关键平台，是基于业务系统的智慧营销平台和数字化作业平台，也是客户服务体系和客户经理管理体系平台。

如上所述，招商银行将 CRM 系统作为全行业务中台能力的承载平台，并对该平台的定位、目标、功能范围进行了清晰的说明。区域性银行可以通过招商银行如上的实践来思考本行需要开展哪些对应的系统群落改造与建设工作，以支撑业务中台的实现。

1）将 CRM 系统作为智慧营销平台和数字化作业平台来打造，即通过"数据+技术"的方式实现产品的智慧化营销，与前文定义的业务中台 8 大能力中的营销管理、产品管理、风险管理能力相对应。而此处 3 项中台能力构建除了包括优化 CRM 系统对应的功能外，还包括围绕员工标准作业平台、智能营销管理平台以及风险预警平台的改造或建设。

2）将 CRM 系统作为客户服务体系和客户经理管理体系平台来打造，即在充分了解客户的基础上实现对客户的数字化服务以及强化客户经理的管理工作水平，与前文定义的业务中台 8 大能力中的客户管理、经营管理、绩效管理、财务管理、人力资源管理能力相对应。（其中，客户管理与经营管理主要是面向客户提供数字化服务，而绩效管理、财务管理、人力资源管理主要是强化对客户经理的管理能力。）此处 5 项中台能力构建，除了包括优化 CRM 系统对应的功能外，还包括围绕客户服务类的 ECIF 系统、各关键业务系统（信贷、集中作业等），以及客户经理管理类的员工绩效考核系统、财务管理系统、人力资源管理系统等的改造或建设。

综上所述，支撑业务中台的系统群落主要有三类：营销类、客户服务类以及客户经理管理类；对于系统的改造或建设可按照 7.1.3 节对应的能力要求开展具体的工作。

7.2 数据中台

数据中台伴随着业务中台的出现而成为热点词汇。随着大数据技术的成熟，不少厂商以其设计的技术产品或解决方案对数据中台进行了各种各样的定义，比如数据治理、管理、可视化等的工具集商业套件、实时数据处理的平台、融合了金融科技的数据架构重构等。

不同的定义代表不同商业主体希望以自己打造的数据中台理念去影响潜在

银行客户，以期输出持续的商业化服务，但这不是以银行视角来思考的数据中台，不能给银行真正带来数据价值变现，不能成为银行所需要的数据中台。

因此，区域性银行需要以银行视角来思考数据中台是什么，才能准确地知道什么是本行所需要的数据中台，才能按图索骥构建适合本行的数据中台。

本节将以银行视角对数据中台进行全面解构，主要从如下几方面展开。

❑ 数据中台的定义：对数据中台给出一个准确而易理解的定义。
❑ 数据中台的基础：对数据中台所依赖的数据资产进行解构。
❑ 数据中台的框架：对数据中台需要具备的 6 大能力进行解构。
❑ 数据中台的运行：对数据中台需要配套的 4 大支撑体系进行解构。
❑ 数据中台的实现路径：依据数据中台的能力框架制定对应的实现路径。

7.2.1 数据中台的定义

在数字化转型背景下，数据中台中的"数据"是什么？是"一切数据业务化"。"一切数据业务化"的方法即对数据进行有效的治理并形成数据资产，再将数据资产组合成满足业务应用需求的数据服务；在具体业务场景中通过对数据服务的调用，实现对数据资产的传递与使用，最终实现数据变现。

因此，数据中台不能脱离业务谈数据，更不能脱离数据谈技术。只有将数据和技术相结合，才能形成完整的数据中台。

此时，数据中台的定义就非常清晰了。数据中台不是一个数据技术平台，而是以数据资产组合形成的面向标准化业务数据访问需求的各类数据服务为基础，依托于数据架构，借助先进的大数据技术实现数据服务的实时在线调用，并支持数据服务的可视化展现。

7.2.2 数据中台的基础

根据上述数据中台的定义可知，数据中台最核心的是数据资产，而数据资产实现价值变现则是数据中台发挥作用的前提。因此，要实现全面的数据中台能力建设，必须首先对数据进行资产化。

1. 什么是银行业的数据资产

前文揭示了经过有效治理后的数据所形成的数据资产是实现"一切数据业务化"的方法。由此可知，数据资产的定义中有 3 个关键词——数据、治理、业务化，且这 3 个关键词之间密不可分。

基于以上对数据资产的描述，我们可尝试对银行业的数据资产做定义：基于银行各业务要素的要求，定义对应的数据标准并对基础数据进行贯标，形成具有清晰业务含义的基础数据，并以数据质量治理为保障，持续提升贯标后的基础数据的质量，以此形成数据资产。

2. 数据资产是如何使用的

单项数据资产就像生产线上用于组装产品的一个个配件，如果不能组合在一起形成一个完整的产品，则较难充分发挥价值。因此，区域性银行需要基于业务场景对某一明确的业务活动所对应的数据服务需求，将数据服务需求中包含的各项数据资产进行组合并形成有明确业务主题的数据模型，以支撑数据服务的实现。例如，很多业务场景均有对客户基础数据查询的需求，区域性银行可据此建立包含客户姓名、客户等级、客户联系号码等数据资产组合而成的客户基础数据模型，并以此模型为基础构建对应的数据服务，供各场景调用该数据服务。

3. 数据资产高效连接"两大中台"，重塑银行核心竞争力

综上所述，数据资产是在数据中台中产生的，并通过数据中台对数据服务的发布对数据资产进行有效使用；作为需要频繁使用数据服务来支撑业务数字化的业务中台，可通过对数据服务的不断调用对数据资产进行价值变现。

因此，数据资产在数据中台与业务中台之间充分流动与使用，形成从产生、使用到价值变现等完整的价值链，成为银行核心竞争力。

7.2.3 数据中台的框架

根据数据中台的定义，区域性银行除了需要以 ODS、数据仓库与数据集市等数据平台为基础支撑以外，围绕如何产生、使用数据资产，还需具备如下 6 方面能力，才能形成能力全面的数据中台。

1. 数据服务总线

数据中台与业务中台之间的交互主要依靠数据服务对数据资产进行的有效的传递。为了实现数据服务统一化、标准化和规范化接口管理与便捷调用，降低应用直接访问数据带来的风险，区域性银行就需要有一套如企业服务总线（ESB）的平台，以实现数据服务的统一管理、注册、发布、智能调度、安全控制等，使数据服务全程可追溯、可监控，形成规范、安全可控的数据服务管理体系，最终成为数据服务的"高速公路"——数据服务总线（DSB）。

2. 数据统一门户

除了采用数据服务的方式直接供业务中台进行数据访问外，区域性银行还可通过固定报表、数据抽取等方式进行数据访问。但由于历史因素，区域性银行的数据访问入口、访问方式百花齐放，普遍存在多个数据应用系统向不同客户提供不同类型数据服务的情况，需要行内员工分别登录对应的系统才能访问对应的数据，或同一类数据在不同系统中均有呈现，以至于对数据的使用陷入"不信任"之中。对于数据的使用而言，区域性银行需要建立统一门户，基于用户的统一认证，将散落的报表系统、分析平台等纳入统一门户管理，再择机通过专项数据治理的方式对门户中的报表等进行清理，将不经常使用的报表做下线处理，将有重复或二义性的报表进行合并等，并将数据访问逐步修改为以数据服务的方式进行调用，最终为客户提供全面、有效的数据服务访问统一入口与统一管理能力。

3. 数据可视化分析

数据通常的展现形式是二维表等。在二维表中，我们仅能通过表头来识别数据的业务含义。对于数据分析而言，数据呈现不够直观。如果有直观的展现形式，可以一目了然地除呈现数据本身外，还能以可视化手段反映数据趋势、分布特征等，既能帮助数据使用者迅速发现数据背后隐藏的价值，还有助于数据下钻分析，挖掘数据更大的价值。

4. 数据服务治理

在数据中台上，所运行的数据服务需要保证标准化、没有二义性，才能让数据资产有效、准确地被使用。随着数据访问需求越来越多，各种各样的数据服务随之产生。如果不重视数据服务治理工作，数据中台中的数据服务就会如机房里的网线一样凌乱，在面临数据需求时无从选择。因此，数据中台需要具备数据服务治理能力，以有效管理数据服务。对于数据服务治理工作，数据中台可以通过数据服务总线平台对数据服务从产生、注册、发布到调用的全程进行记录、跟踪、审计，沉淀过程与结果数据并进行分析，找出低效、无用的数据服务，并开展数据服务清理、优化工作，提升数据服务的整体质量。

5. 数据运营管理

数据中台除了可基于业务中台或可视化分析等场景对数据资产进行价值变现以外，还可对数据服务调用的频率、调用的业务部门、调用的操作人员等进行持续跟踪与记录，并通过定期对跟踪数据进行分析，度量每一个数据服务的价值，同时将使用分析结果与价值度量分析结果以报告的方式定期发送给业务条线，让业务条线直观地感受到数据资产所带来的价值。

6. 数据资产管理

区域性银行整理的一项项数据资产，可以通过归类逻辑，形成数据资产目录；在目录基础上，根据数据资产的业务属性增加其他维度，最终构建出多维企业级数据资产全景图。多维数据资产全景图就像我们使用的字典，虽然内容庞杂但逻辑清晰。因此，数据中台需要有管理数据资产的能力，以使数据资产的管理、维护等工作高效。

7.2.4 数据中台的运行

数据中台的技术框架与能力构建完成后，区域性银行的科技条线、业务条线为何还对数据中台不能发挥出价值而感到焦虑，以及总感觉数据中台离自己很远呢？

笔者认为：要想让数据中台充分发挥价值，除了需要有如上 6 大能力的支撑外，还需要建立配套的支撑体系，保障数据资产可被信任并被充分使用。具体来看，区域性银行需要从如下 4 方面建立数据中台配套的支撑体系。

1. 建立数据治理体系，保障数据资产质量

数据中台的基石是数据资产，如果只注重搭建技术框架，把质量不高的数据直接引入数据仓库、大数据平台等处，却忽视了数据治理工作，将导致业务部门看到的数据不准确、不能被解释或者错误明显。纵然再优秀的数据中台技术框架，对于业务部门而言均是没有任何价值的。因此，数据中台的建设一定离不开数据治理体系的支撑。

2. 建立数据管理体系，保障数据资产价值链的形成

数据资产的流动一定是跨部门的。如果没有对应的数据管理体系做保障，业务部门、科技部门、数据部门不能在数据资产的产生、激活与使用价值链形成过程中各司其职，数据资产将较难形成或数据资产质量不高，不能成为数据中台所依赖的基石。因此，区域性银行需要建立数据管理体系，明确数据资产的归口管理部门、属主部门等，建立多部门数据资产协作管理体系，如对相关管理流程的重塑，以及岗位、制度的调整等，保障数据资产价值链完整、畅通。我们不能再简单地认为：数据中台构建仅是科技部门或数据部门的工作。

3. 建立培训体系，激发业务条线建立数据思维并主动用数据

各业务条线能用数据、会用数据、用好数据，是数据中台相关的重要研究课题。数据中台上运行的数据服务足够多，足够有业务针对性，就能为业务部门提供丰富的、有针对性的数据，满足业务用数据的需求。但数据服务是否能又多又有业务针对性，取决于业务条线是否有数据思维，是否能提出更多、更有针对性的数据需求。因此，对于业务条线来说，建立数据思维是业务条线用好数据中台的关键。

如何建立数据思维？

区域性银行的数据团队需要定期或不定期向业务条线进行数据分析方法和实践的培训与经验分享，并收集整理同行业的数据应用模式，逐步让各业务条线主动用数据。业务条线从零开始主动提出成体系的数据服务需求是不现实的，数据团队需要相伴其成长。

4. 建立自上而下的数据汇报体系，将数据使用纳入日常工作

银行"一把手"对数据中台的重视，也是极为重要的。数据需要像"血液"一样流动，"大脑"更需要数据的支撑，针对数据中台的落地必须由"一把手"来驱动，才能让每个部门主动去思考数据在经营管理中会产生哪些影响。

因此，笔者建议由银行"一把手"牵头，计划财务部统筹组织，风险管理部、信贷管理部、信息技术部等共同参与，梳理出全行经营管理所需的关键指标、统计口径，以及给到各级管理层辅助决策的分析结果内容，并制定不同经营管理主题的汇报模板，最终由科技部门以月、季、半年、年为统计周期，为各条线、各机构出具向行领导汇报的报告。一方面，银行"一把手"

与行领导可通过标准化的报告了解各条线、机构的整体经营情况,保持与各条线、机构信息对称,有的放矢地向各条线、机构布置任务,并对有异议的报告数据进行审议等;另一方面,各条线、机构可以报告为准,定期通过 OA 或者线下的方式向行领导汇报工作。

7.2.5 数据中台的实现路径

区域性银行所要构建的数据中台需要具有 3 层能力,才能有效运行并发挥作用。第一层需构建以技术框架与技术平台等为基础的技术支撑能力,搭建提供数据服务的技术底座;第二层需基于第一层的技术底座,构建应用层的六大能力,以产生、注册、发布、运行数据服务,保障数据服务质量,充分发挥数据服务的价值;第三层需通过业务场景的梳理,以建立对应业务场景所需的数据服务为思路,构建针对业务场景的数据服务库的能力。因此,数据中台的实现路径也将按数据中台的三层能力构建来逐步设计。

1. 第一步:搭建数据服务的技术底座

普遍来看,绝大部分区域性银行通过 ODS、DW、数据集市、报表平台、管理驾驶舱等系统的建设,形成了较为完整的数据架构,也具备了提供数据服务的能力,并在部分场景中实现了数据服务的价值变现。另外,部分区域性银行在数据架构中采用了传统数据库与大数据平台混合模式,根据具体的业务场景要求提供准实时的数据服务,如历史数据查询、精准营销推送等。但是随着技术的发展,我们对支撑数据服务的技术能力也有了更高的要求,需要对原有的数据架构进行优化、扩展。区域性银行可根据本行的实际情况,采用新的技术手段完善、优化、扩展原来的数据架构,搭建数据服务的技术底座。

2. 第二步:根据本行实际情况,有选择地构建应用层的六大能力

根据区域性银行技术底座现状,制定数据中台六大能力构建优先级策略。

对于区域性银行而言，在资源禀赋有限的前提下，数据中台是面向业务场景的，不建议一步到位构建六大能力，而应该根据六大能力对本行数据资产价值变现的重要性，由大到小制定能力建设优先级。这里将优先级划分为三级，逐步开展六大能力建设工作。

1）首先，推动数据资产管理，建设数据门户及数据可视化分析能力。

数据资产是数据中台的基石，因此对数据资产管理能力建设的优先级最高。区域性银行可通过规范的数据资产定义与配套的管理能力，持续提升数据资产质量。同时，数据门户、数据可视化分析能力建设有相对成熟的解决方案，可较快落地，以检验数据资产的质量。

2）其次，建设企业数据服务总线平台，推动数据服务治理工作。

当数据资产逐步在多场景中使用时，服务散乱会导致多个服务使用相似的数据资产。

此时，建议开展企业数据服务总线平台建设工作，实现数据服务的统一接入、注册、管理、监控等，带动数据服务规范性发展；同时，在企业数据服务总线平台建设过程中，开展存量数据服务治理工作，按照制定的规范，对存量数据服务进行合并、优化，以便于在不同业务场景中准确地对数据服务进行调用。

3）最后，建设数据运营管理能力，建立可度量数据价值的"度量衡"。

数据资产只有通过数据服务让业务条线感受到它的价值，业务条线才愿意主动配合开展数据运营能力提升工作，逐步形成度量数据价值的指标库，以此形成业务条线与数据团队的"共同语言"。区域性银行可根据前两步工作的情况，择机开展数据运营管理能力的建设工作。

3. 第三步：改变思维方式，推动数据服务库的持续建设

数据服务是否能发挥业务价值，是数据中台是否成功的关键。有了技术底座以及应用能力，下一步就需要思考如何构建体系化的数据服务库，以满足各场景对数据服务的调用需求。

我们通过存量的调用次数最多的数据服务（例如客户数据查询、账户数据查询）研究可以发现，调用次数最多的数据服务所对应的业务场景的梳理是最清晰的。业务条线在梳理调用次数最多的数据服务的过程中因为对这些业务场景十分熟悉，能惯性地带着对应的数据思维，准确地提出数据服务需求。因此，数据服务是否能有效构建，除了数据服务的规范性、标准化要求外，更重要的是业务条线需要有数据思维，即以数据视角将数据与业务作为一体来思考具体业务场景下的数据服务需求，并逐步建立数据文化，形成驱动数据服务持续建设的能力，最终以业务的逻辑结构指引构建结构化的数据服务库。

7.3 数据治理

数据治理是数据资产能否发挥作用的基础保障。没有数据组织架构体系就没有数据资产的归口管理与属主管理，没有数据标准就没有数据资产的准确定义，没有数据质量管控就没有数据资产的质量保障，没有数据应用就没有数据资产的价值变现。

因此，数据资产需要完整的数据治理体系做保障。本节将就区域性银行如何有效开展数据治理工作来展开，主要内容如下。

- ❑ 对银保监会发布的数据治理体系建设要求进行解读，明确数据治理体系框架、全貌以及重点工作。
- ❑ 根据银保监会数据治理体系建设要求对区域性银行数据治理现状进行诊断，整理出数据治理中普遍存在的关键问题。
- ❑ 根据诊断结果，给出解决区域性银行数据治理存在的关键问题的方法，即调整数据治理架构，完善数据管理体系，建立数据质量管控闭环措施，设计问责管理机制。

7.3.1 全面解读数据治理指引

2018 年，银保监会下发的《银行业金融机构数据治理指引》（以下简称为"《指引》文件"）完整地构建了银行业开展数据治理工作的框架体系，并着重在框架体系中对数据治理组织体系、数据管理、数据质量控制以及数据价值变现 4 方面做了具体的工作要求，指引银行业开展数据治理工作。

2022 年，颁布的 2 号文《指导意见》30 条内容中，数据治理作为高频词汇出现了 8 次，同时"数据能力建设"小节中的 4 条具体要求（即第 14 至第 17 条）与 2018 年下发的《指引》文件强调的数据治理组织体系、数据管理、数据质量控制以及数据价值变现的要求完全相呼应。由此我们可以得知数据治理在数字化转型中的重要性。数据治理需要建立完整的体系，以驱动数据治理工作常态化开展。为了推动区域性银行开展数据治理工作，下面将对《指引》文件进行解读。

1. 总体解读

《指引》文件主要通过 4 个部分共 55 条，指明了区域性银行数据治理的策略与框架：加强数据治理体系建设，将数据治理工作纳入公司治理范畴，并落实数据管理工作，提高全行数据质量，逐步实现数据价值变现，提升全行经营管理水平。

2. 详细解读

1）建立数据治理体系。《指引》文件中第 8～11 条定义了董监高在数据治理工作中的职责，并明确需要建立数据治理体系，即建立专业委员会并下设办公室，推动数据治理工作。

2）建立数据管理机制。《指引》文件中第 17～26 条主要强调了建立清晰的数据战略，制定数据管理相关制度，确立全行数据标准，配套数据管理相关的信息化系统等，以此保障数据被有效管理与使用。

3）建立数据治理问责机制。《指引》文件中第 12～14、第 28 条给出了银行数据治理问责机制建立的具体要求、重点与办法。具体来看，数据治理问责机制的核心要求是明确数据管理涉及的数据标准、数据质量管理环节各项职责，打通科技与业务部门对数据标准和数据质量管理的壁垒，落实数据畅通流动；同时，建立配套激励措施，促进全行落实问责机制。

4）建立数据质量控制体系。《指引》文件中第29～37条指明了数据治理工作需要建立数据质量控制体系。首先强调了从源头开始进行数据质量控制；其次建立完整的数据质量管理体系，主要包括与数据质量监控、测评、整改对应的制度建设。

5）建立数据价值变现体系。《指引》文件中第38～49条对数据价值变现做了详细要求，主要从数据在营销、风险管理等场景中的应用要求对数据价值变现方式做了明确指引。

3. 深度解读

《指引》文件除了对具体数据治理框架与要求进行了详细说明之外，还定义了对数据治理起支撑作用的关键要素，具体如下。

- 组织架构。《指引》文件中第8～13条定义了数据治理相关组织架构与部门职责要求。
- 人才建设。《指引》文件中第14～15条要求建设专业数据团队与设置专职岗位。
- 业务数字化。《指引》文件中第38～47条及第49条明确了从大数据分析到数据应用于营销、风险管理等场景中的要求，通过业务数字化实现数据资产价值变现。
- 技术能力。《指引》文件中第48条明确提出数据治理要依靠先进的技术。
- 数据能力。《指引》文件中第17～37条从数据标准管理与数据质量管理两方面进行了详细的数据能力建设要求描述。

如上可知，数据治理所依赖的关键要素与数字化转型关键要素一致。数据资产是数字化转型的基石,而数据治理是数据成为资产的重要保障,数据治理与数字化转型须同频共振。

7.3.2 数据治理现状诊断

随着《指引》文件的发布,区域性银行陆续启动数据治理工作。经过多年工作实践,大部分区域性银行并未在数据治理领域有显著改善。为何会出现这样的情况?主要原因有如下 3 方面:一是数据治理架构不完整,二是数据质量管控体系不健全,三是数据标准管理不规范。

1. 数据治理架构不完整

《指引》文件第 3 条要求建立数据治理组织架构,将数据治理工作纳入董事会、监事会、高管层及内设部门的工作职责,同时要将数据治理纳入公司治理范畴,建立自上而下的数据治理体系。不少区域性银行建立了数据治理委员会并下设办公室,但在实际工作中,委员会未能发挥作用;行领导并不重视数据治理工作的开展;办公室往往是由科技条线主导,并驱动工作开展,未能建立完整的多层次、相互衔接的运行机制。另外,数据治理的属主管理部门"名不副实"。《指引》文件中指明业务部门是数据的属主管理部门,但实际中由科技部门牵头,导致数据治理岗位与人员不匹配、制度缺失等问题凸显。

2. 数据质量管控体系不健全

《指引》文件第 28 条要求建立数据治理问责机制,以及对应的数据质量评价体系,将评价结果纳入本机构绩效考核体系。不少区域性银行并未明确各类数据的属主部门,无法建立数据质量管控配套的对高管层及业务部门的问责机制。数据质量管控工作仍停留在数据质量出现问题后科技部门被动"打补丁"的阶段。同时,由于数据治理问责机制未建立起来,对应的数据质量评价体系与绩效考核体系就会缺失,数据质量存在不稳定风险。

3. 数据标准管理不规范

《指引》文件第 20 条要求建立覆盖全部数据的标准。数据标准应当符合国家标准化政策及监管规定，并确保被有效执行。不少区域性银行虽然建立了全行基础数据标准，但由于没有数据标准管理的属主部门，仅由科技部门的数据团队根据其认为的数据标准做日常的贯标工作，数据标准存在不被业务部门认可、理解的问题。另外，指标数据标准也是各区域性银行的"重灾区"。由于指标管理的属主部门缺失，指标的统计口径会因不同报表、不同部门、不同周期的要求而不同。

7.3.3 调整数据治理架构

《指导意见》明确了数字化转型的顶层设计要求，需要建立数字化战略委员会，带动全行数字化转型工作的推进；同时，在"数据能力建设"要求中，再次明确了数据治理工作的重要性。

基于数据治理在数字化转型工作中的重要性，建议依据《指导意见》对建立数字化战略委员会的要求，在建立数字化战略委员会的同时，将数据治理委员会放于数字化战略委员会下，并将数据治理工作纳入数字化战略委员会的常态化议事议程。另外，建议将为推动数字化转型工作新设的一级部门——数字金融部作为数据治理办公室的落地部门。具体的数据治理架构调整建议如下。

1) 在数字化战略委员会下设置数据治理委员会，对数据治理工作进行定期或不定期商议。该委员会的主任由行长担任，负责整体工作的指导与规划；副主任由 CIO 担任，负责具体工作的组织与推进；成员为各业务部门负责人，参与到具体的数据治理工作中，负责与本部门数据相关的管理工作。

2) 在数据治理委员会下设置虚拟组织数据治理办公室，负责具体的数据治理工作的执行。为了便于具体的数据治理工作的开展，该办公室的主任由银行的数据管理归口部门（即数字金融部）负责人担任，副主任由计财部负责人担任，信贷部负责人、运营管理部负责人、科技部负责人作为办公室常设组员推进与执行数据治理工作任务，其他主要业务部门负责人根据与本部门相关的具体数据治理工作任务要求，参与到办公室的具体工作中。

3）除了设置数据管理归口部门外，还需在各部门与分支行设置数据专员岗，全面配合数据治理具体工作的开展。

7.3.4 完善数据管理体系

区域性银行的数据管理工作主要集中在完善本行的数据标签管理、数据质量管理两项工作中。根据区域性银行在数据管理中可投入的资源情况，建议从如下两方面开展工作，以提升数据管理水平，提高数据质量。

1. 完善数据标准管理

确认基础数据标准、指标数据标准的属主部门，明确数据标准管理的主体部门，并建立对属主部门及分管行领导的问责机制。梳理全行基础数据标准、主要的业务指标与统计口径，明确标准对应的属主部门，建立问责机制，即数据标准的属主部门需要对数据的命名、类型、长度、统计口径等进行统一管理；根据全行的管理能力与水平，择机建立数据标准管理、元数据管理平台，通过数字化手段提升数据标准管理水平。

2. 完善数据质量管理

确认各类基础数据的属主部门，明确数据质量问题整改的主体部门，并建立对属主部门及分管行领导的问责机制。按业务属性定义数据的属主部门，如对公客户数据、个人客户数据、账户数据、合同数据等按业务属性可定义到相应的属主部门，如公司部、个金部、运营管理部、信贷管理部等，并建立对应的数据归属关系清单与归属关系明细。各数据属主部门主动开展相关数据质量管理工作。针对数据的属主部门及分管行领导建立数据质量管理问责机制。当发生数据质量问题时，数据属主部门与分管行领导需要配合数据归口管理部门解决数据质量问题；如果数据属主部门及分管行领导失职，须接受问责。

7.3.5 闭环管理数据质量

数据质量管控闭环体系建设，将提升数据质量管理与数据质量。不少区域性银行在推进数据治理工作时，对数据质量管控工作没有形成有效的闭环，导致数据质量问题不能得到有效解决，或者数据质量问题频繁出现。

如何构建数据质量管控闭环体系？

我们可以将数据全生命周期质量管理分成 4 步，明确每一步工作范围与重点，并不断循环，最终形成持续稳定的数据质量提升方法。具体来看，数据质量管理闭环的 4 个步骤如下。

1）发现数据质量问题。一方面，制定数据质量检查规则，按一定周期进行数据质量探查，避免类似问题反复出现；另一方面，定期从业务部门及分支行按数据服务流程收集数据质量问题。

2）分析数据质量问题。首先，根据优先级、类型等维度对数据质量问题进行分级分类；其次，对数据质量问题进行两层根源性分析：第一层是单一数据质量问题根源性分析，第二层是数据质量问题相关性根源性分析；最后，通过数据质量检查通知书推动数据质量问题解决。

3）解决数据质量问题。根据问题的根源性分析，制定整改方案，并建立数据质量整改方案评审机制，在评审过程中重点审核可行性与影响性，评审通过后执行。

4）跟踪与评价数据质量。在执行整改方案后持续跟踪执行结果，确保数据质量问题完全解决；另外，在每次数据质量问题解决后，对数据质量管控全过程进行评价，对数据相关的归口部门制定对应的专项考核方案，以持续提升数据质量。

7.3.6 设计问责机制

建立数据治理问责机制是有效提升数据质量的方法，能促使相关业务部门充分重视数据治理工作。

如何建立有效的数据治理问责机制？

首先，需要明确各相关业务部门在数据质量管控过程中的职责。数据质量管控的4个步骤对应不同的问责部门，需要对问责部门进行落实，并制定问责部门的工作职责，具体如下。

1）数据质量问题发现阶段。任何部门或机构都有发现数据问题的职责，对应问责的部门应是数据归口管理部门（即数字金融部）。该部门的职责之一就是制定合理、顺畅的数据质量问题反馈路径，以及定期向部门与机构收集数据质量问题。如果发现数据质量问题的部门或机构没有有效的路径去反馈，数据质量管控就无从谈起。

2）数据质量问题分析阶段。数据归口管理部门（即数字金融部）牵头组织数据质量问题两层分析工作；在分析出数据问题后，溯源问题是业务管理不规范还是系统Bug造成的，为后续整改方案提供建议。

3）数据质量问题整改阶段。数据属主管理部门（即各相关业务部门）根据数据质量问题的溯源分析结果，牵头组织进行数据质量整改。

4）数据质量问题跟踪与评价阶段。数据归口管理部门（即数字金融部）牵头组织跟踪整改方案执行后的数据情况，避免问题反复出现；同时，监控整改后是否会有新问题产生。

其次，为促进数据属主部门在问题整改阶段主动认责并积极开展整改工作，建立配套的数据质量评价体系以及绩效考核体系，推动数据质量持续提升。建议对主要的数据属主部门按年进行数据质量问题整改率的考评，并纳入绩效考核体系。同时在部门年终考评中，以2分作为数据质量问题整改率是否达标的考核分。2分对于部门年终考核来说是巨大的差距，各部门会非常重视数据质量工作。

7.4 移动工作平台

随着企业微信的出现，企业用户可通过企业微信与客户的个人微信互通，以及通过企业微信平台建立各种应用，帮助企业在连接客户的基础上对客户开展营销、运营等工作。企业微信作为连接器，得到了各行业的重视，尤其是银行业，纷纷基于企业微信打造移动工作平台。

本节将围绕如何有效借助企业微信推动移动工作平台建设而展开，主要内容如下。

- ❑ 员工需要什么样的工作平台：需要解决连接客户"最后一公里"的平台。
- ❑ 企业微信应用的普遍现状：定位不清，处处碰壁。
- ❑ 如何调整企业微信的定位：充分以企业微信自身特征重新定位。
- ❑ 如何用企业微信构建移动工作平台：重塑基于企业微信的移动应用。

7.4.1 员工需要什么样的工作平台

银行过去向员工提供的营销工作平台主要聚焦在传统的 CRM 等事后管理与具体营销信息化、数字化功能上，即使提供了移动展业功能，也仅是在见到客户的情况下现场临时开展对应的营销或服务工作，并不能提前感知到客户需求，更不能实现当下社交化客户服务与运营管理等，与客户之间始终有一道"无形且厚重的墙"。虽然银行在尝试利用各种新媒体（如抖音等视频直播平台）进行营销，但与客户之间存在明显的业务流程断点，以及不可实现 7×24 小时售后服务及运营；同时，对于员工来说，无论传统 CRM 平台，还是移动展业平台，均不能带给员工连接客户、营销客户以及服务客户以有效的帮助。

因此，员工需要可以连接客户"最后一公里"的工作平台：对外可以有效连接客户，对内可以连接行内中台服务（业务服务、数据服务），通过移动设备，利用数字化技术，7×24 小时为客户提供线上交流、展业、营销、服务等功能，实现数字化客户运营。

基于如上工作平台要求，企业微信是最好的选择。通过企业微信与个人微信的连通，客户随时可以找到客户经理，客户经理随时可以为客户答疑解惑；基于企业微信的应用可以实现 7×24 对客户的数字化营销与服务；基于企业微信对话内容可追踪与审计的功能，支撑企业微信群建立规范的客户运营管理能力；基于企业微信的 SDK 外接蓝牙设备，支持移动展业。

综上所述，企业微信是银行未来适合开展数字化营销、运营工作的平台，再加上企业微信的操作习惯与个人微信几乎无异，企业微信也是天然适合员工使用的工作平台。

7.4.2 企业微信应用的普遍现状

目前，大型银行机构纷纷将企业微信作为移动化营销、私域流量运营的必选工具，如六大行中的工商银行、股份制银行中的招商银行等。而各城商行、有自主科技能力的农商行也在近两年纷纷开启企业微信应用之路，希望可以把客户经理的客户变为银行的客户，以此驱动私域流量中对优质客户进行标准化、流程化的营销与管理。

从目前运行的情况看，银行对企业微信应用的逻辑非常清晰：利用企业微信与个人微信的"无缝"打通能力，以及企业微信作为移动端技术底座的"无限"扩展能力，最终打造具有社交属性的新型数字化、移动化工作平台。

结合现状来看，各家银行对企业微信的应用仍处于浅水区，且主要集中在两个应用场景。

- ❑ 在具体的客户接触点上，引导客户添加客户经理的企业微信。
- ❑ 利用企业微信的群组功能，将客户拉入企业微信群后，进行灵活、便捷的分群管理与运营。

如上两个应用场景其实并不能发挥企业微信的真正价值，原因主要是以下两方面。

1）单从企业微信来讲，其自身的定位是具有社交属性延伸的应用平台，为企业微信的用户提供便捷的沟通渠道和通畅的服务桥梁！而这两个场景都是把"握手"等同于沟通，殊不知沟通才是"握手"的目标，单纯的"握手"只能传递友善但不能撮合交易，只有通过充分的沟通才能达到结果！进一步分析会发现，沟通的本质是就共同的话题进行交流，即沟通的双方要置身于共同的语境之下，而这恰恰是之前的定位所没有涉及的，并没有勾画出沟通所必需的语境。

2）对私业务，除支付外，大多为低频交易。而交易的达成除营销之外，还需要品牌、环境、服务等软实力作保证。之前的定位中，各家银行虽成功使用企业微信将客户导入网络社交环境，但因为对网络社交环境下的软实力构建并未想清楚，没有同步创建一个合适的、令客户舒适的网络社交环境。其结果就是将面对面的沟通换了一个场景，突破了空间限制的同时，仅仅变成了微信环境下的硬推荐，对促成交易的作用有限。

以上问题如果没有得到充分重视并解决，企业微信只会是一个看起来很好的工具或平台，而不能完全被用起来。

7.4.3　如何调整企业微信的定位

当前企业微信使用不佳的现状反映出银行还是认为只要基于企业微信建立移动化与智能化平台，客户经理工作效率就能提升，潜在客户就能转化；但实际上客户经理不愿意用，或者不愿意主动用，潜在客户并未得到有效转化。

如何解决基于企业微信的工作平台使用不畅的问题？

在思考具体解决方案之前，需要以客户视角来思考，企业微信能为客户带来什么价值，才能通过向客户提供场景服务找到金融服务的切入点。因此，区域性银行的思考将不再聚焦在为银行能带来什么价值，而是思考为客户能带来什么价值，以"利他"之心让企业微信在客户端、银行端发挥更大价值，最终帮助客户经理高效、精准地为客户提供服务，成为客户经理不可或缺的工作平台。

我们对企业微信做何种定位，才能实现"利他"并成为客户经理不可或缺的工作平台？

企业微信作为具有社交属性的平台，其根本定位就是构建端到端"连接一切"的能力。区域性银行选用企业微信作为工具，也应尊重与思考其"连接一切"的定位，才有可能顺势而为。从这个角度讲，使用企业微信的人或机构越多，企业微信才有可能产生更大的价值，数据才能充分流动。

因此，区域性银行对企业微信的定位是放大其企业级连通功能，与政府、企业、事业单位、学校、医院等优质对公客户进行连接，并以企业微信为运行平台为优质对公客户提供各类 SaaS 服务，构建银行对 To B、To G 客户群的企业微信生态服务；在 To C 端通过微信小程序与企业微信形成端到端连接，最终形成基于微信生态"连接一切"的综合服务能力。

在构建基于企业微信提供对公客户服务的能力的同时，所有对公客户在微信生态中留存的数据，如经过客户授权的对公客户组织架构数据，代发工资的人员数据（含员工企业微信 ID），SaaS 服务中所沉淀的业务过程数据与结果数据等，均会存储到银行所建立的企业微信数据服务器上。"连接一切"的生态场景和所有留存的数据为驱动带有金融服务的数字化业务场景带来了无限可能。

举个例子，区域性银行通过自研或与第三方合作的方式，为服务的学校客户提供企业微信平台，然后经授权收集到学校方的组织架构、人员等数据；并基于企业微信平台，为学校方提供日常 OA 办公、考勤管理、教务管理、学费管理、缴党费、党建管理、班级群管理、代发工资明细查询等 SaaS 应用，同时为家长端通过小程序提供基于个人微信的学费缴费入口，了解班级相关信息的入口等。区域性银行通过"企业微信＋个人微信"打通了银行、学校、学校职工、学生家长等，形成了端到端服务能力，并通过端到端过程节点中沉淀的大量各类数据，充分挖掘业务场景，找到更多的金融服务切入点；同时接入更多连接者，如学校周边商户等，以微信生态（企业微信＋个人微信）"连接一切"，并用小程序"服务一切"。

另外，银行方仍需为本行的客户经理提供基于企业微信的数字化营销、运营管理中台接入能力，基于企业微信留存在银行的数据，经过客户授权后进行分析与使用，向客户经理提供针对此客户的营销商机，挖掘潜在客户。同时，向客户经理提供企业微信侧边栏与微信群设置管理功能，以便对学校的教职员工进行精准的在线运营，增强银行与学校之间的黏性。

综上所述，区域性银行应"利他"先行，通过企业微信构建连接客户、服务客户的能力；另外，基于企业微信打造本行的数字化营销、运营能力。

7.4.4 如何用企业微信构建移动工作平台

有了上述新的定位，区域性银行就需要思考从客户经理侧、客户侧分别构建生态，同时需要以个人微信与企业微信相融合的思路，将客户端（To B、To G、To C）与客户经理端打通，最终构建基于微信（企业微信＋个人微信）"连接一切"的大生态，并在生态中将金融服务无缝接入具体的业务场景。

因此，移动工作平台除了须具备考勤与工作规范要求等功能外，还须有客户经理完成日常工作所需要的客户管理、营销管理、运营管理等中台能力的接入，以及对接银行为客户侧提供的SaaS服务，即将客户经理侧的日常工作与客户侧的服务打通，用场景化的"科技＋数据"为客户经理提供支撑。

1. 客户经理侧

在客户经理侧，移动工作平台主要包括连接、营销、运营与移动展业4方面功能。

1）连接功能：包括两项连接能力。其一是与企业客户的连接功能，打通银行与企业之间的日常沟通，客户经理可通过企业微信与企业客户进行即时沟通及相关文件转发；其二是与个人客户的连接功能，客户经理可通过企业微信与服务的个人客户进行沟通及相关文件转发等。

2）营销功能：对接行内业务中台上客户管理、营销管理相关的功能与数据，通过移动终端在现场或者通过连接功能实现线下线上"面对面"营销与服务。

3）运营功能：包括客户经理电子名片、客户经理云工作室、微信群等运营相关的功能。其中，客户经理电子名片上有二维码，便于客户扫码直接添加。客户经理云工作室每天将本行热销产品、金融大势研判、当天头条新闻等信息分享到朋友圈，客户可打开朋友圈分享链接，直接对热销产品进行线上购买；同时客户经理可在企业微信端看到哪些客户打开该朋友圈分享链接，在页面不同区域停留多长时间，以便精准判断潜在客户。基于企业微信拉客形成微信群，可以帮助客户经理高效维护客群。

4）移动展业功能：利用企业微信内置的标准化扩展功能，以及蓝牙等连接硬件，开发符合银行实际需求的移动展业功能，如贷前调查、贷前资料收集等功能。

2. 客户侧

移动工作平台客户侧主要基于企业微信小程序应用，方便客户经理在后台查看所管理客户对提供的 SaaS 服务的使用情况以及对应的数据分析。一方面可以随时查看对客提供的 SaaS 服务的使用情况，了解客户对该服务的黏性；另一方面了解客户使用服务过程中所表现出来的特征，以此发现潜在商机或潜在客户。

举个例子，银行端为物业管理公司提供基于企业微信的物业管理服务，同时为物业管理公司服务的业主提供基于微信小程序的物业服务，基于这两端的 SaaS 服务将产生大量物业管理与物业服务过程与结果数据，以及经业主认证并授权使用的个人主数据等。客户经理的企业微信端也有物业管理后台银行管理端的应用入口，可以通过该应用入口查看分配到自己名下的社区物业管理公司、社区注册业主等使用 SaaS 服务的情况，以及专项数据分析的结果等（如社区注册业主中有哪些使用本行银行卡进行物业费支付等）。

第 8 章

如何塑文化

数字化转型需要全行建立"用数据说话"的思维和能力,这就需要转变员工的思维方式,让全行每一名员工拥有足够的数据应用能力,能利用数据提升工作效率,最终形成数字化文化。

本章将根据区域性银行不同层级的员工在面对数字化转型时应该具备的思维方式展开,具体如下。

- ❑ 高管层达成数字化转型共识。
- ❑ 中层管理人员建立新的思维方式。
- ❑ 普通员工提升数据应用能力。
- ❑ 科技与数据团队主动作为。

8.1 高管层达成数字化转型共识

《指导意见》明确了数字化转型一定是自上而下推进的,在数字化转型战略制定、组织体系改变、流程优化、数字化专业人才要求等方面,非常清晰地列举了高管层需要关注的内容并提出了要求。而对于这些工作要求,高管层如果没有统一的认知，对应的具体动作就会变形，《指导意见》所要求的每一项工作就会成为镜中花、水中月。

高管层需要对数字化转型哪些关键认知达成一致？

笔者认为，区域性银行的高管层需要在如下 3 方面建立统一认知。

- ❑ 共识一：数字化转型不能没有明确目标。
- ❑ 共识二：数字化转型不等于科技引领业务。
- ❑ 共识三：数字化转型不等于全面线上化。

8.1.1 共识一：数字化转型不能没有明确目标

数字化转型绝不能为了转型而转型。数字化转型是区域性银行作为企业面对新常态业务发展的一种选择，本质上是想通过业务转型而获得更大发展。首先，无论是否有数字化技术，区域性银行作为企业都要面临战略、组织、人才等方面的问题；其次，区域性银行当前的业务发展普遍依靠旧动能，还具有一定发展空间，只有在现在的增量业务持续发展与未来数字化业务高效发展之间找到平衡点，明确近期与远期目标，才能指导数字化转型工作的开展。因此，不从企业经营视角来看待数字化转型，不根据实际业务发展情况制定数字化转型要达成的业务目标，数字化转型就是"伪命题"。

绝大部分区域性银行的自身资源禀赋较为欠缺，需要务实地定义本行数字化转型要达成的近期与远期业务目标，并配以必备的要素开展变革工作，才有可能转型成功。区域性银行的高管层需要就此达成一致认知，不能没有目标，不尊重企业转型规律，为了转型而转型。

例如，区域性银行高管层可以根据本行现状，将近期目标设为建立一条数字化实验线并与传统业务做对比，摸索新业务来带动传统业务转型；将远期目标设为通过数字化手段实现全面的降本增效，提高一线工作效率，提升内部管理效率，实现全行成本降低；根据设定的转型目标重塑关键要素，如组织、人才、流程、技术等，支撑自上而下推动数字化转型工作。

综上所述，只有区域性银行高管层对目标达成共识，找准转型切入点与方向，建立组织保障机制，才能自上而下推动数字化转型工作开展；没有目标，只能浪费区域性银行有限的资源禀赋，甚至变成"资源黑洞"，反噬传统增量业务。

8.1.2 共识二：数字化转型不等于科技引领业务

对于绝大多数区域性银行来说，数字化转型不等于科技引领业务。

自从 FinTech 与 TechFin 之争吹响"科技引领业务"的号角，几乎所有银行人都认为：科技与数据将重新定义银行业。

大型国有银行、股份制银行高度重视在金融科技方面的财力投入、人才投入等，通过持续高投入获得了较多转型成果。例如招商银行、平安银行等通过持续科技能力的打造，纷纷将本行定义为"科技银行"。随着"科技 + 数据"能力的持续变现，国有大行、股份制银行业务发展的基因正在逐步改变——"科技引领业务"未来可期。

而区域性银行在金融科技方面的财力投入、人才投入有限，资源禀赋也较为有限，已与国有大行、股份制银行拉开两至三个数量级的差距，并且通过金融科技带来的转型成果较少，更多仍是依靠人工拓展业务。所以，区域性银行应正视差距，对自我有清醒认识，务实地思考如何充分使用本行科技资源，将有限的科技能力与数据能力融入业务，逐步助力业务数字化转型。

因此，区域性银行数字化转型的主体并不是金融科技，而是业务，即围绕如何为客户提供更有价值的产品和服务来思考具体业务的数字化转型诉求，再借助金融科技手段对该诉求开展对应的科技、数据能力建设，最终实现金融科技与业务的融合，达成业务数字化转型。

综上所述，持续的金融科技投入是必选项，但应该如何投入需要每家区域性银行高管层深入思考，包括该项投入所建设的数字化能力是否能融入业务。

8.1.3 共识三：数字化转型不等于全面线上化

对于绝大多数区域性银行来说，数字化转型不等于全面线上化。

国有大行、股份制银行以及头部区域性银行数字化转型的目标之一就是实现全面线上化，而且基本实现了所有业务线上化处理。

这些先进的银行普遍开展了如下两方面工作来推进并实现业务全面线上化：一方面，为满足线上化处理需求，将对应的业务管理制度、流程、岗位等均做同步变革；另一方面，为提升业务线上化效率，基本建立了成规模的业务集中作业中心，并改造了大量系统。为了保障上述两项工作持续推进，它们建立了强大的支撑体系。这些保障工作对于银行来说既是必要的条件，又是一项极大的挑战。

国有大行、股份制银行通过如上工作的开展与支撑体系的建立，实现了业务全面线上化，且成果显著。

普通区域性银行是否也能将业务全面线上化设为数字化转型目标呢？

我们可以看到，普通区域性银行业务水平与上述银行相比有较大差距，科技与业务骨干人数较少，科技投入远不如先进银行，如果按先进银行的路径来开展全面线上化工作，风险极大。

1）首先，董事长往往会把此项工作交给 CIO 或者科技部门来推进，而业务条线较难主动且全力配合该项工作的开展。

2）其次，业务条线人员的业务能力不足，加上"部门墙"阻隔，较难协同推动全面线上化工作。

3）再次，业务与科技骨干需要持续投入到线上业务保障工作中，意味着全行精锐资源持续大量的消耗。这大概率将影响员工本职工作，对区域性银行而言会陷入进退两难的境地。

4）最后，要实现全面线上化，意味着需要持续投入大量资金，重构架构与系统，负担巨大。

因此，普通区域性银行高管层不应将全面线上化设为本行数字化转型的目标，去放大自身资源禀赋不足的劣势，而应思考如何最大限度发挥自身优势来推进数字化转型工作。

8.2 中层管理人员建立新的思维方式

区域性银行的中层管理人员往往会将业务数字化理解为建设更多的系统，并以"人有我有"的思路占用行内科技资源开展系统建设工作；在系统建设完成并运行后，由于种种问题，运行效果不佳，建设投入产出比极低。例如：前两年不少区域性银行建设了互联网核心系统、供应链金融平台等，但仅用到很少功能且交易量极少，让中层管理人员极度困惑。抽丝剥茧后发现是因为业务部门思维方式固化。

本节将从如何改变传统业务部门的思维方式入手，帮助区域性银行中层管理人员探寻数字化转型下新的思维框架，全面提升中层管理人员执行数字化转型具体工作的主动性。

8.2.1 打破"他有我也要有"的思维习惯

区域性银行业务部门普遍思维方式固化，仍认为可以像以前一样：选择行业里领先的如信贷、渠道等交易类系统的厂商建设系统，就会有明显的效果。

但实际情况是，在数字化转型大背景下，新系统建设几乎都是以数据为基础，围绕营销、风险、运营等管理方面的需求进行建设；而上述以数据支撑的管理类系统不是大量功能的堆积，而是需要清晰的管理思路贯穿到系统的建设中。没有管理思路贯穿的管理类系统就是"东施效颦"，越用越别扭。

举个例子，前两年在零售领域，不少区域性银行看到国有大行、股份制银行通过建设智能营销平台取得了不错的成绩，纷纷着手搭建智能营销平台。但在建设平台的同时，业务条线并没有对配套的营销管理制度、流程、权限等进行统一规划、制定或修订，仍是以分支行自行开展营销管理的方式为主，导致智能营销平台上线后效果不佳。另外，由于使用量不足，数据样本明显不足，智能营销平台不能推送有效数据，最终被银行"束之高阁"。而这个问题是区域性银行普遍存在的。

综上所述，区域性银行的中层管理人员不能再以"他有我也要有"的思维方式来应付完成数字化转型任务，而应该建立新的思维框架来重新梳理管理思路，并以新的管理思路来指导数字化能力的建设，最终完成数字化转型任务。

具体来看，建议区域性银行的各业务部门建立如下新思维框架。

1）有主动制定数据驱动本部门业务发展规划的意识。
2）将数据管控、数据应用相关工作纳入业务部门的工作制度。
3）对本部门的业务管理工作用数据客观呈现。
4）以业务建模的思路来提升本部门运用数据的能力。
5）逐步将本部门员工培养为具有数据分析能力的复合型人才。

区域性银行的中层管理人员一旦建立了如上思维框架，再思考需要什么样的数字化手段与工具就容易很多，也能主导符合本部门要求的数字化能力建设。

8.2.2　成为最了解客户的金融专家

区域性银行的中层管理人员除了需要建立新的思维框架外，还需要围绕"以客户为中心"的原则，从服务客户角度来推进工作。具体来说，区域性银行的中层管理人员需要回答本部门是否真正了解自己的客户，并以此为出发点进行扩展思考，客群有哪些，客户需要什么产品或服务，本部门的服务有哪些需要改进，如何管理客户……将这些问题整理成本部门具体数字化转型任务，并通过任务驱动开展数据分析工作，通过数据分析结果客观呈现客户特征、服务客户工作中存在的不足等；通过数据反映的客户特征与不足，形成未来服务客户时重点开展工作的方向与要求，成为最了解客户的金融专家。

举个例子，国内某家银行的供应链金融服务能力与水平处于第一梯队，并通过多年业务沉淀，采用大数据、区块链、AI等成熟的技术，构建了一套支撑业务持续发展的数字化供应链金融平台。该行并不拒绝与其他银行的交流学习，也不阻止与该行合作共建数字化供应链金融平台的厂商为其他银行建设类似的系统。但不少区域性银行在与该行交流后，认为该行供应链金融取得的成绩是数字化平台带来的，只要购买了业内最先进的数字化供应链金融平台，本行的供应链金融业务就可以很快做起来。但只要做了这样的决策并采购了数字化供应链金融平台的区域性银行，几乎都没达成预期目标。为什么？

该先进银行经过多年的供应链金融业务沉淀，除了能看得到的数字化平台的打造外，还有更关键、更重要的事项是在业务持续发展中，建立了一支懂客户、懂行业、懂金融的业务团队，并将多年积累的业务实践经验总结提炼为供应链金融业务中每个节点针对不同类型的客户的管理手段、规则与流程等。供应链金融平台只是其管理思路、方法的载体。"懂客户、懂行业、懂金融的业务团队"才是该先进银行供应链金融业务高效发展的核心。

8.3 普通员工提升数据应用能力

数字化转型不仅是管理者的重要工作，还需要全行所有员工参与其中，尤其需要大量工作在一线的数字化专业人才、复合型人才去执行具体的转型工作。但绝大部分区域性银行数字化专业人才和复合型人才大量缺失且近几年流失严重，仅靠人才引进是无法快速形成数字化专业人才梯队的。

因此，区域性银行需要思考如何通过开展内部培训工作，建立数字化专业人才梯队。这才是区域性银行数字化专业人才的主要来源渠道。

本节将围绕区域性银行如何培训员工数字化基础技能来展开，鼓励普通员工通过数字化技能的培训，建立数字化转型思维，主动融入数字化转型具体工作。

8.3.1 培训员工数字化基础技能

对于员工而言，尤其是年轻员工，区域性银行应创造条件定期培训员工数字化转型基础技能（目前不少第三方机构在推进此类培训服务），形成学习与培训的环境与氛围。有了基础技能，一线员工就能有新的思考维度，也就能提出具体的数字化需求，在末端形成有效管理。

具体来看，针对员工数字化基础技能，建议区域性银行从如下3个方向开展培训工作。

1）数据分析工具与基础技术培训。一线员工的数字化基础技能培训应首先从数据分析工具与基础技术培训开始，普通员工只有掌握了数据分析工具与基础技术，才有可能主动用数据。目前来看，使用面最广的通用数据分析工具是Python工具，普及的基础技术是SQL语言应用，建议区域性银行持续开展这两项技能培训工作。另外，区域性银行如果引入了商用分析工具，如SaaS、SAP等，也需要将其作为基础技术的培训内容。

2）数据治理基础能力培训。数据治理工作是逐步规范业务的过程，所有员工均需要了解与其工作相关的基础数据标准、指标标准等，逐步规范自己的工作。同时，数据治理是一项全行员工都需要参与的工作，任何人都有发现与上报数据质量问题的责任，每名员工都需要清楚数据标准是什么，如何发现数据质量问题等。因此，区域性银行除了需要针对本行的基础数据标准、指标标准按不同业务条线进行内部培训外，还需要对本行数据质量管理办法、要求、流程、工具等进行培训，逐步加深员工对数据治理工作的理解，并驱动全行员工主动参与到数据治理工作中。有了全行员工的参与，数据质量就能持续稳定提升,这对全行数字化转型工作的推进有极大帮助。

3）数据分析能力的培训。员工掌握了数据分析工具与基础技术,参与了数据治理工作,就具备了会用数据的能力,但如果没有具体的工作场景来实践,使用数据的基础能力很快会消失。因此,员工还需要用好数据,在具体的工作场景中主动对数据进行分析,去挖掘数据背后的业务价值。因此,建议区域性银行在客户营销、风险管控、经营分析等领域对员工开展实战性数据专题分析培训。

综上所述,对员工持续进行上述 3 个方向的数字化转型基础技能培训,就能激发员工主动用数据,让员工认识到数据的价值。

8.3.2 "定向业务 + 数据分析能力"培训

银保监会发布的《指导意见》不仅需要区域性银行管理层充分学习与理解,同样需要普通员工反复学习。《指导意见》给出了完整的数字化转型框架,并通过组织流程、业务、数据、科技、风险 5 个要素域的具体要求指出了数字化转型与每个部门、每名员工相关。因此,建议区域性银行对全体员工进行《指导意见》的培训,将文件中对区域性银行数字化转型所需全面开展的工作进行详细解读,让全体员工可根据《指导意见》,明确自己未来可以努力的方向。

例如,通过对流程要素域的培训,员工能知道流程优化工作是推动业务变革的重要路径,明确做好流程优化工作就要熟悉该流程所对应的业务逻辑,熟悉流程中不同参与者的职责与业务要点等,熟悉流程中业务所对应的数据特征等,并能提出流程中关键的盲点、堵点、断点,不断完善,再以业务结合数字化手段形成新的业务流程或场景,不断进行"科技 + 数据 + 业务"的融合,最终构建某细分领域数字化解决方案能力。随着这样的人才增多,区域性银行就能培养出熟悉本行经营管理的高端数字化专业人才队伍,再加上更多具备数字化基础技能的员工,区域性银行即可拥有完整的数字化专业人才梯队,进而推动全行数字化转型。

在如上对全体员工高阶能力培训的基础上，区域性银行还需针对具体业务条线下的业务骨干开展业务技能与业务分析能力培训。其中，业务技能培训主要是围绕某项业务，以客户、银行视角分别对流程、考核要求等进行剖析式全面讲解，让业务骨干熟知该项业务；业务分析能力培训即将业务拆分为产品、管理、服务等不同主题下的制度、流程、运行情况等，并用数据进行全面分析，以此提升员工通过数据洞察业务、熟悉业务、创新业务的能力。

8.4 科技与数据团队主动作为

对于区域性银行而言，无论规模大小，科技与数据团队均处于资源极度不足的状态。区域性银行对科技能力与数据能力的建设应以务实为原则，摒弃过去"他有我也要有，紧盯大行科技成果"的思维方式，转而建立"合理使用内外部资源，练好内功，守住底线，量力而行，重点突破"的思维方式来推进全行科技与数据能力的提升。

1. 科技团队的科技能力建设工作

科技团队应务实地将工作范围聚焦在保障业务连续性与关键基础业务信息化的自控、可控方面。区域性银行的科技团队首先要保障的是银行作为信用极好的金融机构，能正常开门营业；对于《指导意见》中指出的云化、绿色化、分布式架构、创新探索等科技能力的要求量力而行。科技团队除了做好本职工作外，还需主动学习、积累业务知识，与业务部门持续沟通，从"科技+业务"视角与业务部门一起制定科技融合业务、提升业务能力的方案，逐步推动业务数字化转型进程。

2. 数据团队的数据能力建设工作

数据团队应务实地将工作范围聚焦在数据服务的能力建设上。数据治理工作的重要性毋庸置疑，数据资产价值变现可"无限畅想"，但数据架构有缺失、数据质量较低、数据标准管理不规范等问题是区域性银行的通病，导致数据质量提升缓慢甚至反复，数据应用不起来。问题的表象似乎是区域性银行的数据有很大的问题，但本质是业务不规范办理。

区域性银行的数据团队可采用数据服务的策略，选择全行重点关注且必要的数据，如全行经营指标、业绩指标、客户主数据等，通过 API 封装为对应的标准数据服务，同时采用 API 服务调用方式嵌入业务场景，且在嵌入的场景中要求必须审核该数据服务后才能进入下一流程节点，让相关业务条线能主动使用该数据服务，以便在未来的工作中提出数据相关需求。

综上所述，数据服务能带动数据的使用。而数据只有用起来，才有价值，最终应用场景才会丰富起来。

第 9 章
10 个区域性银行数字化转型典型案例

前文为区域性银行描绘了清晰的数字化转型方法论，本章将从实践角度，对已开展数字化转型工作且有成果的区域性银行用上述方法论进行解构，为其他区域性银行根据本行实际情况开展数字化转型工作提供参考。

笔者近 5 年来以解决方案厂商的方案负责人、咨询公司项目负责人以及甲方项目负责人等身份参与了多家城商行、农商行、村镇银行等区域性银行的数字化转型工作，本章将围绕这些实践展开，具体如下。

- 案例一：某城商行的崛起——流程优化驱动数字化转型。
- 案例二：某城商行的强势发展——科技赋能业务，塑造产业金融。
- 案例三：某城商行的稳步变革——组织变革推动业务转型。
- 案例四：某城商行规模增长的秘密——自上而下建机制，全面推进数字化转型。
- 案例五：某农商行全面数字化演进——业务发展瓶颈倒逼全行主动转型。
- 案例六：某农商行听取一线的声音——打造数字员工平台，促转型。
- 案例七：某农商行业务转型新动能——构建人才梯队。
- 案例八：某村镇银行移动展业助区域优势——一招构筑护城河。

- 案例九：某村镇银行战略先行——借用外脑，明确数字化战略。
- 案例十：某村镇银行全面能力提升——善用外部金融科技资源。

9.1 案例一：某城商行的崛起——流程优化驱动数字化转型

本案例中的城商行虽然地处非发达地区，但以务实为原则，搭建了合理的转型架构，并准确地找到了适合本行开展转型工作的路径，在下足"苦功夫"的基础上充分开展现状诊断工作，通过合作、自建等方式，运用成熟的金融科技，提升了本行的科技、数据能力，构建了数字化转型基石，落地了流程优化工作，并一步步通过流程优化驱动全行有效变革，在组织、人才、业务、风险防范等方面都取得了显著成果。

该城商行从整体上探索出了区域性银行数字化转型的清晰路径，值得其他区域性银行学习。

9.1.1 变革背景

该城商行地处西部地区的三线城市，本地没有大型国有企业，缺少民营的优质上市企业，对公业务较少。但该城商行所在城市是大区域内的交通枢纽，拥有分布广且多的批发商户、零售商户等小微企业，且本地常住人口数在 500 万以上，零售客户资源丰富。因此，该行的业务总体特征是：对公业务资源不足，零售资源相对丰富。

基于如上现实情况，该行的业务结构严重不均衡，并且较难在短期内进行自我调整，面临着战略选择：是通过较高成本借助外力寻找资源，拉动对公业务，还是以"种树深耕"的态度充分挖掘零售资源，逐步做实基础客群，稳扎稳打，提高零售客户与资产规模双增长，并将零售业务优势做成护城河？

最终，该行选择了后者，将零售业务的持续发展作为全行业务战略，并希望通过数字化转型工作的开展，全面推动业务战略的达成。

9.1.2 现状诊断

但该行在做了零售业务战略选择后，通过一段时间的"摸家底"工作，发现零售业务的底子单薄：储蓄客户年龄偏大；普惠金融业务客户零散，客户经理人均管户数不足 50 但已达管户数极限，因为客户经理针对存量客户的日常事务工作已经达到工作总量的 80%，无暇拓展新客户。

为什么会出现这样的现状？

该行进一步开展了深入分析现状工作，找到了问题的原因，具体如下。

1）虽然该行的网点多，一线员工也不少，但绝大部分员工受限于原有业务管理要求都集中在高柜，网点的员工走不出去，没有人去做营销；同时，员工都集中在高柜，厅堂的客户引导与服务工作均是通过轮岗完成的，导致厅堂与高柜的服务脱节，客户体验不佳。

2）普惠金融业务仍按传统流动资金贷款业务办理流程在执行，导致增加了大量线下手工工作，从进件开始到放款的流程长达 2 周。客户经理的大量工作是准备材料。

基于如上现状诊断，该行制定了清晰的工作目标：通过 3 年左右的时间，利用数字化手段赋能，解决流程不畅的问题，让更多网点员工走出去，走进客户现场；同时，减轻一线员工事务性工作，让其有更多时间专注于营销、风险等能创造价值的工作。

9.1.3 搭建架构

该行在现状诊断完成后，迅速建立了零售业务转型领导小组，在领导小组的指导下，基于工作目标搭建了支撑零售业务发展的架构。其中，架构具备的能力主要包括组织能力、数据能力、科技能力、业务能力以及风险防范能力。

1. 组织能力

由零售业务条线部门与科技部门共同组建零售业务转型项目组，作为领导小组交办工作的具体执行组织，负责零售业务转型整体规划，工作计划的制订，工作任务的分解、跟踪、督导，并配以项目的可行性论证等。

2. 数据能力

在现状诊断过程中，该行就已利用科技部门的数据能力开展调研工作；调研期间发现了不少数据质量问题，在零售业务转型工作推进过程中，计划同步开展数据治理工作，提升数据质量；同时，计划引入数据分析平台，代替手工处理，提升数据分析效率与自动化能力。

3. 科技能力

由于此次零售业务转型有明确的目标——解决该行在当下业务发展阶段所碰到的问题，但在市面上没有可直接购买的标准化套件产品或标准解决方案，该行需要根据实际情况开展配套业务变革的科技能力建设工作。因此，该行科技部门建立了零售业务转型项目群，以自身科技能力对应用架构、数据架构、技术架构进行设计，以本行自研团队为核心，带领厂商开展对应的建设工作。

4. 业务能力

根据上述梳理出来的业务转型目标，零售业务转型领导小组将业务能力提升聚焦在网点转型、集中作业中心平台两个方向。其中，网点转型聚焦于解决网点效能提升以及网点员工走出去的问题，而集中作业中心平台则通过对普惠金融做前、中、后台分离，线上线下业务结合，减轻前台工作量，将大量重复性标准化工作集中于作业中心平台统一处理。通过数字化手段提升客户体验，让该行的零售与普惠金融客户规模双提升。

5. 风险防范能力

该行通过引入外部数据建立了风险预警模型，针对欺诈、合规、操作、法律等风险进行识别与预警。

9.1.4 制定路径

该行基于转型架构中业务能力提升的两个方向,对流程重塑进行了进一步分析。

- 网点转型:一方面将厅堂服务智能化,除了添置智能设备外,还对智能设备上运行的业务流程进行优化,并重塑大堂经理通过手持设备服务客服的工作流程,提升客户体验;另一方面厅堂服务智能化所释放出来的人力可以走出网点,投入到营销工作中。此时,网点员工需要有移动展业工具,而为了适应移动展业要求,就必须对原有网点办理业务的流程进行调整。这两方面的业务要求,均需要面临对原有服务或业务流程进行优化的工作。
- 集中作业中心平台:实现强中台的业务逻辑,必然要将原有的业务流程按前、中、后台的不同管理要求进行切分与重新组合,再根据业务场景要求进行业务流程的重新串接与再造。

由上可知,业务能力的提升需要流程重塑的支撑。该行明确了以"流程重塑驱动业务变革"的思路,在转型架构 5 个能力要求下,推动全行零售业务转型工作,具体的实践路径包含如下 3 个步骤。

1. 第一步:通过主动的组织变革,明确工作的归口管理与职责范围

设立实体中台部门,将传统的运营管理部、信贷审批部等部门均并入该中台部门,并明确该部门的职责是负责全行业务流程再造与管理工作,同时承担集中作业中心平台的管理工作。更重要的是,该行的行长主抓该项工作,出现问题时做决断,以便打通"部门墙"。

2. 第二步:业务梳理先行,明确工作范围和工作重点,落实变革工作

该行较为务实,在完成组织设置后,并没有迷信行业最佳实践,快马加鞭开展系统建设工作,而是慢下来,先从内部解决认知问题。新成立的中台

部门在领导小组的带领下牵头各业务部门，在科技部门的配合下开展了为期一年的全行业务流程梳理工作，包括柜面业务流程、授信审批流程以及内部重要经营管理流程。在梳理过程中，找到流程中存在的断点、盲点、堵点，并通过走访一线员工、客户调研等方式对已发现的流程中的问题进行调研，最终整理出全行级的业务流程再造需求说明书。由于有了明确清晰的需求，该行将后续配套系统的规划与建设的主动权牢牢掌握在自己手里。

3. 第三步：借助"科技+数据"能力建设工具，落地流程再造工作

该行在业务流程再造需求说明书整理完成后，同步启动了流程银行、网点智能化的项目建设工作。由于有了明确了责权利的中台部门支撑，还有详尽的流程优化需求，该行的系统群落建设工作较为顺利。该项目不仅重塑了流程，同时开展了对应的数据治理工作，逐步推动应用架构优化工作。新建系统与配套系统改造完成后，中台部门驱动全行按新的流程开展业务办理和经营管理工作。

在如上变革后的流程运行过程中，该行还通过技术手段记录了流程节点的运行情况，定期对关注的关键业务流程进行数据分析，通过数据分析寻找新的流程优化空间，并依此循环，持续开展流程优化工作。

9.1.5 实践成果

该行通过持续了3年的流程再造工作，取得了如下成果。

- ❑ 网点转型：通过流程再造，客户有效地在厅堂被分流，大大减少高柜数，一方面有效减轻了网点员工的事务性工作压力，可以有更多的网点员工外出开展拓客、客户服务等工作，迅速提高了网点员工人均产能；另一方面，留在网点的员工、大堂经理可借助智能设备、手持移动设备，一对多进行客户现场服务，提升了网点员工整体的工作效能。

❑ 集中作业：以中台化塑造的集中作业中心平台越来越成熟，除了实现部分柜面业务集中处理外，还将普惠金融业务中的集中审批放在集中作业中心平台，大大提升了审批效率；同时，通过中台集中全行的优势资源，放大规模效应，形成新的资源禀赋。

综上所述，该行以流程优化驱动线下线上服务数字化变革取得了显著成果，同步提升了组织、人才、业务要素域的建设能力，提高了科技与数据的应用水平，实现了全行客户数与资产规模高质量双增长的目标。

9.1.6 潜在问题

该行虽然取得了如上成果，并逐步建立了清晰的转型路径，但数字化转型是一项全面变革工作，必将在业务、组织、人员等方面产生大的影响，并由此产生新的问题。

1）业务方面。一方面，部分流程再造涉及对原有制度与部门职责的修订与重新划分，需要全行进行更大范围的组织体系调整，难度与阻力较大；另一方面，从内部管控要求来看，部分流程已优化到了极致，而从客户视角来看还有进一步的优化空间，但这项优化工作与当前的监管要求有一定的出入，存在合规风险。该行正通过新的顶层设计来驱动组织体系变革，同时积极与监管机构沟通"惠民利企"的流程优化思路，以指导流程优化工作开展的方向。

2）组织方面。随着业务发展与集中管控要求，中台部门的内部组织架构越来越复杂，人员越来越多，给管理带来了更大的挑战。对于传统城商行来说，该行以中台化所撬动的变革，无疑是在彻底打破原有管理体系的束缚，对全行经营管理层的要求越来越高，对战略制定、管理能力要求越来越精细化。经营管理层如不能跟上全行的变革速度，必将影响业务发展，甚至可能引起业务倒退。针对这个情况，该行正在进行高管层与中层管理人员的调整，以期逐步解决这个潜在且严重的问题。

3）人才方面。该行在最近3年时间所培养的数字化专业人才队伍虽已成型，并初步形成较为完整的人才梯队，但这类人才往往需要更大的发展空间，已开始出现人才流失的情况，并有持续流失的潜在风险。同时，复合型人才需要较长的培养周期，由于近两年人才持续流失，复合型人才梯队还不能完全形成，人才队伍在一定时间内存在断档的情况。为了减少复合型人才的流失，避免人才断档导致工作受影响，该行正尝试通过市场化薪酬、加强数字化风控能力建设的方式，让行内复合型人才既能有收入的增加，还能有更多提升工作能力的机会，从而提升队伍整体的抗风险能力。

9.2 案例二：某城商行的强势发展——科技赋能业务，塑造产业金融

本案例中的城商行同样地处非发达地区，探索性地通过金融科技手段与数据分析等能力，以支撑本地畜牧业金融需求为数字化转型的切入点，推动数字化转型工作。

在实践中，该行通过数字化转型架构能力构建与业务数字化，取得了业务转型与业务规模双突破。但产业金融需要在涉及的每一行业中持续投入人力、财力、科技等资源，这对区域性银行来说是一个巨大的挑战。

因此，其他区域性银行可通过本案例了解到以具体业务场景为切入点，整体推动全行数字化转型工作的路径；同时，也能了解到产业金融不只是找到对公业务的数字化切入点，更需要消耗大量资源，是对高管层战略定力的考验。

9.2.1 变革背景

该城商行地处某农业大省的三线城市，本地常住人口400余万，不仅分布有国有企业，还有深耕本地的优秀民营企业，且地方政府十分支持，倾斜了不少资源，以带动本地经济发展。因此，从基本面来看，该行的零售、对公业务资源相对丰富。

经过近十年的高速发展，该行零售与传统对公业务规模翻了几番，资产达数千亿元，无论在当地还是在全省均有较大影响力。同时，在最近的五年时间里，该行通过核心系统、信贷系统、零售电子渠道、大数据平台等的改造与重构，构建了较为成熟的科技、数据能力，在业务、科技、数据等方面已具备数字化转型基础。

因此，该行在四年前提出建设"数字银行"战略，希望通过对数字化转型的持续投入，围绕"以客户为中心"的原则，实现业务数字化，全面提升数字化服务水平，连接更多客户，更有深度地服务客户。

9.2.2 现状诊断

三年前，该行启动了核心系统改造，围绕信贷管理能力提升的信贷系统以及零售电子渠道的重构等工作，搭建支撑全行数字化转型的技术底座；同时，启动了智慧营销、风险预警等数据分析及应用系统建设工作，以此推进数据资产价值变现，让更多部门、更多员工感受到数据的价值。

一年以后，该行投入2亿多元人民币，发现无论对科技能力建设的投入，还是对数据能力建设的投入，离预想的结果均有不小差距，甚至智慧营销等数据类应用在全行没有普及，成为"鸡肋"。全行上下对科技能力赋能业务数字化转型思路提出了质疑，尤其是一线员工，他们只知道总行在建设很多系统，在构建数字化能力，但并没有感受到建设的系统与日常工作有什么相关性，也不知道应该如何理解全行数字化转型工作与自身工作的关系。

基于如上现状，该行由计划财务部牵头、科技部协同、各主要业务部门配合，结合系统运行情况，开展了为期三个月的全行业务数字化投入产出分析工作，发现问题主要有如下两方面。

1）各业务条线牵头建设系统，而业务条线实际仅承担了牵头的职责，未充分思考系统如何配合业务运行，最终以"他有我也要有"的思路，匆匆推动系统建设；建设完成后，既没有清晰的管理思路去推动系统与业务的融合，又未与分支行充分沟通，导致分支行不能感知到相关系统带来的价值。

2）各业务条线在建设系统前未做业务可行性分析，缺少客观评价，导致系统上线运行后没有进行量化评价的方法与手段，无从开展投入产出的有效分析。

在深入思考上述两个问题后，高管层较为务实地调整了数字化转型思路：在业务条线对数字化转型工作未做充分思考的情况下，选择不在本行传统经营范围内的某一细分业务，以科技与业务融合的方式先试先行，从零开始构建业务数字化能力，并依此构建数字化服务场景，将该场景下的客户数据与行内其他数据打通，通过数字化手段服务客户，为客户提供便捷、安全、快捷的线上化金融服务。

9.2.3 搭建架构

该行基于现状诊断调整转型思路，以"产业金融"这一国家大的战略为指引，结合所在区域有较多畜牧养殖产业上下游民营企业的特征，计划以金融科技赋能畜牧养殖业，尝试开展数字化体系建设与运营工作，以此形成数字化转型样本，为其他条线开展数字化转型工作提供参考。

为实现上述目标，该行迅速构建了5方面能力，以保障该项工作顺利开展。

1. 组织能力

由分管该项业务的副行长任组长，公司部作为推动具体工作的负责人，从公司部、普惠部、科技部等部门抽调骨干作为项目组成员，共同组建专项项目组。

另外，由于在畜牧养殖业的经验不足，配套的数字化能力建设经验缺乏，该行与专项开展该行业某细分品类业务的金融科技公司合作，借助第三方的力量，快速响应市场需求，同时通过在实践中迅速积累业务经验与科技能力建设经验，为后续能自主深入业务蓄力。

基于如上组织体系与工作方式，专项项目组与金融科技公司直接进行工作对接，双方从业务、科技、数据等方面进行全面融合，形成工作推进机制，并建立整体的行动规划、工作计划，以此明确各自的工作任务与要求，并牵头按计划进行任务执行、跟踪、督导等。

2. 数据能力

产业金融数字化中最重要的就是数据流动与分析。该行通过第三方金融科技公司成熟的产业金融数字化平台，采集上游养殖企业部署的RFID、高清摄像头等硬件上的数据，通过建模分析牲畜的状态，并以RFID为唯一身份标签，跟踪牲畜在出栏后的物流信息、屠宰信息、合同信息等，形成产业金融所关注的四流合一。

3. 科技能力

该行自有科技能力不足，无法自行完成金融科技的研究与应用，因此引入了合作公司的金融科技数字化平台并进行私有化部署：一方面通过第三方金融科技公司快速部署与运行该平台，支撑当前业务发展；另一方面通过专项项目组中科技人员的参与，逐步接手该平台的日常维护工作，做到对该平台的自主可控。

4. 业务能力

以专项项目组为主体，围绕畜牧养殖业中的某品类开展数字化探索工作。其中，明确与第三方金融科技公司合作，由银行方拓展客户，第三方负责对银行方的专项项目组进行业务的专业辅导，帮助专项项目组快速了解该细分品类的业务要求，以及利用数字化手段解决哪些业务方面的痛点等。

5. 风险防范能力

该行由于缺乏对行业的充分认知，与第三方金融科技公司合作，一方面通过四流合一进行业务建模，并且第三方与银行方共同对模型运行结果进行分析，实现风险识别与预警，另一方面由客户经理定期与不定期去负责区域的养殖企业进行现场检查，通过线上线下结合的方式，有效规避风险。

同时，该行还与保险公司商定相应的保险产品，与地方政府争取专项优惠政策及部分保费等，从畜牧养殖业视角主动防范风险。

以如上两方面构建的风险防范能力，该行通过对畜牧养殖业产业金融数字化的探索，既有效承担了社会责任，又保障了金融安全，还探索出了数字化科技手段赋能产业金融的有效路径。

9.2.4 制定路径

以架构下的 5 个能力要求为指引，该行启动了畜牧养殖业某一品类的产业金融数字化工作，并按如下步骤逐步进行业务拓展，以期通过数字化赋能带来业务的高质量快速发展，且形成一个完整的数据结合技术能力赋能业务的价值变现场景，为其他业务数字化转型提供参考，具体的实践路径如下。

1. 第一步：明确组织职能，建立清晰的分工机制与范围

在建立了专项项目组的基础上，通过直接对接合作的第三方公司所指派的业务、科技、数据相关的专家，形成稳定的现场联合办公机制。专项项目组根据全行的经营策略，制订整体计划与任务要求；第三方公司指派的专家执行对应的计划与任务的分解，并明确指定任务的责任人与里程碑，专项项目组成员审议后由相关责任人进行任务的具体执行；同时，建立日常议事与沟通机制，一方面方便事项的审议，另一方面专项项目组成员可进行实战学习与经验积累。

另外，选择试点该项业务的支行，将支行的客户经理作为此项业务的专员，将日常工作纳入专项项目组制定的任务中，一方面通过实战锻炼一线人员的专业能力，另一方面可作为第一道风险防范"墙"，保障业务的高质量发展。

2. 第二步：实地调研与学习，弥补专业能力的不足

该行过去并未针对畜牧养殖业开展过对应的产业金融业务，对该细分品类非常陌生。对于完全不懂的业务，该行选择通过半年的时间，先弄清楚产业现状，再与第三方公司合作利用数字化手段落地产业金融服务。在这半年时间里，专项项目组中包括科技人员在内的所有成员，均到现场做业务调研，了解行业体系；同时，在调研与学习过程中，和第三方公司的业务、数据、科技等多位专家一起研讨。最终，该行不仅充分了解了潜在客户在产业链中的经营情况，还找到了整个产业环节中的痛点、痒点，同时通过向第三方公司专家的学习，弥补信息差。

该行专项项目组根据深入了解到的行业、客户情况，与第三方公司合作，共同整理出产业金融完整的数字化解决方案，并针对潜在客户开发了新的金融产品，制定了营销与运营策略。

3. 第三步：借助第三方公司的科技力量，落地产业金融数字化

基于第二步所整理出来的数字化解决方案，专项项目组与第三方公司合作，对原有的数字化平台进行优化，并在本行私有化部署。第三方公司配合专项项目组的科技、业务人员，以敏捷开发方式，按照所服务客户的要求，利用金融科技手段，不断地对数字化平台迭代更新，最终搭建了可对该产业提供包括非金融以及金融服务的完整数字化平台。

9.2.5 实践成果

从该行"三步走"策略中，对科技能力赋能业务发展的路径要求进行分析，我们可以发现除了科技能力建设以外，还需要组织、人员、业务、数据等各方面的能力建设。只有打好基础，建立保障体系，充分了解与熟悉业务，才能利用技术、数据产生的价值，支撑该项业务的全面数字化。

该行通过在架构指导下的5个能力分步骤全面建设，推动金融科技能力

赋能业务高质量发展，实现了产业金融规模从零到数亿元的飞跃；同时，探索出基于某一细分品类数字化从无到有，从有到良的方法与路径，对该行其他业务数字化起到了示范与参考作用。该行后续又开展了畜牧养殖业其他细分品类的数字化转型工作。

综上所述，对于产业金融数字化，区域性银行唯有在清楚业务规律的前提下，一个场景一个场景地实现，才有可能做好。

9.2.6 潜在问题

产业金融数字化是一个很大的命题，不同行业不同细分品类会有不同的特征、不同的要求等。该行仅对一个行业一个细分领域的一个品类数字化进行了探索，是否能形成批量复制的规模效应是该行下一步所面临的严峻问题。

1）业务差异大，难以在短时间内形成行业性的产业规模。该行在同一行业同一细分领域的其他品类进行探索时，发现之前适用的产业金融数字化平台、业务建模等能力均不能直接复用，不能采用同一套产业金融模式、流程来开展业务，甚至为客户提供的金融产品也需要定制化，对于其他品类的具体产业逻辑还需要同样花时间去做深入调研与学习。因此，该行在成功对一个品类实现了数亿元的高质量贷款规模后，希望向其他品类进行快速复制并以指数级增长贷款规模，但并未成功；相反由于占用了更多资源，如贷款额度、人力资源、前期投入等，受到了行内员工质疑。

2）本地客户资源有限，不能支撑业务持续发展。区域性银行的特性决定了必须深耕本地，而每个业务场景下的本地有效客户与业务规模有限，导致每个场景的投资回报低，不能形成持续、规模化的资产高质量提升。

3）临时成立的专项组织不能形成常态化的支撑保障机制。该行是出于探索的目的而成立的临时组织，当上述业务跑通后该组织解散，业务拓展直接落到了业务部。为了保障业务持续运行，业务部下形成一个类事业部的组织，并将专项项目组成员全部纳入该组织，形成一个相对独立的产品线开展运营工作。因此，该行在新品类实现数字化时，又要临时成立专项项目组，对于支撑保障业务运行的组织设计、机制建设、人员配置等事项，虽然有经验可借鉴，但组织是新建的，一切均须从零开始，重新思考、学习与实践。

4）总行各部门人力资源配置有限，不能支撑部门员工多次被抽调，人才将成为此模式下的最大瓶颈。每一次跨品类、跨行业探索对参与者都会提出新的要求，需要参与部门持续不断地抽调员工进入新的专项项目组，这会造成参与部门人力资源不足并极大影响该部门的本职工作开展。最明显的影响是牵头业务部与协同的科技部门。这两个部门员工的培养周期相对较长。对于优秀人才相对缺乏的区域性银行来说，中高级人才原就稀缺，再不断被抽调开展探索工作，会给部门带来压力。

9.3 案例三：某城商行的稳步变革——组织变革推动业务转型

本案例中的城商行在传统组织体系下，以新设组织的方式进行了较大的组织变革，并在一定时间范围内取得了明显突破，但组织变革是对全行配套资源长期、持续、巨大的消耗，由此新旧组织将产生强烈冲突。因此，由银行一把手带领高管层支持与赋能新组织就非常重要了。

对打算设立新组织、牵头推动数字化转型工作的区域性银行来说，本案例是值得学习与思考的一个有效样本。

9.3.1 变革背景

该城商行地处中西部地区，所在区域大部分地市有网点覆盖。省内民营企业、地方政府、事业单位等均成为该行的核心客户，零售客户群体也较为稳定。

但由于历史问题，该行的历史包袱较沉重，阻碍了传统业务的高质量发展，使整体的资产规模与质量等与省内其他区域性银行相比并无优势。

面对如上现状，该行进行了思考：如何既能妥善解决历史遗留问题，又不会在数字化时代减缓业务整体发展速度？

经过高管层的研讨，该行制定了未来 3 年的业务发展战略：双轮驱动。一方面，对于传统业务，以网点下沉带动传统零售业务的稳定高效增长，深耕本地优质企业客户、机构客户，带动传统业务持续高质量发展；另一方面，打造"线上化生产线"，即通过数字化手段建立不同于传统业务的数字化产品或服务，探索新的业务增长模式，并带动传统业务的数字化转型。

基于如上战略设定所带来的思考，该行从 2020 年开始拉开了以线上业务带动数字化转型的序幕。

9.3.2 现状诊断

该行过去一直在努力化解历史包袱对全行业务发展所带来的影响，没有更多精力主动探索数字化转型。因此，全行上下均对数字化转型没有形成一致的认知，对于如何建立线上生产线并推动全行数字化转型工作，没有清晰的思路。

"不能为了线上化而线上化，必须考虑清楚再下手。"这是该行董事长针对全行上下对数字化转型认知不统一的现状，提出的要求。

基于董事长务实的要求，该行由分管零售和普惠金融业务的领导牵头，带领相关业务部门、科技部门的主要负责人和骨干开展内部研讨，邀请咨询公司进行交流，赴同业学习，解决数字化转型的统一认知问题。在交流与思考中，该行发现：支撑全行经营管理的是一套极为传统的组织架构体系，各业务条线均按传统的绩效考核要求推动日常工作，科技与业务长期"两张皮"，行内没有起到承上启下作用的实体部门，无法站在全行视角牵头、组织、推动完整的"线上化生产线"打造与运营，业务和科技部门均只愿意各管一端。因此，该行计划首先明确数字化转型的组织体系与对应的职责范围，再对业务线上化、数字化进行具体的设计。

9.3.3 搭建架构

在调研与学习后,该行经营管理层对数字化转型、线上化的理解达成了一致:数字化转型是一项整体、全面推动的工作,而"线上化生产线"是推动数字化转型的有效切入点。

为有效推动"线上化生产线"的建设,推进数字化转型工作的开展,该行需围绕如何提升组织能力来整合行内资源,搭建新的实体组织,并明确职责范围,以组织变革推动业务转型。

该行认为新设立的组织既要承接高管层对数字化转型整体工作的规划,还要有如"线上化生产线"业务实践的能力,更需要具备业务实践所需的科技、数据支撑能力,才有可能在传统组织体系下生存、运行。

基于如上对新设组织的定位与具体要求,该行对该组织做了如下 4 方面能力要求,以此支撑组织运行。

1. 规划能力

该行意识到,数字化转型首先需要有统筹规划能力。数字化转型必须在整体规划下制定具体的工作路径,选择切入点,才有可能以全局的视角调用全行的有利资源,有效推动具体工作的开展。

2. 业务能力

该行高管层通过现状分析,充分认识到行内传统组织体系下的各业务条线仍按传统方式开展业务还有市场空间,缺乏主动推动数字化转型工作的动力。因此,新设组织需要通过数字化手段建立新渠道,并按新的营销方式打造"线上化生产线",实现业务价值变现;并以数据的直观对比,让其他业务条线对数字化转型带来的价值有切身感受,推动传统业务条线的转型变革。

3. 数据能力

业务数字化需要采集行内外数据共建数据模型,以支持风险防范以及线上自动办理；同时，在运行过程中，从产品、客户等维度开展数据分析工作，了解产品零售情况与客户特征，以便同传统业务的数据进行对比，进而体现传统业务与数字化业务之间的差异。因此，新设组织需要具备数据应用、分析开发的能力。

4. 科技能力

业务数字化还需要应用系统的支撑，这就需要不断优化渠道管理系统、线上业务平台、后台管理系统等。该行考虑如果将此业务所依赖的上述系统的开发迭代放在科技部门，一定存在为了将科技资源有效分配给全行所有业务部门而进行需求排期、但排期时间点不可控的问题。因此，为了保障业务能力形成"鲶鱼效应"，新设组织需具备相对独立的科技研发能力，并能以敏捷开发的模式快速支撑业务运营管理需求。

综上所述，该新设组织集合了规划、业务、数据、科技能力，即以整体规划为指引，以数据为驱动，以科技为支撑，建立具有数字化底座的经营管理组织体系，体系化推动业务顺畅运行。从理论上看，这种新组织形态的经营管理模式与传统模式不一样，受到了高管层的重视。

9.3.4 制定路径

新设组织形态由于与该行原有的组织体系完全不同，担心如果没有相对独立的保障体系做支撑，就无法在全行的传统组织体系下生存。因此，该行对新设组织给予了最大限度的资源倾斜与投入，建立了完备的保障机制。

建立保障机制的主要步骤包括：组织调整与重塑、人员补充与团队建设、配套数字化平台建设。保障机制的建立落实了新设组织所要求的4项能力，并能保障组织顺畅运转，推动了数字化转型工作的整体开展。

1. 第一步：组织调整与重塑

新设组织需具备规划、业务、数据、科技四方面能力，涉及多个传统部门的工作职责，包括战略规划部的整体规划职责，电子银行部的线上信用贷款业务运营管理职责，科技部数据团队的数据应用与开发职责，科技部应用开发团队的应用开发职责等。

该行从战略规划部、电子银行部、科技部将上述所述职责划至新设组织。同时在新设组织下设4个专项团队：规划团队、线上业务团队、数据分析团队与平台开发团队。

- 规划团队：主要负责全行数字化转型工作的整体规划，制定全行数字化转型战略，分解数字化转型相关任务，督导全行数字化转型任务的执行。数字化转型是一项全局工作，除了要有落地场景，还需要有高度与前瞻性。
- 线上业务团队：主要负责线上业务营销、运营、管理等。
- 数据分析团队：主要负责线上业务所需的数据分析工作。
- 平台开发团队：主要负责线上业务的平台搭建、运行、维护以及迭代优化等。

2. 第二步：人员补充与团队建设

在对传统部门职责进行了调整，明确了新设组织职责之后，该行面临新设组织人员配置与团队组建问题。

由于新设组织涉及战略规划部、电子银行部、科技部的部分职责剥离，这3个传统业务部门的部分人员就需要并入新设组织，以支撑新设组织的正常运转。

具体而言，哪些人员需要并入新设组织？

- 战略规划部：懂战略、有数字化转型规划能力的复合型人才。
- 电子银行部：纯线上个人信用贷款业务的整个业务团队。
- 科技部（数据开发）：数据分析、数据应用与开发的部分人员。
- 科技部（平台开发）：电子渠道、线上业务平台与后台管理的部分平台开发人员。
- 科技部（架构）：懂架构、懂业务的高级复合型人才。

上述人员需按新设组织的 4 个团队职责要求组建团队。

- 规划团队：将战略规划部以及科技部懂架构、懂业务的高级复合型人才纳入本团队，保障规划工作既有高度，也具备可落地性，避免规划工作不接地气。
- 线上业务团队：将上述电子银行部的人员纳入本团队，同时通过社会招聘的方式，补充客户运营人才，形成较为完整的线上化业务运营体系。
- 数据分析团队：将科技部的数据分析、数据应用与开发人员纳入本团队。
- 平台开发团队：将科技部的平台开发人员纳入本团队。

其中，由于数据分析与平台开发工作较为琐碎，该行还同步签订了专项人力资源外包协议，根据具体的任务要求，通过外包的方式解决开发资源不足的问题。

3. 第三步：配套数字化平台建设

该行在明确新设组织职责、完成人员配置后，就启动了支撑业务运行、数据资产价值变现的数字化平台建设工作。

首先，为了支撑纯线上个人信用贷款业务，基于微信公众号建立了产品申请入口；同时针对该业务特征重构了互金平台业务功能，并增加了客户运营功能等，以满足线上化业务营销、运营、管理等的需求。

其次，开展了数据中台能力建设，为新设组织打造先进的数据分析与应用工具，帮助业务团队及时通过数据分析所呈现的客观结果，调整营销、运营思路。

最后，为了支撑线上业务稳定、快速拓展，将互金平台等按微服务架构要求进行重构，并开展了对应的服务治理工作，逐步实现业务组件化。

9.3.5 实践成果

新设组织通过 3 个实施步骤落实了 4 项能力,形成了 20 余人的团队,以"整体推进、局部切入"的思路开展了数字化转型落地工作。

1)制定了全行数字化转型规划,明确了未来 3 年数字化转型的目标与具体任务,并制定了落实到部门的任务计划表,由新设组织监督业务部门执行任务。

2)数字化平台线上所运行的纯个人信用贷款业务,在业务团队、数据团队与科技团队的共同努力下,在一年左右的时间里新增 20 余亿元贷款,不良率控制在 0.6% 以下,发展势头良好。从数据对比来看,线上贷款投放规模大于用"白名单"方式拓展的线下贷款投放规模;而线上贷款业务的成本收益率高于传统线下"白名单"贷款业务;同时,从不良率控制来看,线上贷款业务的不良率低于白名单贷款业务。纯线上个人信用贷款这一"线上生产线"的"鲶鱼效应"初步形成。

3)数据中台也在业务运行过程中发挥了较大作用,可以支撑业务团队准实时地通过业务大屏关注业务运行情况;同时,通过强大的数据分析能力,银行为服务的客户建立更多精准的标签,使客户画像更完整,为业务团队开展客户运营工作提供了便利。

4)采用微服务架构以全流程线上化业务的思路对互金平台进行重构后,该平台既达到了客户瞬时高并发的稳定运行要求,又达到了业务团队对线上营销、运营、管理等在业务功能与数据使用方面的要求。

9.3.6 潜在问题

虽然该行通过较大的组织变革取得了如上成绩,但由于始终是一家传统的城商行,且主体组织架构仍偏传统,阻碍了新设组织的进一步发展。具体来看,新旧组织之间的碰撞存在如下几方面问题。

1)业务定位问题。新设组织与多个传统业务部门有客户、产品、服务等的交叉，会出现多个渠道、多个部门营销同一客户的情况，导致业务发展受阻。

2）服务客群问题。从服务客群看，该行的存量客群与潜在有效客群有如下关键特征：普遍年龄偏大且多为代发客群，对其最优的服务是线上线下结合的方式，而不是因为银行有线上与线下两类产品，人为区分为线上与线下两类客户，最终演变为"部门之间的考核竞赛"，导致客户体验不佳，线上业务所带来的"鲶鱼效应"锐减。

3）团队构成问题。新设组织的大部分成员是从传统部门中抽调而来的，一方面原有部门会由于人员不足而受到影响；另一方面，团队成员仍是以传统型人才为班底，工作思路在一定时间范围内不能跳出原有框架，业务、技术、数据融合存在较长磨合期，导致线上业务在一定时间范围内较难有更为显著的提升。

如上几方面问题所反映出来的冲突焦点即各种资源（财力资源、人力资源、科技资源等）的争夺以及工作成果的抢夺，"以客户为中心"已被抛到脑后，变成了以产品、账户为中心的传统经营模式，以组织变革驱动业务转型的思路受阻。

9.4 案例四：某城商行规模增长的秘密——自上而下建机制，全面推进数字化转型

本案例中的城商行董事长亲自推动数字化转型，有利于自上而下、整齐划一地按计划、按要求进行具体工作的执行，也有利于资源的集中调配与使用，在短时间范围内容易取得一定的成果，为全行转型工作持续开展"打样"；但从另一个角度来看，董事长亲自推动数字化转型工作，对中高层管理人员来说是全新挑战。

因此，通过对本案例的学习，区域性银行可以了解自上而下全面推进数字化转型工作的思路与存在的问题。

9.4.1 变革背景

该城商行地处东部江浙沪发达地区，在该区域内资产规模为中等水平，主要业务为传统零售、对公以及普惠金融，最近三年利润屡创新高、持续增长，是一家经营健康、综合性较强的区域性银行。

该行在最近一次业务战略规划中，明确了未来发展战略：打造"小而精"的银行，不再将扩资产规模作为主要经营目标，而是通过压降不良，优化现有客户结构，推动普惠金融发展，实现惠民利企，成为一家健康发展的区域内最佳银行。

该行于 2020 年启动了数字化转型战略规划咨询项目，建立自上而下的全面数字化转型支撑体系；同时，根据业务发展策略，识别出数十项具体的转型任务，由数字化转型牵头部门推动各业务部门按要求执行任务。

9.4.2 搭建架构

该行通过数字化转型战略规划咨询项目的开展，摸清了现状，并制定了如下转型架构规划，以支撑全面推进数字化转型工作。

1）业务方面的规划。在对公业务方面，该行明确了没有专业能力去服务大型企业，没有足够的行业知识去了解大型企业的经营情况与风险情况，不能达到大型企业客户的专业金融服务要求，不具备提供跨境金融服务的能力，因此主要聚焦服务地方政府与中小型企业为主，同时提高零售业务占比。因此，该行在业务领域的数字化转型任务将放在为地方政府、中小型企业以及零售客户提供数字化产品和服务，以及实现客户数字化管理等方面。

2）流程方面的规划。该行计划依托数字化能力建设细化、固化、优化业务战略中对精细化管理的要求，并将流程优化的重点工作设在客户服务与内部管理方面。该行认为：数字化转型的关键就是通过数字化能力对全行进行流程再造，以此重塑全行的组织、岗位、制度等，推动全行全面转型。

3）组织方面的规划。新设一级部门牵头推进全行数字化转型工作，并监督各业务部门如期高质量完成转型任务，同时推动全行各业务部门持续开展数据治理工作。

4）技术与数据方面的规划。该行在5年大规模投入科技能力与数据能力建设的基础上，形成了较为全面的技术与数据能力底座，打好了数字化转型基础；同时，启动数据中台与业务中台的建设，重塑全行的应用架构与数据架构，以满足数十项业务数字化转型所对应的信息化系统需求。

5）员工方面的规划。由于数字化转型需要懂业务、懂技术的复合型人才，对员工的能力提升要求日益加强，该行一方面启动了新的人力资源规划项目，为推动数字化转型工作而设置新的人力资源框架与具体的岗位要求等，另一方面制定了最接近复合型人才标准的高端科技人才引进计划，对该类人才引进实行上不封顶策略，最大限度地引进高端人才，尝试通过构建高端人才梯队，带动全行中端与普通复合型人才团队的培养与形成，最终形成完整的数字化专业人才梯队。

上述几方面的规划与我们前面定义的数字化转型架构所包含的内容基本一致。也就是说，对于数字化转型工作而言，无论选择的切入点是什么，区域性银行都需要关注组织、业务、数据、科技等方面的能力建设。

9.4.3　制定路径

该行针对转型架构的实现制定了数十项具体任务，并将任务明确到部门。从理论上看，该行各部门按照任务要求开展对应的工作即可。但从实践中我们可以得知，区域性银行普遍有一个共性问题：可以请专业咨询公司制定出一个"很完美"的数字化转型规划，但往往规划内容很难落地。究其原因，数字化转型是涉及全行的变革，需要各部门在统一认知的前提下协同工作，而区域性银行普遍"部门墙"林立，如果没有自上而下的推动机制与闭环管理机制，数字化转型规划将被束之高阁。

如何推动转型架构的落地？如何保障转型任务顺利完成？

该行董事长在数字化转型规划咨询项目开始前一年时间里，已对数字化转型的重要性进行了深入思考，在经过了充分的准备与论证后，决定去行政化，并拟采用如下路径推动数字化转型工作。

首先，数字化转型相关任务由新设立的部门牵头组织执行，并由该部门对每一项任务进行全程跟踪、督导，不再指定由某一行级领导牵头相关的工作。

其次，董事长亲自为牵头部门排忧解难，常态化每月召开数字化转型任务推进情况工作会，对当期的工作进行回顾与总结，并对问题进行现场决议。

最后，对各业务部门制定转型任务考核机制，并由数字化转型牵头部门对转型任务进行专项考核，最终由董事长与高管层对结果进行审议。审议后的考核结果直接影响该业务部门年底评优。

综上所述，自上而下推动数字化转型工作开展需要"一把手"的高度参与，更需要有对应的工作推动机制来保障落地。该行董事长敢于"亮剑"，直接带领全行管理人员开展数字化转型工作，并建立如上去行政化的工作推动机制，使数字化转型工作井然有序开展。

9.4.4 实践成果

具体来看，近两年该行取得了如下数字化转型成果。

1）业务数字化能力提升。在对公业务方面，基于区域内高新企业、产业链中的核心企业双集中的现状，借助供应链金融平台、票据平台等数字化金融服务能力，与政府、企业数据对接，对科创、智能制造等领域的中小型企业提供纯线上金融服务；在零售业务方面，依托数据对全行零售客户分层分群，通过线上线下结合的方式对不同类型客户提供线上化人社服务、线上化医疗服务、线下便捷养老金融服务等。截至 2021 年年末，该行的资产质量、规模双增长，数字化转型价值得到了初步验证。

2）流程优化持续落地。该行在业务战略与数字化转型战略中均提到流程优化是重点工作。从实践成果来看，该行围绕"以客户为中心"的原则，对业务条线职能进行整合，构建大业务条线的中台数字化协同管理能力；同时，赋能一线员工智能化设备，简化前端操作；另外，通过集中作业中心简化业务流程，大大提升了客户体验。因此，该行无论内部管理流程，还是对客服务流程均在合规、风险可控的前提下，通过数字化手段加速推动流程优化工作。

3）数据治理卓有成效。该行在5年前就开始重视数据治理相关工作，并通过持续开展专项数据质量提升工作，将全行的基础数据以及关键指标数据均按数据标准的要求实现了标准化。在此基础上，该行规划通过建设数据资产管理平台与数据中台，构建数据资产管理能力以及数据服务能力，支撑高质量数据管理与数据应用。在上述两大平台的建设过程中，通过对存量数据、数据服务的梳理，将提高全行整体的数据质量与数据应用水平。

4）以"业务中台＋数据中台"构建转型双引擎。该行通过数字化技术，叠加高质量的数据，打造了业务中台与数据中台，并通过持续的数据治理与服务治理工作，形成业务组件化、数据即服务的双能力，支撑业务数字化发展。

5）构建数字化专业人才梯队。通过优化后的数字化专业人才与复合型人才引进策略，该行从一线城市、省会城市引入了10余名高端人才，构建了全行数字化专业人才高端团队；同时，将科技部门作为全行数字化专业人才、复合型人才的"黄埔军校"，向业务部门的副职、关键岗位等进行人才输出，构建全行数字化专业人才团队的骨架；未来将在数字化专业人才高端团队的带领下，在业务部门承担数据管理、数据分析职能的骨干能力提升下，逐步完善全行数字化专业人才培养体系，最终形成数字化专业人才梯队。

9.4.5 潜在问题

从战略任务分解，到任务的具体执行，再到执行的具体效果审议，均需董事长过问，这将占用董事长大量精力与时间。同时，此种自上而下推动机制又必须由董事长亲自推动，否则任务传递到中层管理人员会存在"动作变形"风险，以及"部门墙"严重阻碍任务执行等情况。

因此，该行通过自上而下建机制，持续推动数字化转型工作。这对董事会向董事长在数字化转型方面的授权、董事长自身的战略定力、经营管理层对董事长的支持等均提出了较高要求，且董事会、经营管理层需要对该思路达成高度一致的共识。这对绝大部分区域性银行来说是一项巨大的挑战：一方面，董事会与经营管理层是否能持续支持；另一方面，董事长是否具备既关注宏观，又能在中观与微观的具体工作中做出关键决策的能力。

综上所述，自上而下建机制推动数字化转型工作对董事会、董事长、经营管理层的要求较高。一旦在转型实际推动过程中三者认知发生了变化，该模式将不可持续，甚至会出现大倒退的情况。

9.5 案例五：某农商行全面数字化演进——业务发展瓶颈倒逼全行主动转型

本案例中的农商行由于业务发展进入瓶颈期，全行上下面临"不进则退"的困境，于是启动了数字化转型工作。

该行董事会、经营管理层对数字化转型达成一致认知，并果断地基于本行痛点开展了科技与数据能力自建工作，构建了数字化转型架构所依赖的组织、数据、技术、业务、风险等方面的能力，并找准业务数字化方向，通过持续的流程重塑，提高客户经理工作效率，提升客户体验，极大地提高了业务达成率，最终实现了业务持续高质量发展。

此案例是农商行全面推进数字化转型且取得巨大成效的典型，对于业务发展已进入严重瓶颈期的区域性银行，是一个很好的学习样本。

9.5.1 变革背景

该农商行地处江浙沪区域的山区，不靠海，属于没有交通便利条件的四线城市。在其所在区域内，国有银行、部分股份制银行，以及省内城商行、互联网金融机构均设有分支机构，同业竞争较为激烈。作为区域内唯一的农商行，其定位为"服务三农、支农支小"，希望提供差异化的金融产品与服务，作为区域内与其他金融机构竞争的"利器"。

基于以上区域内竞争情况以及自身定位，该行提出了构建区域内"一流社区银行"的目标。

如何构建"一流社区银行"成为该行董事会及经营管理层需要思考的问题。

该行在此之前大力发展线下业务，通过客户经理将日常工作充分下沉，在服务农户、小微企业方面拥有较高的市场占有率，人均管户数已达600。基于深入客户场景的工作要求，该行客户经理每天要面临大量客户维护工作，已经没有更多精力去拓展新客户，且维护客户的线下成本越来越高，经常延迟响应或忽略客户的金融需求，导致客户流失。如果这个趋势持续下去，该行引以为傲的基础客群高黏性将不复存在。

因此，该行要想成为"一流社区银行"，必将面临如何高效拓展新增客户，如何向存量客户提供更优质的服务的严峻问题。而这两方面问题反映的本质是该行业务发展到了瓶颈阶段，必须找到新动能并开始变革。

基于如上现状与业务目标，该行于2018年启动了数字化转型工作，借助数字化手段推动大零售业务高质量发展，提升全行经营管理水平，提高员工工作效率，降本增效，提升客户体验。

9.5.2 现状诊断

该农商行虽然是独立法人，但科技能力与数据能力均须依赖省农信给予的各种成熟应用，几乎不具备自主可控能力；如果完全等待省农信排期资源来满足数字化转型过程中对科技能力、数据能力的需求，将面临省农信响应周期长、能力交付速度慢等难题。

因此，该行董事会与经营管理层做了多轮讨论与论证，决定根据本行的经营管理现状，自建科技能力与数据能力。

而从零到有的自建意味着需要持续对技术进行高投入，才有可能将技术转换为所需要的科技能力与数据能力，这对该行来说是一个极大挑战。虽然该行每年的利润与其他金融机构相比独占鳌头，但董事会、经营管理层面临着除了每年需要上缴给省联社的科技服务费外，还要单独支出数千万元提升科技能力。这对资产规模数百亿元的农商行来说，是一笔很大的开销。

但该行当前的主要矛盾已经严重影响业务高质量发展，这倒逼董事会、经营管理层在转型认知上高度一致：通过3年左右的时间，在"一穷二白"的底子上，持续通过自行投入开展科技与数据能力的建设，充分重视科技，并利用数据为全行添加新动能，推动全行数字化转型，带动业务高质量发展。

9.5.3 搭建架构

对于农商行而言，资源极其有限。在做了投入预算后，该行秉持"好钢用在刀刃上"的理念，抛弃盲目贪大、贪全，以及"一步到位"等思想，有针对性地逐一开展科技能力与数据能力的建设。

该行基于如上务实的理念，在大零售领域选择了贷款业务线上化作为科技与数据赋能的切入点，围绕如何能通过线上贷款流程重塑、事务性工作标准化与后移，减少客户经理事务性工作，提高工作效率，让客户经理有更多时间到现场去拓展业务，开展数字化转型工作。

如何才能让线上贷款业务转起来？该农商行并未着急直接从系统建设开始，而是集中全行优质资源搭建支撑线上贷款业务的架构，以清晰的架构指导下一步工作的开展。该行围绕组织能力、数据能力、科技能力、业务能力及风险防范能力5方面打下基础，以支撑线上贷款业务落地。

1. 组织能力

线上贷款业务是该行的"一号工程"，董事长牵头成立了网贷项目工作领导小组。其中，行长是该项工作的"总指挥"，线上贷款业务相关的多个部门负责人均纳入领导小组，与线上贷款业务相关的问题与待决议事项均由该领导小组直接处理。

此外，为了满足线上贷款业务对数据分析的需要，该行成立新的一级部门——数据管理部，并主动打破原有薪酬结构，以市场化薪酬体系招聘数据分析、数据应用与开发工程师，优先招聘原籍在本地及附近的工程师，并协助解决工程师配偶就业问题。经过一年多时间，该行的数据管理部人员从零增至10余人，具备了自主开展数据分析与数据应用工作的基础。

2. 数据能力

该行在本地自建了大数据平台，将省联社通过数据仓库下发的本行交易数据、客户数据、账户数据等均纳入大数据平台；同时，及时与当地政府、事业单位合作，主动建立接口以获取本地法院、公安等公开信息；在客户授权基础上，与政府机关对接数据接口，获取个人婚姻状况、家庭成员、个人汽车、房产、医疗等信息，并将上述数据均接入大数据平台，以此形成具有内外部数据的线上贷款专用数据集市。

同时，该行经营管理层对数据能驱动业务发展达成了共识，认为数据治理工作是规范业务并让数据具有价值的基础。该行由行长牵头，持续主动推进数据治理工作，并制定专项数据治理考核指标，让全行每一个人都参与到数据治理工作中，培养每一名员工对使用数据的自觉性与主动性，建立全行数据基础文化。

3. 科技能力

在省联社提供的核心系统、信贷系统、渠道管理系统等的科技能力支持外，根据经营管理需要，该行计划自建网贷平台，并配合线下营销工作需要，自建配套的整村授信、绩效管理等系统。

4. 业务能力

该行深知，过去的经验均是围绕线下业务得到的，依托数据的线上贷款业务需要逐步积累数据，然后才能在审核环节逐步实现无人工干预自动放贷。因此，该行选择了白名单制与数据驱动相结合的方式，先由一线网点根据过去线下实践经验，通过线下调查的方式收集可发放贷款的客户名单，将该名单上的客户数据放于待建网贷平台，并利用大数据平台上的内外部数据进行业务建模，构建客户画像，逐步积累客户特征，为实现纯线上个人信用贷款申请做准备。

5. 风险防范能力

该行的经营管理层经过多年的业务经营管理总结出：对于农商行而言，最大的风险是员工道德风险。如果员工道德风险可以有效防范，员工均按岗位职责要求尽职工作，操作风险、信用风险均能大大降低。因此，该行计划制定针对员工经济问题、道德问题、社会关系问题、担保行为问题、违纪违法问题等方面的管理办法，以及配套建立员工道德风险管理数据库，通过对接政府机构自动获取数据、手工采集外部数据、手工登记等方式，对员工各类存在道德风险隐忧的数据进行收集、整理，并结合行内数据以及个人征信数据建立员工异常情况分析模型，对分析模型命中的数据进行风险预警，以提升全行风险防范能力。

9.5.4 制定路径

有了如上5方面能力支撑，该行就开始制定路径，明确分步实施步骤。整体来看，该行可按照"建组织、定产品、上系统、重运营"四步来推进以网贷业务为切入点的数字化转型工作。

1. 第一步：建组织——建立新业务中心，搭建业务组织体系

由于线上贷款为新业务，原有业务条线一方面没有这方面的职能，另一方面也没有相应的经验，该行成立了新的一级业务部门——网贷中心，以网贷项目工作领导小组的工作安排为指导，开展具体的工作；并向网贷业务开展较早且有经验的同行学习，借助他行经验整理出针对网贷业务的管理办法

与细则；同时，制定该项业务的激励措施，让每名客户经理均能主动参与到全行"一号工程"中，并通过实践得到锻炼，形成完整的、规范的业务体系，具备了开展网贷业务的先决条件。

2. 第二步：定产品——根据不同客群，定义不同网贷产品

该行客群的主要标签是"小""农"，围绕这两个关键词，结合本地的实际情况，将客群划分为农户、城区社保户、新居民、收单商户4类，并针对不同类型客户提供不同种类的网贷产品，如农户小额贷、社保信用贷、新居民线上贷、收单贷等；同时，针对不同贷款产品，采集不同数据，建立不同的数据模型，定义不同的贷款策略，以满足不同类型客户的贷款偏好。例如，对于农户小额贷，根据采集到的农户的家庭、收入等信息，以足额贷原则对农户的贷款申请进行处理，因为该行认为本地农户对于每笔平均不超过3万元的小额贷款还款愿意强，且普遍用款周期较短，基本不存在风险。

3. 第三步：上系统——建设本行的科技能力与数据能力

基于保障架构体系下科技能力与数据能力的要求，建立网贷平台、整村授信平台、大数据平台、基于数据集市的绩效考核平台、员工道德风险管理平台、基于网贷模型的网贷风险预警管理平台等，并将第一步中的组织体系（含管理办法、制度、流程等），第二步中的客群分群、产品配置、客户分析等能力要求，融入上述系统建设中。系统建设不仅是提供具备数字化能力的平台，如果没有组织管理体系、客户、产品等的接入，系统就是没有"灵魂的僵尸"，无法被有效使用，也不能推进工作顺畅开展。

4. 第四步：重运营——逐步用数据"说话"，全面提升业务效率

通过系统的建设，客户可自主线上申请，或客户经理在现场用移动设备协助进行在线申请两种方式进行网贷。如果客户在白名单上，业务模型在客户授权后获取个人征信等数据进行线上自动审查；如果客户不在白名单上，业务模型会根据客户所选择的产品进行数据采集与分析，形成对应的审查意见。

在此模式下，客户经理不再需要通过线下的方式消耗大量时间去收集整理材料，可将大部分精力放在营销以及对客服务上，客户经理的工作效率得到了大幅提升。同时，客户经理可用系统提供的客户视图数据、客户风险数据等，主动集中地开展贷后管理工作。

此外，为了有效推动网贷业务上下联动，及时有效地拓展网贷业务，该行还建立了支持手机端、PC 端的网贷业务"作战大屏幕"，通过自建的数据分析与应用能力，将关键数据、指标、事件、预警信息等，以准实时的方式进行动态展现与更新，以便领导小组与网贷中心均能及时有效地感知到业务发生的变化。

9.5.5 实践成果

通过两年多的努力，该行不仅完成了数字化转型所需能力的构建，还按设定的转型路径分步骤推进了具体的转型工作，逐步实现了以网贷业务为数字化切入点的全面转型。

在这两年多时间里，客户经理人均管理客户数从 600 余户翻倍到了 1200 余户。随着越来越多的数字化手段接入，线上化服务越来越便捷，客户经理在现场的营销效率更高，人均管户数每年在上升。

随着客户经理的营销效能显著提升，业务也突飞猛进发展。该行新增一倍贷款客户，户均贷款已在 20 万元以下，且本行 85% 以上的贷款均在 30 万元以下，全行整体不良率最近三年均未突破百分之一，且逐年呈明显降低的趋势，实现了真正意义上的"服务三农，支农支小"；同时，对新贷款客户里的个体工商户及小型企业再输出收单产品，不仅解决了短时间融资难问题，也解决了收款难问题，由此还带来了大量活期存款。在两年多时间里，该行的活期存款规模明显增加，存款付息率整体呈下降趋势，远低于同区域内其他区域性银行，在区域内的同业竞争中具有足够的贷款定价空间。该行已通过数字化转型工作的开展进入了高质量发展轨道。

9.5.6 潜在问题

通过最近 3～4 年持续投入，该行自建的科技与数据能力逐渐成为核心竞争力，且为业务高质量发展奠定了坚实的基础。但随着业务数字化要求越来越高，原有科技与数据能力也需要同步提升，财力、人力投入会越来越大，且投入是没有终点的，这对该行来说将是巨大的挑战。

此外，由于该行借助数字化转型在区域内迅速大规模拓展业务，员工在工作中得到快速成长，同业对该行既有数据思维、又有业务能力的复合型人才开展了"挖人行动"，该行近年面临着人才持续流失的风险。

9.6 案例六：某农商行听取一线的声音——打造数字员工平台，促转型

此案例中的农商行在业务发展势头很强的时候，并没有盲目启动数字化转型工作，而是在下达任务后充分听取一线员工的声音，并为解决一线员工面临的实际问题才顺势而为，以建设数字员工平台为目标统一了全行的思想认识，开展了数字化转型工作。

在该行有了目标与达成共识后，从数字员工平台的建设开始，以"灯塔工厂"模式，按照"摸家底、找差距、搭架构、定路径、建系统"思路执行数字化转型方法论，最终成效斐然。

该农商行是系统性开展数字化转型工作的典范。对于没有清晰思路以点带面开展数字化转型工作的区域性银行来说，本案例是值得研究与分析的。

9.6.1 变革背景

该农商行地处江浙沪地区的核心区域，本地交通便利，经济发达。在其所在区域内，除了密集分布着六大国有银行、所有股份制银行、省内所有城

商行的分支行外，还存在着一家极为优秀的本地城商行，同业竞争十分激烈。

面对如此激烈的竞争环境，该行基于自身的资源禀赋，制定了务实的业务战略：不与其他金融机构在其不擅长也没有足够业务能力支撑的大对公业务领域竞争，即区域内的大中型企业均不是该行客户；而秉持做小、做散的原则，下沉到街道、城乡接合部、乡村、田间，在现场去找客户、了解客户、维护客户，将其他金融机构不愿意做或做不好的客户变成该行的优质客群。

如上差异化客群选择注定了该行需要客户经理将大量时间与精力投入现场，不断地连接客户、转化客户、服务客户。通过5年左右时间的持续下沉工作，该行深入了解到这部分客户的金融诉求与痛点，逐渐积累了拓展该类客户的经验，并提炼出行之有效的方法，以指导客户经理高效地开展业务。该行采用上述拓展客户的方法后，小微贷款客户数较快增加，小微贷款余额每年持续规模性增加。

随着客户数不断攀升，贷款余额规模性增加，该行做出战略布局：坚定服务此类客户，在现有小微贷款余额的基数上，三年内翻一番。为了达到上述目标，该行对客户经理提出了更高的业绩要求：人均新增客户与贷款规模指标均在原来的基础上翻一番。

但原有的拓展客户方式已无法达成业绩目标。因此，该行一线客户经理与管理人员提出：让客户经理在现场完成全部业务办理。

该行经营管理层十分重视来自一线的声音，并希望通过对某一具体的业务场景数字化转型能力的打造，推动全行数字化转型工作的开展。2019年，该行启动了数字员工平台建设工作，这也是全行数字化转型的开始。

9.6.2 现状诊断

该行的数字员工平台的建设需求来自一线员工（客户经理）与管理人员，他们迫切需要能解决工作中所遇到实际问题的工具。再加上有业绩压力，客户经理所提出来的待解决问题往往是最具体、最真实的痛点问题。

客户经理所提的问题主要有哪些呢？

1）不能现场开户办卡。该行缺乏轻型便捷的移动化开卡工具，不能实现随机对散户开卡。而现场如果不能开户办卡，将导致客户经理在现场的客户营销工作失败或失效。

2）不能在现场完成客户授信工作。目前，该行线下客户授信模式是由客户经理先主动到有申贷意愿的潜在客户处收集所需要的材料，再将材料带回办公室并录入系统进行申贷材料审查等工作，需要等待3～5天才能确定客户授信额度。其间，如果客户接触到类似网商银行、微众银行等马上就能出额度的银行，该行将面临客户流失风险。

3）不能在现场完成贷款审批工作。当客户要用信时，该行客户经理还须再次去客户现场收集用于贷款审批的材料，并带回办公室再次录入系统，等待审批。这个过程也需要3～5天才能完成。而小额贷款客户的贷款需求往往是紧急的，贷款周期短，等不及线下流程，因此存在被其他金融机构抢走的风险。

4）不能提供移动化办公能力。客户经理在外拓展业务时，由于没有移动化办公设备来随时利用碎片化时间进行处理，均需要回到办公室进行集中处理。但客户经理大部分时间都是在外拓展业务，一般到晚上八九点才能结束当天工作，这时再回到办公室处理相关任务，严重占用个人时间且毫无工作效率。

5）不能与员工个人业绩数据挂钩。该行目前的系统仅支持按月看到客户经理上月的工作业绩与工作进度完成情况等，不能按天查询上一日的情况，导致客户经理在线下进行客户拓展时，节奏把握不好，客户转化率不高，潜在客户流失较为严重。

6）不能实现对客户经理工作的规范管理。对于管理人员而言，每天督导客户经理外拓工作是一项重要任务，但缺乏必要的数字化手段与工具，仅能通过客户经理隔天上报的日报来查看其当日的工作情况；无法实时了解客户经理当前的位置，是否与客户打了电话，是否与客户进行了交流沟通等，导致客户经理的外拓工作不受规范管理，督导失效。

该行将如上6方面现状诊断结果细化为明确的业务需求，以此为基础打造数字员工平台。

9.6.3 搭建架构

该行开展数字化转型的业务战略以及对应的切入点均十分明确，甚至在现状诊断过程中已将具体落地要解决的业务数字化方面的需求整理完毕，因此仅须建立对应业务数字化转型的支撑架构。以此思路，该行通过组织、数据、科技、风险防范4方面的能力建设构建了保障业务转型的支撑架构。

1. 组织能力

该行业务转型所涉及的大零售业务，以及支撑系统落地的科技与数据能力建设的主管领导是同一人。该领导既是分管业务的副行长，也是分管科技的CIO，要求既要抓业务，明确业务需求，还要抓科技，降低沟通成本，协同多部门工作。

该行业务转型的顶层设计由分管大零售业务的副行长直接负责，成立了数字员工平台项目组，拟通过项目制的方式整体推动数字化转型工作的开展。其中，该分管行级领导为项目组组长，相关业务部门与科技部门负责人均纳入项目组，另外部分一线骨干与管理人员也调至项目组，共同组建成既有战略高度，又有落地实操性的组织保障体系。

2. 数据能力

要实现在现场进行额度与用信的审批等，就要用行内数据以及行外数据进行业务建模，形成完整的客户视图以及风险评估模型等。因此，该行需要有自建的数据平台。

该行拥有技术自主权，并不需要依赖省农信的数据能力支持。2018年起，该行高度重视数据相关工作，通过数据仓库的优化、大数据平台的建设、外部数据的引入，以及征信信息的解析、数据分析工具的利用等，搭建了完整的数据架构，为全行未来数据应用打下坚实的基础；同时，随着持续推动数据治理工作，数据质量也在同步提升。

基于如上基础数据能力的搭建，该行计划在原有数据架构上建设专题数据集市，包括行内的客户主数据，大零售业务的交易、账户数据，以及外部的客户授权使用数据等；同时，在数据集市上进行业务建模，形成完整的客户视图以及对客风险评估能力。最终通过数据能力的建设，该行在业务转型中实现了数据价值变现。

3. 科技能力

该行具有自主研发能力，可以自建日常经营管理相关的核心系统、信贷系统、渠道管理系统等。因此，在科技能力建设方面，该行无须接入省联社资源，自行开展相关工作即可。

围绕一线员工提出的6大诉求，从系统落地角度来看，该行需要建立移动展业与移动营销管理系统，这依赖于从渠道端到服务端对业务服务、数据服务进行端到端调用，涉及应用架构、数据架构的优化与调整；同时，基于移动端拓展业务的特征，又涉及对移动端技术架构的调整。

因此，为了落地数字员工平台，该行从技术架构、应用架构、数据架构3方面进行了调整，并以此契机开展服务治理工作，以便高效调用各类服务组件。

4. 风险防范能力

该行的数字化转型本质是利用数字化手段实现数据价值变现，在移动端围绕如何有效建设客户经理营销与业务办理过程中的数字化支撑能力。在转型过程中很重要的一点是：客户业务办理的地点变了，从网点变为现场，这需要加入移动端设备的支持。而移动端设备对业务服务、数据服务的访问涉及网络安全、数据安全等问题，客户经理对客户个人信息的使用还涉及客户隐私保护等问题。该行在保障业务数字化能力建设的同时，十分重视上述几类安全的管理工作：通过技术手段以及数据管理办法、制度的修订等，形成有效的风险防范措施。

9.6.4 制定路径

数字员工平台是基于移动端的展业能力重塑，面临业务适配、流程再造、系统重塑、数据赋能4方面工作。在架构能力的支撑下，该行围绕如上4方面工作来推动平台的落地。

1. 第一步：业务适配，明确在移动端需要支持的业务场景

该行数字化转型的目标非常清晰，即解决一线员工在外拓展客户的工作效率问题，并提高在现场销售产品与办理业务的成功率。基于此目标，该行将小微业务贷前、贷中、贷后全流程等均纳入移动展业范围；同时，为了使客户经理在外拓展工作过程中能满足客户的多样性金融服务诉求，还将理财签约、代缴费签约、渠道签约、POS商户签约等业务纳入移动展业范围，强化与客户的连接。

2. 第二步：流程再造，满足一线员工现场开展工作的需求

该行围绕需要适配在移动端的开户开卡、贷款、理财签约等业务，基于移动端的设备特征、可外接的设备特征，以及在现场可直接采集的数据特征（含结构化与非结构化数据），重新梳理并重塑业务办理流程。同时，业务流程变化必然涉及对应的业务管理办法、制度及岗位职责等方面的调整，该行也在流程重塑过程中同步将上述流程保障体系进行了修订，以保障重塑后的业务流程既合规又能高效在移动端运转。

3. 第三步：系统重塑，建设移动展业 App，改造原业务系统

以业务需求与流程再造需求为输入，自行开展移动展业 App 建设工作，并按移动展业的业务场景要求调整本行的核心系统、信贷管理系统等，以支撑移动展业可在移动端完成对应的业务办理。

其中，核心系统、信贷管理系统等所提供的业务服务均须按重塑后的业务流程进行调用。

4. 第四步：数据赋能，接入内外部数据，变更业务办理模式

该行通过建设数据集市，接入行内外数据，建立客户主题数据模型、风险主题数据模型，为一线员工提供丰富的客户标签、客户风险信息等，并封装为各类数据服务，接入业务办理的整个过程，改变原来依靠大量纸制材料的业务办理模式，实现数据价值变现。

- 贷款调查阶段。一线员工在现场对客户经营环境直接拍照与录像并上传系统，系统对所有录入项进行归集分类等，并自动调用数据集市上的风控评分模型对归集分类的数据进行计算，在现场就可查询与计算出结果，进而完成调查工作。
- 贷后检查阶段。对客户的行内业务数据及行外数据进行分析，对有风险的客户进行贷后预警提示。一线员工能有针对性地去做检查，既落实了检查工作，又节省了时间与人力成本。

9.6.5 实践成果

2020 年 3 月，该行上线数字员工平台，在上线之初，并未全行推广，而是选择了 5 家支行作为试点使用该平台拓展业务；同时，另外选择 5 家采用传统方式拓展业务的支行作为对比组，以半年为观察期，对比使用了该平台的支行是否能如预期提升一线员工的工作效率，明显提高工作效能。

为了让对比结果更客观，该行分管行领导选择了 2019 年人均效能与管户

数靠后的 5 家支行。这些支行周围 3 公里内均是老小区，居民年龄较大，普惠类贷款需求不旺盛，需要有移动工作平台，下沉到有金融需求的市场、城乡接合部去开展业务。

而对比组选择了 2019 年人均效能与管户数靠前的 5 家支行，其人均效能与管户数均高于试点支行 50% 以上。如果试点支行能在半年后提升 50% 以上的人均效能与客户数，则视作试运行成功，并向全行全面推广；如果小于 50%，则进行分析复盘，找到原因，继续开展试点工作，直至能达到明显业务提升的要求，方可全行推广使用。

试点支行由于有了数字化工具的加持，员工战斗力惊人。在半年后，双指标全提升了 100% 以上，远超预设的 50%。在准备全行推广之前，该行行领导带领项目组成员做了数据复盘以及线下走访，发现这样的增长是因为数字化工具充分发挥了优势，因为一线员工不用受网点的限制，随时随地可以为客户办理业务。

该行随后向全行逐步推广，普惠型小微企业贷款余额在 2020 年末比 2019 年上涨了 30% 以上。员工的工作热情高了，干劲足了，人均效能与管户数指标均实现了近三年来的新高。

9.6.6 潜在问题

数字员工平台在短时间内明显提升了一线员工的工作效能，实现了业务规模与客户数双增长。但随着数字员工平台在全行的推广运行，不同网点的不同客群、不同区域的客户、一线员工对移动展业的业务流程必然会有不同的要求，如果流程重塑工作不能持续，数字员工平台所发挥的作用就会快速下降，反而会给一线员工工作带来不便。而流程重塑是否能持续是行内运营管理部、风险管理部等多部门是否能持续协同与配合数字员工平台项目组工作的关键，这对该行经营管理层来说是一项巨大挑战。

此外，由于历史问题，该行 2019 年才开始搭建数据治理体系，截止到

2021年年底，才基本完成了数据治理组织架构、数据管理工具、数据质量控制、数据标准管理等方面的工作，行内的数据质量还有待持续提升。因此，该行在使用客户行内数据进行建模分析与应用的过程中，仅选择高质量数据，造成可分析的维度、可用的数据不多，更多须依赖客户的征信数据与外部经实名认证的场景数据来弥补不足。但过度依赖行外数据进行业务建模有偏差度高的风险，为降低风险，该行将审批通过率设定得较低，条件也较为严格。长期来看，该行如果不从根本上解决行内数据质量问题，会错过大量潜在客户，严重影响业务高质量发展。

9.7 案例七：某农商行业务转型新动能——构建人才梯队

本案例中的农商行在业务发展中意识到，人才缺乏会导致数字化转型所依赖的新生产要素——数据——得不到充分利用。因此，该行围绕数字化专业人才、复合型人才引入与培养开展了大量落地工作，基本构建了两类人才的梯队，促进了全行业务数字化发展。人才成为该行业务转型的新动能。

建议区域性银行通过对此案例的学习，充分认识到人才的重要性，从现在开始开展人才培养工作。

9.7.1 变革背景

该农商行地处江浙沪地区，本地交通便利，经济发达，银行机构众多，竞争激烈。面临同业竞争，该行一直坚持执行"城区服务小微、社区，乡村下沉至田坝"的立行之策，与其他银行机构走差异化发展路径。

多年来，在立行之策的指引下，该行一直坚守"为客户带去价值，为客户提供极致服务"的核心价值观。经过十余年的发展，该行打造了被当地老百姓认可的品牌符号，无论个人储蓄，还是小微企业贷款、涉农贷款，都做到了极致。近几年，该行自然增长的客户、业务均屡创新高。

该行经营管理层具有强大的战略定力,坚定践行立行之策与核心价值观,通过多年的努力,在区域内成为客户满意度高、员工干劲足、资产质量高、基础客户足、资产规模稳中上升、经营稳健的优秀银行。

在激烈竞争中,看似弱小的该农商行没有被打败,反而在自己的赛道上收获了来自客户、员工、市场的高度认可。近几年,该行没有经营压力,但没有停下脚步,未雨绸缪,一直在思考:如何才能在自己选择的赛道上为客户提供更便捷、更有温度的金融产品与服务,并带来全行业务的升级?

在同业都在推动数字化转型的大趋势下,该行很自然地将寻找问题答案的方向定在"数字化转型"上,并希望能在数字化转型的探索过程中找到发展新动能。

9.7.2 现状诊断

该行首先对支撑本行业务的能力现状进行了梳理,以期摸清旧动能的脉络,探索新动能。

通过对近几年的发展历程梳理,该行发现:多年来围绕"以客户为中心"的原则开展服务能力建设过程中把行内能用的资源(组织力、科技、数据等)全用上了,而这些资源恰恰是数字化转型所依赖的,并在资源使用过程中搭建了较完整的数字化转型框架,还开展了落地实践工作,形成了数字化基础能力。

1. 组织能力

该行多年前即成立了"大零售业务转型项目组"作为全行战略型组织,并由行长牵头,主要行领导与相关部门负责人作为项目组成员,每两周定期对大零售业务转型相关任务、问题等进行汇报、讨论、决议。该组织持续运行至今,一直在推动该行大零售业务相关制度、流程、岗位等的调整与优化,推进该行大零售业务的运行策略、服务方式、营销方式等的优化,促进大零售业务具体场景下业务与科技能力的融合,为全行大零售业务转型建立了完备的组织保障机制。

同时，为了保障大零售业务转型中具体任务持续有效推进，该行还制定了行长现场专题办公会与专项绩效激励两种组织保障机制。在银行遇到关键问题或进行业绩攻坚时，这两种机制形成对主体组织保障机制的有效补充，高效运用组织的力量推动业务高质量发展。

2. 科技能力

该行的核心系统、信贷系统、渠道管理系统等均在省联社进行统一管理，科技人员较少且技术水平低，已有的科技资源稀缺。但该行的经营管理层有一个共同的认知：业务发展需要科技，如果没有科技的支撑，银行没有未来。

该行经过参访学习、充分思考后，制定了"新生"科技能力策略：借用外部资源，构建自有科技能力，融合至业务中，推动业务发展。

在制定"新生"科技能力策略后，该行并没有盲目找外部厂商大张旗鼓地建系统，而是全行的高管层与中层管理人员反复研讨：在不依赖省联社排期资源进行配套系统变更、调整、优化的前提下，在已成熟运行多年的运营管理机制中，哪些急需用科技的方式进行固化，在固化过程中会存在哪些问题。

最终，该行选择了在客户营销与管理、风险预警监测与分析、网格化社群管理、党建等方面务实地开展科技能力建设。而在能力建设之前，该行首先组织牵头部门以及业务骨干根据经营实际情况整理出业务需求，之后再找外部厂商进行沟通，以使科技能力建设符合本行的经营管理思路。

3. 数据能力

该行所在区域的省联社建设了较为强大的数据仓库，每天都会将该行的核心系统、信贷系统、支付系统等主要系统的前一日数据推送给农商行，由农商行自行下载使用。这一机制需要农商行具有数据能力，才能有效使用数据。而该农商行在省联社推动数据仓库建设过程中，接受了省联社的专题培训,感受到数据对于银行未来经营管理的重要性,马上着手设立新的一级部门。该部门的主要职责是负责全行的数据管理与分析工作,同步进行外部中高端数据人才的招聘。在省联社的数据仓库建设完成之后,该行已经组建了近10人的数据团队,并构建了一定的数据能力。

但全行除了数据团队知道在技术的支撑下可以按业务要求建立模型进行数据分析,揭示客观特征、规律外,其他业务部门、机构员工对此均没有概念,提不出具体的需求,导致数据不能发挥价值。为了"破冰",该行行长亲自安排具体的数据分析任务给数据团队,并在数据团队完成分析任务后,召集与此分析任务相关的行领导与业务部门参加数据分析结果汇报会。

在该行行长按此项数据分析运行机制推行一年后,数据团队带着业务思维的分析数据的能力得到了提升,同时对行内数据标准、数据质量等有了较为全面深入的认识。通过不断参加汇报会,中高层人员对数据分析可以为业务带来哪些价值有了思考的方向,同时积累了经验。

在此后的两年多时间里,经营管理层、业务部门对"一切数据业务化"有了更深的理解,业务部门可以直接向数据团队提出各类数据需求,而数据团队依托于省联社提供的数据技术、工具与平台,基于业务的数据需求开发了数据大屏、指标平台、业绩速查等各类应用。

数据团队的价值在全行得以体现,全行业务部门对数据团队产生了依赖。

综上所述,该行在推动大零售业务转型实践的同时,也在推动数字化转型工作,并通过组织能力、科技能力、数据能力的持续建设,构建了数字化转型基石,带动了大零售业务持续高质量发展。

9.7.3 寻找新动能

在数字化赋能、推动大零售业务转型过程中,组织能力支撑着转型持续高效开展,科技能力塑造了关键数字化平台和工具,提高了员工工作效率,数据能力推动部门经营管理数字化能力提升，数字化支撑体系整体推动业务高质量发展。

受本行科技投入、科技水平、数据质量等的限制，该行将资源用到极限，虽然推动了数字化支撑体系全面深入赋能大零售业务，但对业务高质量发展的作用越来越小，迫切需要找到新动能，推动全行业务高速发展。

那么，未来的新动能在哪里？这成了该行待解决的重要问题。

该行利用半年左右的时间与同业进行交流，并对实践经验进行总结，之后发现：对资源禀赋有限的区域性银行而言，数字化能力是最大的变量，如果能用一切手段不断提升该能力，就会有源源不断的动能，持续推动业务高质量发展。

对于区域性银行而言，数字化能力中的哪些能力是必须持续提升的？该行给出的答案是：组织能力与数据能力。组织能力是银行经营管理的基础与保障，数据能力是银行经营管理过程真实、客观情况的反映。因此，它们都是当前银行高效经营管理的必要能力。

组织能力与数据能力中有哪些关键要素可以促进业务发展？该行认为：组织能力中需要重点关注组织架构设计、人才引入与培养、保障机制制定与落实；数据能力中需要重点关注数据架构、数据治理、数据应用等方面的工作。在近几年的业务发展中，该行已经在组织架构、保障机制、数据能力方面做了大量投入，唯独在人才方面只关注到打造工具，没有单独抽离出来考虑如何打造全行各类人才的个人能力，以支撑业务发展。

在大部分区域性银行强调数据要作为新生产要素推动业务加速转型的同时，忽略了人才也是重要的生产要素，是影响业务转型的关键要素，尤其是整个行业都稀缺的数字化专业人才、复合型人才。该行通过全行人才盘点，发现具有数字化技术技能、数据能力或技术与业务背景的人才仅有20余人，其他员工均有传统业务技能傍身，缺乏数据思维，欠缺数据基础使用能力。

因此，该行认为：具有数据思维的数字化专业人才、复合型人才，是该行未来业务高质量发展、数字化转型持续推进的新动能。

9.7.4 实施方案

该行明确数字化专业人才、复合型人才的引入与培养，建立数字化专业人才、复合型人才梯队，是未来的"一号工程"，并由人力资源部牵头，开展未来三年数字化专业人才、复合型人才引进与培养的计划制定工作。

1. 数字化专业人才、复合型人才的引进

人力资源部通过人才盘点，了解到全行各业务部门对高端数字化专业人才、复合型人才的渴求与缺口，制定了高端人才引入策略；同时，充分调研金融行业对数字化专业、复合型高端人才的薪酬体系，设计了这两类高端人才的市场化专项薪酬体系，并报经营管理层、董事会审核同意后，立即开展市场化的人才引进工作。

该行通过一年的努力，在灵活的薪酬体系加持下，持续引入近10人，在关键业务部门配置一名有科技背景且有业务经验的复合型人才，以及一名可做数据分析的数字化专业人才，为全行将数据作为部门之间的连接纽带打下了基础，也为全行数字化文化建设打下了基础。这部分高端人才可用其专业能力带动其他部门员工快速成长。

2. 数字化专业人才、复合型人才的培养

数字化专业、复合型人才梯队的构建不仅需要高端人才的引入，还需要培养中端及初级人才。因此，银行要培养普通员工的数字化基础能力，使其具备复合型人才基本素质，并主动掌握基础的数据技能以及业务分析方法。

1）基础的数据技能培训。该行人力资源部制定了专题培训计划：设置数个数据技能培训专题，与第三方专业公司合作，采用长期轮训的方式，给予员工持续专项能力培训的机会,并对专项技能(数据分析工具 Python 使用、SQL 基础、数据分析方法、业务建模方法等)进行定期或不定期考试,将学习过程与考试成绩均纳入个人绩效考核体系,激励员工主动学习与"主动换脑",逐步形成数据思维方式。

2)业务分析方法培训。该行建立了内部专家库,围绕现有的关键业务,开展了专题培训工作,以便员工在实践中有针对性地提升数据分析能力。该培训主要是通过业务流程梳理与分析,捕捉流程中不同参与者的职责与业务要点等,并分析流程中关键业务节点的过程与结果数据,得到该节点的特征,例如是否存在盲点、堵点、断点情况,如果有其一,则带领培训员工一起制定流程优化方案,培训员工梳理现状、发现问题、分析问题、制定方案的能力。

无论基础的数据技能培训还是业务分析方法培训,该行都坚持"授人以鱼,不如授人以渔",以培训员工思维方式为主,这样才能带给员工持久的能力提升。

9.7.5 实践成果

通过数字化专业、复合型人才引入与培训策略的持续落地,在一年左右的时间里,全行基本形成两类人才梯队雏形:高端人才基本满足了数字化工作能力要求,并能带领部门骨干营造良好的数据氛围;全行中端、初级人才的专业技能在持续提升,向数据部门所提的有效数据需求数量远高于上一年度;同时,数据部门被业务部门、支行机构等追要资源,数据价值已逐步体现,数据文化逐步形成,数字化思维逐步融入日常工作。

9.7.6 潜在问题

数字化专业、复合型人才体系的形成与成熟依赖于董事会、经营管理层的战略定力,它是一次长期、持续的工作;人才体系需要根据时代要求,一代又一代地更迭。因此,银行需要不间断地修订人才引进与培训机制,以及对应的成熟方法论与配套的政策、措施，形成完整的、可传承的人才战略体系。这对银行的董事会、经营管理层、人力资源部提出了很高的要求，也是一项极大的挑战。

目前，该行还未建立清晰的人才战略，导致全行的复合型人才，尤其是高端人才对在行内的职业发展前景产生了困惑，在面对互联网金融、其他资源禀赋更强的银行机构给出更好职业发展机会时动摇了，陆续出现另谋高就的情况。而这种情况的发生会有传导效应，导致两类人才梯队有了不稳定因素。

9.8 案例八：某村镇银行移动展业助区域优势——一招构筑护城河

本案例中的村镇银行在家底很薄的现状下，并未原地不动，而是积极务实地主动开展组织与业务变革，由董事长亲自推动转型配套的组织、业务梳理与变革工作，借用外部金融科技能力，构建本行数字化转型框架与对应的能力，在当地同业竞争中形成了独特的核心优势，在实践中实现了业务高质量发展，享受到了数字化转型所带来的巨大红利。

9.8.1 变革背景

该村镇银行地处西部偏远地区，本地交通不便，经济欠发达。当地老百姓对国有银行的认可度高，而村镇银行处于弱势地位，在传统经营模式下发展举步维艰。

1）在客户营销方面。该村镇银行在本地的网点不多且均在城乡接合部，存在感不强，需要员工走出去主动营销客户。但由于全行员工能力参差不齐，大部分员工甚至没有银行从业经验，并不能感知到客户的金融诉求。

2）在风险管理方面。该村镇银行没有科技能力、数据能力，没有能力实现数字化风险预警，对风险识别相对滞后，风险管理全靠经验判断，整体呈现风险管控能力与措施均不足的特征。

因此，该村镇银行无论在客户营销，还是风险管理方面均是手工作业，再叠加上员工业务水平普遍不高的客观现状，业务拓展低效且风险较高。在此种经营管理模式下，该村镇银行在当地同业竞争中完全处于劣势，同时面临着相对优质客户被国有银行抢走的风险。

该村镇银行迫切需要利用新的经营管理模式降低经营风险，推动全行业务高质量发展。在整个银行业都进入数字化转型大潮时，该村镇银行也在思考是否可以通过数字化转型实现经营模式的变革，以找到发展新动力。但实际上，该村镇银行没有科技能力、数据能力、风险防范能力，更没有业务经营数字化能力，如何开展数字化转型？

9.8.2 现状诊断

该行现状总体呈现组织架构体系不清晰、人才薄弱、流程繁杂、产品不成体系、客户识别不清的特征。

1. 组织保障能力现状

该行从组织架构、人员结构、流程3方面进行了组织保障能力现状梳理。总体来看，在组织架构方面，全行呈散乱状态，部门不少但职能存在交叉，同时存在管理盲点；在人员结构方面，新人占比过大，且新人中70%以上都没有银行从业经验；在流程方面，业务受理流程烦琐，存在大量重复操作，客户体验较差，完全线下办理需要耗费较多时间。

2. 业务能力现状

在业务能力方面，该行选择了从产品、客户两个方面进行现状梳理。在产品方面，全行各类产品种类繁杂，且普遍存在相似度高的问题，客户经理会出现"选择困难症"，最终由绩效考核导向而不是客户需要决定产品的选择；在客户方面，由于缺乏主动进行客户分层分群的意识与能力，同时缺少数据分析能力，目前仅能将客户分为自然人与农户两大类，不能支持产品针对性营销。

该行厘清了本行的组织、业务现状后，就有了提升相关能力的清晰思路与方向。

但如果没有科技能力的支撑，只有组织能力、业务能力，是不能形成一个变革的整体的，数字化转型无从谈起。数字化转型虽不等于技术转型，但缺少技术支撑是无法实现数字化转型的。因此，该村镇银行开展了科技能力的构建之路。

虽然该行不具备数据、科技能力，但可以通过合作的方式，在安全、合规的前提下，与第三方进行能力对接，借力推动本行业务发展。该行在寻找第三方合作之前，非常务实地认为：自身底子薄，经营管理能力弱，员工专业素养不高，不能以极高代价全面接入第三方的各种数字化能力，应以"急用为先、分步实践"的策略，用合理的代价，通过实践掌握一项项关键能力，提升经营管理水平。

适逢该村镇银行的发起行在该行现状诊断期间上线了数字移动展业平台，正准备圈定试点机构。该行在了解该平台的核心功能范围后，立即向发起行进行了试点申请并得到了试点许可，由此进入第一批试点名单，开启了"逆袭之旅"。

9.8.3 实施方案

该行在了解到发起行的数字移动展业平台功能后，对主要功能与自身经营管理痛点进行了适配分析，发现该平台完全适用于本行，且能带动本行组织能力、业务能力的提升，三者可以完美适配，形成在本地的核心竞争力，推动业务整体的高质量发展。

因此，该行在准备开展平台试点工作之前，制定了包括技术、组织、业务相融合的落地实施方案，全面推动数字化转型工作，带动业务发展。

1. 梳理平台功能，制定组织、业务转型的框架

数字移动展业平台的主要功能包含集中作业中心、数字化营销、数字化走访、数字化客户。该行通过对这些功能的拆解与理解，制定了组织、业务转型的框架与重点工作内容要求。

1）集中作业中心：主要包括从现场受理客户申请开始，到客户现场调查、授信额度申请与审批、贷中预警、合同管理及贷后管理等，完整地包括了信贷业务全流程中的现场材料收集、线上化审批与管理，规范了客户经理现场办理业务的工作要求，也清晰地定义了在各审批环节与关键节点客户经理的职能。

2）数字化营销：通过信息化能力规范了营销的全生命周期管理。条线负责人、网点负责人、客户经理均能通过该功能达成营销工作的有效协同。

3）数字化走访：通过数字化手段实时记录客户经理在现场走访的过程（包括声音、图像等各类数据的授权采集），规范客户经理在现场的言行，可通过数字化手段及时对走访过程的各类数据进行建模审计，并根据审计结果的重要性与严重性，提醒相关负责人及时进行潜在问题的处理、工作的督导。

4）数字化客户：通过数字化手段在地图上进行网格化的客户管理，规范客户经理对客管理方式，以及明确客户经理在网格范围内对客户的管理要求。

2. 基于梳理出来的转型框架设计与落地关键的转型要素

梳理转型框架后，该行立即进行了对应的组织体系与业务体系配套的设计工作，以有效支撑数字移动展业平台的落地。

（1）以新型组织形态重塑组织架构

基于本行资源禀赋极其有限的现状，同时为了充分调动全行资源对接数字移动展业平台，该行采用项目制统筹安排与协调资源的方式开展工作。具体而言，该行设置了移动展业项目领导小组，董事长为组长，各业务部门分

管行领导及部门负责人均参与，以便于关键事项集中决策；同时，领导小组下设移动展业项目推进工作组，纳入推进工作相关的重要部门的骨干。下设的工作组包括业务管理组、业务发展组、风险合规组及技术支持组，分别对应业务流程梳理与制度修订、市场调研与营销方案设计、业务风险评估与风险复盘分析，以及平台运行维护管理等职能。通过如上项目制组织架构设计，该行将过去散乱在部门的职能，围绕项目所需进行了组织资源的整合与重塑，集中了全行的优势资源。

（2）以针对性的培训，规范员工日常工作行为

在面对全行员工，尤其是一线员工因从业经验不足，工作中普遍存在不规范行为时，该行迅速启动了培训计划：通过对数字移动展业平台所提供功能的操作培训，规范每一名员工的日常工作，并固化所有规范。员工以标准操作适应规范的过程，就降低了操作风险，并通过数字移动展业平台提供的功能弱化了业务能力不足问题。

（3）线上化流程再造，全面提升对客户服务的效率

该行在充分理解数字移动展业平台功能的基础上，开展了信贷流程的全面梳理，对相应流程节点进行再造与对应制度的修订。

- 贷款调查阶段：客户经理不需要在现场收集大量纸质材料后，再带回网点进行手工登记、复印存档等，而是在现场对客户经营环境直接拍照与录像并上传到系统，直接在现场收集或填写关键信息，利用系统对所有上传或录入信息的自动归集、分类功能，自动完成客户申请材料的归档以及检核，并通过客户授权开展征信查询，进行风控评分计算，最终完整地实现调查、自动审查、审批工作。
- 贷后检查阶段：客户经理从过去白天花大量时间走访调查，晚上再回网点加班对调查信息录入与上传，变为利用平台的预警模型与规则，对客户风险进行常态化贷后预警。客户经理可有针对性地做检查，既落实了检查工作，又节省了时间与人力成本，提高了工作效率。

（4）产品体系重塑，助力产品精准营销

该行现正在营销的产品有十余款，但同质化严重。为了让客户经理有针对性地开展产品营销工作，该行对产品开展了"减法行动"，即对全行的多款同质化产品进行整合，变为一款有针对性的产品。例如，将三款都是面向地方事业单位、国企员工的信用贷产品，合并为一款面对当地所有在职状态的个人纯线上信用贷产品，方便客户经理在一线营销客户。

（5）客户管理数字化，提升银行对客户的直接感知能力

该行目前仅能通过客户经理日常线下走访，维系客户关系；但业务条线、网点负责人对客户的具体情况均不了解，或者是各了解一部分，更新信息也以客户经理反馈为主，没有形成完整的客户视图。数字移动展业平台提供了数字化功能，可以向行内经过授权的任何人提供完整的客户统一视图。该行立即制定了对应的客户管理办法，规范客户经理日常管理客户的要求，以及多级联动管理客户的要求。

9.8.4 实践成果

该行做完组织与业务方面的准备工作后，接入了发起行的数字移动展业平台，这样客户经理通过手持 Pad 可全天开展拓客营销工作，再也不用将客户请至网点交由中、后台人员集中进行业务办理，而是在现场按标准化程序半小时至一小时内完成放款工作，既极大地提高了工作效率，又提升了客户体验。

同时，在区域内，没有其他银行机构能在现场既完成所有业务办理流程又实现快速放款。该行得到了当地个体工商户、小微企业主的高度认可，失去的客户又回来了。

经过 5 个月左右的试运行，该行成绩喜人，新增 3000 多新贷款客户，增长率在 35% 以上，超过了全年计划任务；户均贷款额从 23 万元降至 14 万元，

小额分散特征越来越明显，风险降低；客户经理人均管户数从过去100余户上升到200余户，增长了一倍多，但对于整体从业经验不足的客户经理团队来说，人均管理客户数短时间内增长了一倍多，这是巨大的进步。

该行在使用了数字移动展业平台一年半以后，通过数据统计分析，可喜地发现：全行不良贷款率随着业务量的显著提升而下降，且通过数字移动展业平台办理的数千笔业务中，无一笔恶意骗贷，仅有10余笔共计50余万元不良贷款，且均为家中变故所致，借款人均已在积极筹措款项还贷，业务数据表现优良。

9.8.5 潜在问题

该行虽然通过组织、业务与金融科技的融合，实现了明显的业务数量、质量提升，但由于家底比较薄，整体的营销水平、风险管理水平较低，在样本数据不充足的情况下，业务问题并未全面暴露出来；同时，数字移动展业平台所带来的业务模式明显变化，掩盖了行内实际业务水平不足的问题。

因此，该行未来还需要持续加强相关岗位人员的专业能力培训，持续针对具体业务实践中所暴露出来的问题，进行制度、流程等的同步修订与优化，不能因为有了数字化手段就忽视了专业能力的提升，更应充分重视专业能力的持续提升，才能更好地使用数字化工具，并根据所积累的实践经验提出更多建设性意见，持续优化移动展业平台，持续优化产品，提升组织能力，加速数字化对全行业务高质量发展的赋能。

9.9 案例九：某村镇银行战略先行——借用外脑，明确数字化战略

此案例中的村镇银行在认识到科技对业务赋能需要付出较大时间成本的情况下，既没有躺平，也没有盲动，而是尊重客观规律，让专业的人干专业的事，以借用外脑的方式，为本行摸家底，了解差距，谋划未来发展方向与路径。

在此过程中，该行充分考虑到规划的落地性，结合与发起行共同的资源禀赋来制定方案，并以充分使用发起行资源为原则，找到能有效推动数字化转型能力构建与提升的方案。

9.9.1 变革背景

该村镇银行地处东部山区，本地不通高铁，经济与省域内的平原地区相比有较大差距。但由于布局早，业务拓展舍得下苦功夫，加上发起行早期在信息化方面的支持，该行在当地的小微企业、涉农相关贷款规模一直靠前，伴随着本地客户的成长，收益一直较为可观与稳定。

但近三年来，随着大行、互联网金融机构的下沉，行内的优质客户在接触到大行的价格优势、互联网金融机构的便捷优势后，逐渐流失。

基于如上现状，该行认为：如果本行拥有了线上贷款产品并调整贷款定价，让利一部分给客户，客户还是有很大可能性留下来的。因此，该行积极与发起行、第三方金融科技公司交流，希望快速上线一套先进的线上贷款平台，留住客户。

但在与发起行、第三方金融科技公司沟通的过程中，该行发现：如果要采用第三方金融科技公司的平台，发起行需要同步做配套系统改造工作，同时所有的应用必须部署到发起行的数据中心；经过发起行的评估，此项工作从采购开始到影响性分析、配套系统改造，直至完成私有化部署，需要一年左右的时间，加上开发排期，在上述工作均能顺利结束的前提下，至少需要一年半时间。这大大超过了该行的预期。因此，寄希望以"短平快"的方式带动全行业务发展的思路，不适应该行的现状。

此时，该行适逢换届，由发起行派驻了新任董事长。该董事长在到任后，经过一段时间走访，了解到该行的实际运行情况，感知到：全行虽然有客户不断流失，但"下苦功夫"的企业文化仍在传承，全行上下凝聚力较高，也在不断开拓新客户，业务仍能持续发展，只是每名员工需要付出更多，员工工作量已接近极限。

因此，该行董事长得出如下结论：依托"下苦功夫"、充分下沉的策略，业务发展尚有一定余地；但如果不提前思考与布局，现有业务模式将无法支撑未来业务长期持续发展的需要。

也就是说，现有业务模式还能推动业务发展，并为该行进行未来业务发展布局争取了一定时间。在该时间范围内，该行可以厘清支撑未来业务发展的关键要素，以及打造对应的能力，为全行高质量发展做好充分准备。

基于如上判断，不浪费全行员工辛苦付出所争取来的珍贵时间窗口，该行董事长决定"谋定而后动"，寻找优秀的"外脑"，基于资源禀赋明显不足的现状进行全面的战略规划，以清晰地指引在数字化时代如何高效、高质量地开展业务，获得持续发展新动能。

该村镇银行经过多轮交流与筛选，最终选择了一家咨询公司来帮自己开展未来 5 年业务战略规划工作。

9.9.2 现状诊断

在此战略规划中，很重要的一项工作即摸家底：通过了解本行的实际情况，准确找到短板，明确可充分利用的资源禀赋，为准确描绘业务蓝图打下基础。

该行的业务战略要满足数字化时代对银行的要求，因此在现状诊断阶段就围绕数字化转型框架下对组织、业务、数据、科技能力现状进行了全面摸底，以充分找出差距。

- 组织能力：该行由于历史因素，普遍存在因人设岗问题，管理较为粗放，业务流程流于表面。

- 业务能力：优质客户贷款户数与余额持续下降，贷款收益率下滑，付息成本逐步提高；投放到市场的产品较为单一，创新能力较弱，客户忠诚度在下降。
- 数据能力：发起行返回的本行业务数据的质量不高，能有效使用的数据不多，日常统计工作仍以手工台账方式为主，数据的准确性、及时性等难以保障。
- 科技能力：缺乏专业的科技人员，没有自主研发能力，不能及时解决业务发展带来的信息化改造或新增需求，更谈不上通过自研方式满足行内各类管理信息化的需求。

由此可见，该行数字化转型能力较低，各方面能力均有欠缺。该行进一步做了原因分析。

- 组织方面：组织体系的设计导致流程管理较粗放，每一环节流程节点都归于"一把手"，效率较低，存在风险。
- 业务方面：业务人员的专业能力不足，导致业务体系的建设需要依赖于发起行。
- 数据方面：数据意识不足，数据质量较差，导致报表分析结果存在明显问题；无数据治理能力，不知从何开始着手数据治理，不信任后台数据，因绩效考核自行手工登记台账。
- 科技方面：由于地处非核心区域，本地没有高端技术人才可引进；不关注发起行的信息化战略，被动地跟着市场要求向发起行要资源，导致发起行很难帮助村镇银行去做统一的、体系化的数字化能力建设。

综上所述，该行是一家传统的村镇银行：几乎没有科技能力、数据能力，业务能力薄弱，管理粗放，数字化转型框架所依赖的关键要素域缺失严重。

9.9.3 搭建架构

该行在咨询公司的帮助下，围绕数字化转型框架，即组织、业务、数据、科技、风险防范等方面的能力要求，搭建了既能落地，又具有前瞻性的数字化转型架构。

1. 组织能力

该行认为数字化转型是本行的"一号工程"，它决定了全行的未来，必须提升战略高度，因此设置了数字化转型工作领导小组，并由董事长任组长，所有行级领导作为小组成员，以随时召集领导小组开会讨论的方式，及时匹配资源、解决问题。

数字化转型还必须有具体的承接部门，牵头推动以及具体执行数字化转型任务。该行认为现有的部门均秉持传统经营理念，必须新建一级部门并按新的管理要求进行部门的搭建，由董事长直接管理。新建部门需成为连接各业务部门的桥梁，才能有效推动数字化转型工作的落地。对于该行来说，最主要的就是科技能力、数据能力的构建与价值变现，推动科技、数据与业务的融合。因此，该行新设了科技中心，培养科技自研与数据应用基础能力。

通过两层既有战略高度又有落地深度的组织架构设计，该行打破了过去各管一摊的松散组织形态，保障了全行资源有效利用，形成数字化转型有力的组织体系。

2. 业务能力

该行围绕董事长所提出的数字化转型目标"三提升"，即客户体验提升、员工工作效率提升、经营管理水平提升，开展数字化转型架构设计。

- 客户体验提升。拟通过产品或服务线上化，以及业务全流程线上审批来实现，如支持客户线上申请，客户经理线下收集材料、线上验证与审批后，实现在现场放款，在风险可控的前提下，缩短业务办理时间，全面提升客户满意度。
- 员工工作效率提升。拟通过为客户经理设计移动端展业平台实现，如通过数字移动展业平台在线下进行业务受理、资料采集，在现场开展营销工作，减少客户经理过去需要回到网点补录大量信息等事务性工作，提高客户经理营销与业务办理等关键工作的时间占比。
- 经营管理水平提升。拟通过绩效考核、经营分析信息化实现，如支持全行从条线、网点、客户经理等维度进行绩效计算、盈利分析。

有了如上清晰的业务数字化蓝图，该行就有了明确的数字化转型方向，并能依此要求匹配、寻找资源，着手落地实践。

3. 数据能力

该行董事长认识到数据是数字化转型的关键，而数据质量是数据能否产生价值的关键。由于该行录入数据操作不规范，数据质量一直不高，发起行通过数据平台返给村镇银行的业务数据没有产生大的价值，阻碍了全行通过数据来推动业务战略执行。因此，该行未来将以科技中心为牵头部门，推动全行数据治理工作；拟通过数据反映出来的业务问题，来规范业务经营管理，从业务源头来治理数据。

同时，基于业务数字化中客户服务、营销与经营管理对数据的要求，以发起行的数据平台为基础，构建数据集市，以满足业务数字化的数据应用需求。

4. 科技能力

该行认为在科技能力构建方面，需要充分利用发起行的资源禀赋。因此，该行构建的科技中心无论运行维护，还是自研体系、技术选型等方面，均遵从发起行的管理规范与技术体系；同时，每个季度向发起行同步一次科技建设情况，并从发起行处了解其目前的信息化建设情况，只要是有与业务数字化相关的系统建设，均主动申请作为试点机构，以便充分利用发起行的科技红利。

另外，该行与发起行充分沟通，探索与第三方金融科技公司的合作，或同业合作模式，以便在发起行没有对应资源匹配的时候，能有第二条路径弥补科技能力不足的劣势。

5. 风险防范能力

当前该行在风险防范方面主要依靠经验丰富的风险管理专家，即利用客户经理上报的信息，结合行内数据的客观呈现，按个人经验进行判断，虽然在已有业务经营中有效，但随着业务量的增加，客户结构在发生变化，过去的经验逐渐有失效的风险。因此，结合业务数字化中的服务线上化设计，该行需要基于数据建立数据集市，并建立对应的风险预警机制，以数据分析及专家业务模型，提升风险防范数字化能力，提高全行风险管理水平。

9.9.4 制定路径

该行在有了清晰的转型目标与架构后，就要思考如何集中本行的优势资源，以及充分借用外部资源，落地数字化转型任务了。

但村镇银行普遍的特征是极度依赖发起行，尤其是自有的科技能力、数据能力方面几乎为零，给转型落地带来了极大阻碍。该行应如何制定有效的实现路径，整合资源，逐步按转型目标、架构实现数字化转型能力建设呢？

通过多轮与发起行科技部门、行领导的交流与探讨，结合实际情况，该行以"急用为先，分步实施"的原则，制定了夯基础、促业务、重管理"三步走"策略，并同步制定了对应的实现路径，以此指导全行数字化转型工作的落地开展。

1. 第一步：夯基础，构建组织、数据、科技能力，打好转型基础

数字化转型需要依赖组织、数据、科技能力，三者缺一不可。虽然村镇银行有"先天不足"问题，但一旦认识到三者不可或缺性，就会主动想办法、找资源。

通过抽丝剥茧地梳理，该行发现：组织、数据、科技能力构建面临一个关键问题——技术人才的缺失；只要该问题解决了，三项能力构建就变得非常容易了。新建立的科技中心既要有懂技术的人才，又要有懂数据的人才。如何才能找到合适的技术人才，且愿意到村镇银行工作？

该行平时在与发起行 IT 部门沟通中，了解到发起行建立了一支村镇银行小型科技团队，专为村镇银行提供核心系统、信贷系统、日常报表等方面的信息化服务。而这个科技团队中的大部分人员是外包人员，实际由第三方金融科技公司在提供对应的信息化服务工作。

该行基于此现状，与发起行协商：从发起行聘请一些人员，一方面扩大原有的科技服务团队规模，另一方面和发起行一起工作，并匹配发起行 IT 部门的薪酬，不与村镇银行原有的薪酬体系挂钩；同时，将发起行负责村镇银行信息化服务团队的负责人招至村镇银行任科技中心负责人，提高薪酬待遇。

这些协商得到了发起行 IT 部门的支持，不到半年时间，该行迅速组建了一支 10 人规模的技术团队，既有应用开发与维护的技术人员，也有数据处理及分析的技术人员；并在团队组建过程中，按发起行的开发规范以及技术选型要求，逐步建立了应用开发框架与数据集市。

通过技术团队的构建，该行实现了组织、科技、数据能力构建。

2. 第二步：促业务，充分利用发起行与外部资源，分阶段实现业务数字化

该行业务转型的当务之急是借助数字化手段，打造线上平台以及移动展业工具，既能让客户便捷地办理业务，又能减少客户经理事务性工作，将主要精力用在拓客以及帮助客户在现场办理业务方面。

在前期沟通过程中得知：要实现上述诉求，需要发起行配合，且至少需要一年半时间，这与该行的预期有较大差距。

如何才能快速有效地实现上述业务数字化诉求？

该行在构建技术团队过程中，已具备完成发起行配套系统改造的能力，同时科技团队就在发起行，与发起行的村镇银行服务团队、发起行IT部门的其他团队沟通与配合很容易。因此，有了科技团队，一方面解决了本行的科技能力问题，另一方面解决了发起行的配合问题，为业务数字化能力构建打下了新的基础。

另外，该行持续与多家第三方金融科技公司沟通，并加强与同行业使用第三方平台交流沟通，以找到适合本行快速构建能力的合作方。由于有了科技团队专业能力的加持，经过充分的技术论证与业务验证，该行选择了合作方，在发起行IT部门的配合下，三个月时间就上线了线上平台、移动展业工具；并由自有科技团队开展日常运维工作，既通过实践推动了科技团队的能力提升，又保障了网络、信息安全。

3. 第三步：重管理，推动精细化管理能力的提升，带动全行数据文化的形成

数字化转型下的精细化管理依赖于数据，需要不断有高质量数据的积累，才有可能让数据发挥出业务价值。如果源数据不准，绩效考核平台计算出来的结果就会失真，考核数据无法使用，系统就失去了价值。所以，该行将精细化管理相关的数字化能力建设放到最后一步。

为了持续提升数据质量，该行在第一步与第二步工作开展的同时，还推动数据治理工作，以数据治理带动数据质量的持续提升，并保障业务数字化过程中所产生的过程与结果数据的规范；同时，以此为基础构建数据集市，保障业务数据的准确性与完整性；充分利用发起行资源，申请接入发起行的经营分析、绩效考核平台，最终通过"数据+数字化平台"的方式，建立适于本行的数字化管理能力。

当全行拥有了业务条线、网点、客户经理等多维度经营分析、绩效考核数字化能力时，全行每一个人的工作均将与数据有关，需在工作中会看数据、用数据，数据文化会在日常工作中逐渐形成。

9.9.5 实践成果

该行使用"外脑",通过咨询项目完成了数字化转型现状诊断、搭建架构与具体落地路径制定工作。

在项目实施过程中,该行不仅梳理了未来数字化转型方向、目标、内容,还有了明确的、可落地的、符合本行特征的具体工作要求与行动项。同时,该行高管层从最初疑惑是否能开展数字化转型工作,到均具备全局思维,可对全行数字化转型工作进行清晰的布局与工作安排。

与此同时,该行迅速建立了组织体系,构建了技术团队,形成了具有本行特征的组织能力、数据能力、科技能力;在自有技术团队的支持下,充分利用发起行资源,开展了业务线上化能力的建设工作,通过线上产品积极响应市场,并在试运行的3个月内收获了1000多新增客户。

该行未来将沿着规划路径与步骤,逐步开展后续工作,将组织、业务、数据、科技、风险防范能力进行充分融合,最终实现全面数字化转型、业务持续高质量发展。

9.9.6 潜在问题

依托发起行组建自有技术团队,是该行开展数字化转型工作的关键。该团队长期在发起行开展工作,虽充分享受到发起行IT资源,但与该行整个管理团队、业务团队分处两地,内部沟通将会随着工作的深入开展而产生越来越多的障碍。

在业务数字化从0到1实现的过程中,该行的技术、业务、管理人员都没有经验,均以平台能力落地为目标开展工作,内部沟通顺畅。但随着线上业务开展,该行的业务与管理人员有了相关实践经验,提出更多具体要求,而技术部门长期在外,没有与业务、管理人员形成良好的沟通,导致双方共同语言较难建立,最终对业务需求的理解产生偏差,阻碍业务进一步发展。

另外，发起行数字化转型工作的推进有可能影响村镇银行转型工作不能按规划执行。发起行也在谋划构建数字化金融平台以及客户经理的统一移动工作平台。当发起行完成对应的能力建设时，该行是否要统一接入以及如何接入等问题，是摆在该行目前很实际的问题，需要提前考虑与决策，并争取相应资源，以便应对发起行的变化。

9.10 案例十：某村镇银行全面能力提升——善用外部金融科技资源

此案例中的村镇银行在几乎没有科技能力、数据能力等的现状下主动作为，通过高层与发起行的充分沟通，争取到了与第三方金融科技公司合作的机会，并找准了科技融合业务发展的切入点，力推收单的数字化综合金融服务，为全行带来了新的发展空间，并取得了较好的成绩，享受到了数字经济下金融科技带来的红利。

9.10.1 变革背景

该村镇银行地处中部偏北的山区，这里交通不便利，所在县域人口不足50万。当地的银行机构较少，所能提供的金融服务有限。

该村镇银行主要的业务能力依赖发起行，与区域内其他银行机构一样仅能提供单一标准化金融产品，不能为当地客户提供个性化、多元化金融服务。另外，该村镇银行在成立之初，网点较少且位置较偏，员工几乎没有银行从业背景，业务拓展一直较为吃力，客户经理人均每月仅能新增3～4户，管户数不到50户，利润越来越薄。该村镇银行的业务发展已进入瓶颈期，迫切需要新的业务模式带动全行发展。

在全行业都在推动数字化转型的大背景下，该村镇银行为了尽快摆脱业务发展乏力的困境，也想尝试通过数字化转型破局。该村镇银行不断与发起行沟通，探寻是否可以依靠发起行更多的 IT 资源，打造本行的数字化能力，提升全行综合竞争力，推动业务新发展。但发起行在本地的业务发展同样需要大量 IT 资源投入去构建数字化能力，无暇顾及村镇银行需求，也没有更多资源可分配给村镇银行。该村镇银行在得不到发起行 IT 资源的支持与倾斜的情况下，一切又回到了原地。

恰逢该村镇银行的行领导外出学习，在学习中了解到：第三方金融科技公司愿意以较低的价格为酬金向村镇银行提供成熟的基于金融科技的数字化能力。同时，发起行也正在与该第三方金融科技公司对接数字化能力，以实现业务数字化。因此，该村镇银行的经营管理层开会讨论，并向发起行发出申请作为数字化能力对接的试点机构。

该村镇银行由此通过发起行拉开了与第三方金融科技公司合作的序幕。

9.10.2　实施方案

出于网络安全、数据安全管理要求，该村镇银行所有业务访问均需在发起行提供的网络环境进行。因此，该村镇银行所有的非发起行提供的系统也必须由发起行统一部署与接入。如果发起行不配合相关工作，该村镇银行想合作的所有外部资源均无法投入使用。

该村镇银行经营管理层对第三方金融科技公司能力接入十分重视，多次到发起行所在地向发起行的高管层汇报工作，争取发起行能对接入第三方金融科技能力开绿灯，能倾斜部分资源以便快速进行能力部署，并申请作为试点为发起行开展数字化能力对接积累经验。

发起行经过多轮研究后，同意了该村镇银行的申请，并协助该村镇银行与第三方金融科技公司合作，为其建立了依托第三方金融科技公司技术的业务数字化能力。

该村镇银行经过调研发现，所在区域内有不少小商户，目前各银行对商户服务仅集中在收单方面，但商户有旺盛的金融诉求，且基本未得到当地银行机构的满足。为了在区域内形成差异化优势，该村镇银行借助金融科技的力量，为区域内收单客户提供个性化、多元化金融服务，形成在本地的独特品牌符号，推动全行业务新发展。具体来看，该村镇银行接入第三方金融科技公司如下能力。

1）基于收单业务的综合金融服务平台，将线上商户管理的数字化能力、收单贷全流程数字化能力等与该村镇银行的收单系统、信贷管理系统等进行对接，形成了业务流程的完整闭环，并通过与第三方金融科技联合建模，构建了收单数据分析能力与风险防范能力，最终打造为本地收单客户提供收单、存款、贷款的全面数字化金融服务能力。

2）基于数据的纯信用线上贷款平台，围绕数据表现良好的收单客户本人及其家人的个人信用，拓展纯信用线上贷款服务。

3）基于移动展业平台，为客户经理提供现场开展征信查询、现场进件申请等业务办理服务，提高客户经理工作效率。

经过一年多的努力，在保障网络安全、数据安全的基础上，该村镇银行全面接入了第三方金融科技公司的科技能力，并完成了系统对接工作。由于当地其他银行机构仅能以传统方式办理业务，而该村镇银行实现了业务办理数字化、线上化，在当地打造了"科技银行"的品牌，得到了年轻人的认可，在区域内的业务发展突飞猛进。

9.10.3 实践成果

从数据表现来看，该村镇银行对数字化收单综合金融服务与移动展业工具的推广，在两年内带来了如下明显的变化。

1）该村镇银行从过去的不到1000家个体工商户客户发展到区域内超过2000家，带来了十亿元流水，年均可带来近1亿元的商户活期存款沉淀，同时收单带来2亿元新增贷款。

2）过去的个人贷款均需要房产抵押，办理周期长且价格没有优势，仅有累计200余名客户办理了个人贷款业务，贷款规模不到2000万元；而现在，通过金融科技平台的接入，线上信用贷款授信客户则有了1万余人，在贷款通过率不到30%的条件下，快速形成1亿元新增贷款规模，且有逐年增长趋势。

3）通过对个体工商户客群提供精准金融服务，将全行的户均贷款从80余万元拉低至不足15万元，并逐步让贷款大户退出，扩展个体工商户，极大地降低了全行的信用风险。

4）客户经理利用数字化手段进行业务拓展，节约了大量事务性工作时间，管户数从不足50户上涨2倍，达到150户，大大提高了客户经理的工作效能。

9.10.4 潜在问题

该村镇银行的金融科技能力依赖第三方金融科技公司、发起行科技团队的配合，当第三方金融科技公司所提供的数字化平台或服务出现问题时，第三方金融科技公司、发起行如不能及时配合进行问题的解决，相关工作就会进入停摆状态。

对于该村镇银行来说，关系到全行业务拓展的关键能力完全由外部资源掌控，具有较大的风险。

第 10 章
不同类型区域性银行转型建议

前文一方面系统地介绍了区域性银行开展数字化转型工作的完整方法论，清晰地揭示了数字化转型是什么、做什么、怎么做；另一方面从实践视角通过 10 个不同类型区域性银行（城商行、农商行、村镇银行）具体开展数字化转型工作案例的解析，还原了取得数字化转型成果的区域性银行如何开展数字化转型工作。

但从案例解析中我们可知：不同类型区域性银行的资源禀赋有较大差异，虽然均遵循了给出的数字化转型方法论，但在实践中有取舍，有轻重之分。

因此，本章将从 3 种不同类型区域性银行视角，给出数字化转型方法与实践路径建议，以帮助不同类型区域性银行开展数字化转型工作。

10.1 城商行转型方法与实践路径建议

城商行在区域性银行中所具备的基础能力是最全的，数字化转型所依赖的科技能力、数据能力均有自建的技术团队支撑，对业务数字化有一定的尝试，并取得了一些成绩。但整体上看，绝大部分城商行由于缺少适合的数字化转型方法论支撑，基本处在局部尝试甚至刚起步的状态，尚未全面突破。

因此，基于城商行需要完成数字化转型全面突破的客观要求，以及普遍具备数字化转型框架关键要素的特征，建议城商行按本书梳理的区域性银行方法论进行完整的布局与实践，具体内容与实践步骤如下。

1. 第一步：制定数字化转型战略，统一认识，整体布局

城商行在数字化转型过程中，普遍面临的问题是如何从点的突破跃至面的整体突破，以全局思维驱动全行整体转型。因此，城商行普遍欠缺的是对数字化转型的整体认识与布局，尤其是全行高管层与中层管理人员，他们是否能达成对数字化转型的统一认知，决定了转型工作是否能整体推进。

如何让管理层对数字化转型形成统一认知？最有效的方式即开展专题规划工作，让全行管理层参与其中。因此，城商行需要开展数字化转型战略规划制定工作，通过规划明确全行数字化转型愿景、使命、目标、业务转型方向与范围、整体转型架构与整体路径，形成全行统一的、完整的数字化转型认知，让管理层均能知道要做什么，让全行每一名员工都明白转型工作与自己相关。

虽然本书列举的城商行案例中仅有一家首先开展了转型规划工作，但其他城商行并不是没有战略规划，而是在行领导保持的数字化战略定力下，在现状诊断、架构搭建过程中完成了数字化转型战略规划工作。

综上所述，城商行是需要数字化转型战略规划的。银保监会2022年下发的《指导意见》清晰地指明了数字化转型框架内容要求，结合本书给出的数字化转型战略、框架、路径等内容，建议城商行尽快开展数字化转型战略规划工作，这是数字化转型中很关键、很重要的一步。它将决定城商行是否能以整体视角全面认识数字化转型。

2. 第二步：结合本行资源禀赋，在整体布局中选择转型切入点

城商行的资源禀赋与国有银行、股份制银行相比不在一数量级，较难如大行一般全面推进数字化转型工作。因此，对于城商行来说，最有效推动数字化转型工作的方式是在整体中寻找切入点，即在数字化转型战略规划整体框架下，根据本行急须解决的问题或关键痛点，结合本行的资源禀赋寻找切入点，以切入点带动数字化转型工作整体的开展，形成以点带面的协同工作方式，逐步推动数字化转型工作的开展。

例如，我们在案例中可以看到，不同城商行根据自身资源禀赋与发展现状选择不同的切入点，如流程、科技、组织等，围绕切入点落实所依赖的转型框架与实践路径等，最终推动整体的数字化转型工作。

因此，选择转型切入点这个步骤，是城商行数字化转型中很重要的承上启下的节点，将考验经营管理层的战略决策能力。

另外，以痛点或关键问题为变革切入点，将会影响不同业务条线、岗位等的责权利，一定会遇到较大的阻力。对经营管理层来说，这是一项挑战，也是一次战略定力的考验。

3. 第三步：围绕切入点开展现状诊断工作，正视不足，找准差距

在明确了转型切入点后，城商行就要去深入了解当前所面临的问题、痛点，才能清楚切入工作需要什么资源，以什么方式，按什么路径开展。因此，现状诊断结果就是找出需要通过数字化手段解决的一项项问题，找出来的问题越准确、越深入、越具体，与目标之间的差距就越明确，对转型整体推进的帮助就越大。

具体来说，城商行需要以"空杯"心态，按照切入工作所需要的资源全面投入，以期找准问题，明确差距。例如，案例中的某城商行在选择流程作为转型切入点后，投入10余人在半年内去走访网点、调研客户、进行内部梳理，找到了变革的关键流程，并整理形成报告，为数字化转型落地打下了坚实的基础。

4. 第四步：构建完整的数字化转型架构，明确资源的匹配度

以现状诊断结果为切入点，以前文数字化转型架构内容为参考，建立适合本行的数字化转型工作架构，并根据架构中关键要素的要求，准备对应的资源。

原则上，构建的转型架构中需要包括组织、业务、数据、科技与风险防范这五大能力。城商行转型需要这五方面能力的支撑。尤其要注意的是架构中的组织能力，它是非常重要的，但很容易被忽略。数字化转型是企业变革的一种方式，企业变革很重要的一个行动项即围绕业务发展要求而开展组织变革。而城商行普遍把数字化转型等同于科技能力提升，当作科技部门的工作，但科技部门只能按业务要求进行能力的实现，并不能直接推动业务的发展。因此，对于城商行而言，数字化转型一定是业务主导的，需要根据切入点的要求，新建或明确牵头的业务部门或组织，赋予对应的责权利，保障数字化转型。

没有组织保障的变革，将会遇到重重阻碍。

5. 第五步：尊重本行实际情况，落地转型路径

转型架构的梳理与确认为全行建立了数字化转型的"纲"以及保障机制。城商行需要根据转型切入点的要求，在转型架构的支撑下，选择具体的转型落地路径。

建议参考本书第6章中转型路径的"四步法"来推动落地工作。其中，"流程优化带动业务重塑"这一步骤为"四步法"中的关键步骤。城商行如果选择了其他类型的切入点（如科技能力重塑、数据能力重塑等），则须根据实际情况对此步骤进行删减。

6. 第六步：能力规划与建设是主线

基于转型框架与路径落地的要求，城商行需要考虑通过技术手段来落地相关工作。建议城商行参考本书第7章中的内容，根据实际情况逐步开展对

应的数字能力建设，配合落地转型切入点工作。

需要注意的是，能力建设不同于系统建设。过去，城商行的信息化建设是围绕系统而展开的，即通过建设一个个有明确主题的"竖井式"系统，实现银行具体的经营管理要求，系统功能、数据均相对封闭。现在，城商行的数字化建设应围绕能力展开，即以数字化、中台化、移动化所需要的能力来开展对应的能力建设，对应的应用架构也需要进行同步调整与优化，以适应业务发展要求。

7. 第七步：建立人才培养体系，构建数据文化

数字化专业人才、复合型人才培养与人才梯队的建立，是所有银行的必选题。城商行没有足够的资源，但可通过引入外部高端人才，以及人才盘点的方式，摸清全行各类人才分布情况，并据此建立对应的数字化专业人才、复合型人才培养体系，逐步构建本行的人才梯队。

人才数字化能力培养过程也是数据文化构建过程。逐步让参与的每名员工具备数据思维是未来业务发展的关键。

建议城商行根据本书第 8 章中的内容，根据本行的实际情况，在全行对不同层级、不同岗位的员工开展数字化能力培训，以带动行内员工对数字化转型具体任务的高效执行，推动全行数字化转型工作有序开展。

10.2　农商行转型方法与实践路径建议

与城商行相比，除了少量农商行具备独立的科技能力、数据能力之外，绝大部分农商行均需要依赖省联社。省联社作为农商行科技能力、数据能力的直接赋能者，一定会最大限度地支撑农商行的业务发展，但每家农商行均是独立法人，在区域内面临的客户、市场各不相同，省联社不能及时响应农商行能力建设需求将是常态。

因此，农商行在推动数字化转型过程中，面临的问题比城商行更具体。农商行是否能开展数字化转型工作，又如何开展数字化转型工作？

对于如上问题，笔者有如下建议。

首先，农商行作为独立法人，需要直接面对本地银行机构的激烈竞争，数字化转型同样不是选择题，而是必选题。就如笔者所列举的农商行转型案例一样，农商行需要主动思考数字化转型。

其次，农商行开展数字化转型工作所须关注的内容与路径可参照上述城商行的内容与路径。与城商行不同的是，在建架构、定路径、建能力时，农商行为弥补明显资源不足的缺陷，不仅需要充分使用本行资源，还需充分争取省联社的资源，同时尝试利用同业对外输出的能力，或第三方金融科技公司对银行输出的能力，整合更多内外部资源，共同构建资源保障能力，整体推动数字化转型工作。

最后，笔者还要特别强调一点，农商行的数字化转型同样是企业变革，一定不能忽视统一全行认知、组织力提升、人才培养这三方面的工作。只有认知清晰了，组织机制建好了，人才成梯队了，农商行转型所需的其他关键能力建设与使用才会更顺畅，才能保障数字化转型的持续推进。

综上所述，农商行必然需要开展数字化转型工作，不能因为本行资源不足就选择躺平，而应主动寻找资源、整合资源，按区域性银行数字化转型的方法与步骤，有序推动工作开展。

10.3 村镇银行转型方法与实践路径建议

与城商行、农商行相比，村镇银行资源禀赋十分有限：组织力不足，员工银行从业经验少，业务传统且低效，科技能力与数据能力缺失等，面临着被区域内其他银行机构全面碾压的巨大风险。

村镇银行连生存都存在巨大压力，靠什么来开展数字化转型工作，扭转不利局面？

从第 9 章所列举的村镇银行实践数字化转型工作的 3 个案例进行共性分析，我们可以找到答案。

首先，要解决认知问题。村镇银行首要的问题是业务能力有限、经营管理水平有限，在面临数字化转型时，没有足够的经验与能力去思考。本书第 9 章的 3 个村镇银行数字化转型案例告诉我们，只要充分做好现状诊断工作，将本行的不足与具有的优势都找出来，全行统一思路，就能找到痛点，就有机会调用并集中资源，找到数字化转型的切入点。

其次，在条件允许的情况下，建议参照上述城商行的实践路径开展工作。如果条件与资源禀赋十分有限，可如第 9 章中的案例八一样，将战略规划、寻找切入点与现状诊断合并为一步，即通过对全行组织、业务、人才、科技、数据等方面的现状进行全面梳理，摸清现状与对应资源禀赋，以此找到可充分使用本行与发起行资源的有效切入点，并开展建架构、定路径、建能力三个阶段的工作。对于架构、路径、能力所依赖的资源，除了本行与发起行以外，村镇银行还须积极借助发起行寻求第三方金融科技公司或同业输出能力，充分整合资源，形成数字化转型资源池，推动数字化转型工作落地。

最后，村镇银行必须正视员工从业经验不足、业务水平不高的现状，充分重视并持续开展人才培训工作。数字化能力可以解决标准、效率等问题，但业务专业技能以及数字化基础技能等是员工必备素质。员工没有必备的专业素质，是用不好数据的。因此，无论村镇银行目前处于数字化转型的哪一个阶段，员工培训工作都是需要持续开展的。

综上所述，村镇银行想要在区域内有持续竞争机会，就需要考虑数字化转型，不能在原地，被动等待发起行的赋能；应该正视不足，充分进行现状摸底，积极寻求发起行的资源，找到切入点，充分使用发起行的资源，整合内外部资源，构建数字化转型保障能力，整体推进数字化转型工作。